SCÈNES DE LA VIE CHRÉTIENNE

EN AFRIQUE

SCÈNES
DE LA
VIE CHRÉTIENNE
EN AFRIQUE
A LA FIN DU XIXe SIÈCLE

SOUVENIRS PERSONNELS

Recueillis pour la Jeunesse des Maisons d'éducation

LILLE
MAISON SAINT-JOSEPH
GRAMMONT (Belgique)
ŒUVRE DE SAINT-CHARLES BORROMÉE

TOUS DROITS RÉSERVÉS.

Préface

A aucune époque le continent africain n'a été l'objet de la sollicitude et des préoccupations de la France comme au XIXᵉ siècle. La conquête de l'Algérie d'abord, puis sa colonisation, et enfin l'exploration de l'Afrique centrale nous ont fait constamment tourner les regards vers cet immense pays si peu connu de l'Europe aux siècles passés.

L'Angleterre et l'Allemagne n'ont pas été moins soucieuses que la France d'explorer l'intérieur du continent mystérieux. La Belgique a fait d'incalculables sacrifices pour la partie du Congo qui est sa propriété. Et depuis une dizaine d'années, la campagne anti-esclavagiste, si admirablement conduite à ses débuts par le cardinal Lavigerie, a intéressé en faveur des pauvres nègres de l'Afrique les cœurs sensibles du monde entier.

Il n'en faudrait pas tant, à coup sûr, pour encourager les conférenciers et les écrivains à parler de l'Afrique à la jeunesse française. Disons plutôt que le sentiment patriotique et l'amour de l'humanité leur en font un devoir.

Pour des Catholiques, il y a un nouveau motif de signaler à l'attention du jeune âge le pays de sainte Monique et de saint Augustin. L'histoire de l'Afrique au XIXᵉ siècle a enrichi les fastes de l'Église de ses pages les plus belles, les plus glorieuses.

Jeunes gens, il ne vous est pas permis d'ignorer que les vrais artisans de la civilisation en Algérie et en Kabylie ont été des prêtres, et que les premiers français qui ont pénétré dans les régions de l'Afrique équatoriale étaient également des prêtres!

Non, ce ne sont pas les Brazza ni les autres explorateurs

dont notre Patrie est si fière, qui ont frayé la voie à leurs compatriotes vers ces régions inconnues; ce sont les apôtres de Jésus-Christ, les missionnaires d'Alger.

Et voilà précisément pourquoi, voulant vous initier aux mœurs, à la vie intime de ces lointaines peuplades, nous allons placer sous vos yeux les pages les plus intéressantes des lettres qu'ils ont écrites, des souvenirs qu'ils ont recueillis, lettres et souvenirs dont personne ne s'avisera jamais de contester la parfaite véracité. N'étaient-ils pas mille fois mieux placés pour juger des hommes et des choses, par suite d'un séjour prolongé et de rapports quotidiens avec les nègres, que les Livingstone et les Stanley, qui se sont bornés à parcourir rapidement les mêmes contrées?

Nous devons un spécial hommage de gratitude aux Pères Blancs, dont la complaisance généreuse nous a permis de puiser à ce trésor de famille. Daigne le Ciel inspirer en retour à quelques-uns de nos jeunes lecteurs un peu de leur zèle et de leur dévouement! Au moins sommes-nous assuré de gagner à une si belle Œuvre les sympathies du plus grand nombre d'entre eux. Concourir par la prière, par un sacrifice pécuniaire à la définitive suppression de l'esclavage et à l'évangélisation des nègres, c'est ce que nul jeune homme « catholique et français » ne sera tenté de refuser, après avoir apprécié d'une part l'horrible profondeur du mal à guérir, de l'autre, l'incomparable héroïsme des prêtres, — et aussi des frères et des sœurs — voués à une pareille mission.

SCÈNES
DE LA VIE CHRÉTIENNE
EN AFRIQUE

I

Du château au gourbi. — Premières impressions d'une jeune postulante en pays kabyle.

N s'intéresse involontairement à l'être faible qu'on voit en présence de la force brutale; et l'intérêt s'accroît encore lorsque cet être, jeté sur une terre étrangère, au milieu des horreurs d'une nature sauvage, entre en lutte avec des difficultés presque insurmontables, guidé par le seul désir de répandre autour de lui la joie et le bonheur. C'est ce contraste qui donne un charme particulier aux premières *scènes* que nous allons mettre sous les yeux de nos lecteurs.

En 1886, une jeune fille appartenant à une noble famille de France, (Marie-Louise G. de L***), résolut de consacrer sa vie à l'évangélisation des pauvres kabyles du mont Atlas. Avant d'entrer dans la Congrégation des Sœurs missionnaires, elle obtint l'autorisation d'aller voir de près leurs Œuvres et de faire ainsi pendant quelques mois un premier essai de la vie apostolique (1). De la pauvre résidence qu'elle occupait dans la montagne, elle écrivit à sa mère une sorte de journal où elle s'attacha à lui rendre compte de son petit ministère. Ce sont les pages naïves et intéressantes de ce Journal que nous reproduisons ici.

6 octobre 1886. — Je tiens ma promesse, ma chère Maman, et je viens vous confier mes premières impressions sur les Missions de l'Afrique.

Me voici arrivée en Kabylie, avec mon frère qui voulait bien me servir de guide (2). Une petite voiture légère nous a emportés rapidement jusqu'à Fort-National, à travers la plaine, les rivières, les montagnes; on passe les rivières à gué, on escalade les montagnes; dans ce pays on marche toujours, au physique comme au moral, sans s'inquiéter des obstacles. A Fort-National, nous avons pris des mulets surmontés d'une espèce de plate-forme, appelée *barda*. Nous cheminions, l'un derrière l'autre, dans un petit chemin côtoyant le précipice, tantôt à droite, tantôt à gauche. Il n'existe pas une seule route dans ces montagnes de la Kabylie; mais on a suppléé à la qualité des chemins par la quantité des petits sentiers de chèvres qui sillonnent les collines en tous sens, le plus souvent à pic au-dessus de la vallée.

Le premier aspect, quand, au sortir de Fort-National, on jette les yeux sur le pays environnant, est étrange et surtout pittoresque; c'est un amas et un enchevêtrement de

(1) La courageuse postulante reçut l'habit de Sœur Missionnaire quelques mois plus tard, des mains du cardinal Lavigerie lui-même. La cérémonie, qui réunissait de hauts personnages, les laissa pénétrés de la plus religieuse et de la plus profonde émotion.

(2) Ce frère était un des officiers les plus distingués de l'armée française.

hautes collines, toutes séparées les unes des autres par des précipices, des ravins où coulent les rivières presque à sec en été, et qui deviennent rapidement torrents en hiver. Chacune des crêtes de ces montagnes est couronnée d'un village, et les pentes sont cultivées et plantées de figuiers ou d'oliviers.

A l'arrière-plan se dressent majestueusement les cimes rocheuses et escarpées de la chaîne du Djurjura, l'Atlas des anciens.

Fort-National et les Ouad'hias, où nous allons, paraissent fort près l'un de l'autre à vol d'oiseau ; mais dans toutes les excursions que l'on fait dans ce pays, il faut descendre au fond de la vallée, traverser à gué une rivière et remonter ensuite, ce qui double la distance. En quatre heures, nous sommes arrivés à la maison des Sœurs, petite habitation isolée, située contre le village des Ouad'hias. A cinq minutes environ, de l'autre côté, se trouve la Mission des Pères. Ces deux petites maisons blanches, surmontées d'une croix et d'une cloche, sont exactement ce que représentent les gravures des Missions catholiques.

8 octobre. — Me voici en mission, avec mes futures Sœurs, au cœur même de leurs œuvres, c'est-à-dire au milieu des Kabyles, de ces pauvres peuples autrefois chrétiens. Je me rappelais, non sans émotion, ce que l'histoire nous apprend de leur passé et des luttes héroïques qu'ils ont soutenues pour défendre pied à pied leur foi en même temps que leur pays, lors de l'invasion musulmane. Vous savez, en effet, que les Berbers ont eu jadis de nombreux évêques ; que, douze fois soumis au Coran par la force des armes et les massacres, douze fois ils revinrent à la foi chrétienne, et que cette lutte héroïque, commencée au VIIIe siècle, se prolongea jusqu'au douzième, époque à laquelle les historiens signalent un dernier évêque de Kabylie. Pendant deux siècles encore, des chrétiens isolés continuèrent à garder leur culte, mais petit à petit toute trace de foi s'éteignit....

Le dernier boulevard du christianisme fut cette chaîne du Djurjura qui s'élève devant nous. Pendant que les Arabes débordaient sur cette terre et répandaient le sang partout sur leur passage, imposant l'Islamisme par la force avec leur devise : *Crois ou meurs*, ces pauvres populations, ne voulant se soumettre ni à l'un ni à l'autre, se réfugièrent dans les hautes montagnes comme dans une forteresse imprenable, pour défendre, les armes à la main, leur vie, leur liberté et leur foi. C'est à ces exodes que l'on attribue la densité des populations sur cette terre à demi sauvage.

Mais, ces luttes terminées, la religion musulmane pénétra parmi ces peuplades elles-mêmes; les prêtres catholiques ayant disparu, les marabouts arabes prêchant activement leurs croyances finirent par entraîner dans leurs voies un peuple que ne soutenait plus dans sa religion aucun signe extérieur. Ce sont là les malheureuses populations que nous devons faire revivre à la vraie vie. Est-ce que Dieu ne rappellera pas, un jour, à la foi catholique ceux dont les ancêtres ont si vaillamment et héroïquement combattu pour cette même foi ? Oh! vous pensez bien que ma première prière dans cette petite chapelle perdue au milieu de ces infidèles fut pour m'offrir à Dieu afin de travailler de toutes mes forces à cette résurrection.

Naturellement, ma première visite en arrivant avait été pour la chapelle, petit sanctuaire bien étroit, mais très soigné dans sa pauvreté. Jésus est là toujours et c'est la grande consolation. Est-ce que des religieuses voudraient venir ici, dans ces pays perdus et infidèles, si elles n'y trouvaient leur divin Maître, qui les soutient et les garde, après les avoir appelées pour travailler à l'extension de son règne et au salut de ces âmes pour lesquelles il est mort ?

Après cela, je visitai toute la maison des Sœurs, qui allait devenir la mienne; tout y est simple, pauvre, vraiment *missionnaire*. Elle se compose de six pièces : un dortoir avec des lits qui sont de simples planches portant une paillasse; une petite salle de communauté avec une table de bois blanc et quelques chaises de paille; deux petites classes pour les enfants kabyles qui viennent : leur nombre monte parfois à plus de quatre-vingts; le réfectoire, lequel est à peu près la répétition de la salle de communauté; enfin la pharmacie, où sont les remèdes. Les malades s'y assoient comme chez eux, par terre, et, pour les panser, on s'agenouille à côté d'eux. Les murs sont simplement blanchis à la chaux, les meubles en bois de sapin, les couverts en fer battu, la vaisselle en terre.... Ces six pièces forment un long rez-de-chaussée et entourent de trois côtés une petite terrasse où les Sœurs cultivent quelques fleurs.

Voilà ce que m'a présenté le premier coup d'œil; mais, loin de m'effrayer, cette pauvreté m'a rendue chère dès l'abord la petite maison que je viens habiter; et que suis-je venue chercher ici, sinon ce que j'y trouve? Cela me rappelle ce que Dom Bosco me disait devant vous à Turin, lorsque je le consultai sur ma vocation : « Si vous voulez trouver quelque chose qui ne s'éloigne pas trop de ce que vous avez chez vous, dans un château, entrez dans une Communauté de France; si vous voulez vraiment souffrir, allez dans une Communauté de Mission ! » D'ailleurs ces murs blancs n'engendrent pas la tristesse; au contraire, la gaieté habite cette chère Mission, toutes y sont joyeuses, vivant absolument pour le Bon Dieu, jamais troublées par les échos du monde.

J'ai déjà goûté aux glands, on m'en a fait manger par surprise. Une Sœur m'a dit qu'il existait des châtaignes kabyles, différant un peu de forme avec nos châtaignes de France, mais à peu près semblables quant au goût, un peu moins fines peut-être. En même temps elle me servait des fruits superbes, bien gonflés par le feu; je les mangeai de confiance, avouant toutefois qu'ils avaient peu de rapport avec nos châtaignes. Après le repas, les Sœurs se mirent à sourire, en me disant : « Eh bien ! maintenant vous pouvez écrire en France que vous avez mangé des glands ! » Je ne m'en étais nullement doutée.

Voici un long récit, je vous laisse pour aujourd'hui; mais, avec la permission de mes Supérieures, je reviendrai vous faire part de mes impressions et des surprises de ma vie nouvelle; vous me suivrez ainsi par la pensée, et vous vivrez encore avec moi comme par le passé.

18 octobre. — Jusqu'à présent, j'ai déjà visité deux villages. Ces visites, qui ont pour but de secourir les malades et les pauvres, sont l'une des œuvres principales de notre Mission. Les Sœurs partent deux ou trois ensemble avec un panier contenant toute une petite pharmacie pour aller où on les a demandées; du plus loin que les Kabyles les aperçoivent, ils les appellent avec un accent inimitable : *a themrabath !* (ô maraboutes !) et tous veulent les avoir chez eux.

Dès le lendemain de mon arrivée comme postulante dans la maison des Ouad'hias, au centre de la Kabylie, on m'a permis, sur ma demande, d'accompagner les Sœurs. La chère Mère Supérieure était curieuse de savoir comment les Kabyles me recevraient. Avec mon costume du monde, j'excite beaucoup l'étonnement des femmes qui viennent me contempler longuement; quelques-unes même *montent sur les toits* pour mieux me voir; d'autres nous font escorte dans les rues, elles touchent et retournent tous mes vêtements, s'extasient devant tous les détails et accablent les Sœurs de questions à mon sujet : Qu'est-ce que la *roumi* (la dame chrétienne) peut bien venir faire ici? Est-ce qu'elle n'a pas une mère, des sœurs ou des frères ? Comment sa mère l'a-t-elle laissée venir? Qu'est-ce qu'elle a dit quand sa fille l'a quittée?

Les questions ne tarissent pas, car ces pauvres femmes n'ont idée de rien, et il faut leur expliquer toute chose.

J'ai trouvé les maisons kabyles moins sales que je ne m'y attendais; il y en a même de proprement tenues; mais, riches ou pauvres, leur misère fait une immense pitié. Les maisons ne sont jamais composées que d'une seule pièce, absolument vide, sans fenêtres, avec des portes tellement basses que, le plus souvent, il faut se courber en deux pour y entrer.

Les pauvres femmes malades gisent par terre, à peine enveloppées dans les quelques haillons qui les couvrent; pas une ne possède une couverture, pas une n'a l'idée de mettre des feuilles sèches ou un peu de paille pour adoucir le froid et la dureté du sol. Elles sont généralement plutôt accroupies que couchées, grelottant de froid; car, sur nos hautes montagnes de la Kabylie, malgré le climat de l'Afrique, la neige tombe durant tout l'hiver, et alors le froid est intense. Ils allument, il est vrai, du feu au milieu de la chambre; mais, comme il n'existe même pas de trou au toit pour laisser passer la fumée, il en résulte une atmosphère que vous imaginez sans peine lorsque la porte est fermée, et une température glaciale quand elle est ouverte. Aussi, presque tous, et les enfants surtout, ont-ils mal aux yeux. Souvent même, ils s'étendent sans précaution auprès de ce feu, et, plus d'une fois, leurs haillons s'enflamment. Il ne se passe pas d'hiver où l'on n'amène aux Sœurs, pour les soigner, des femmes ou des enfants qui ont été brûlés ainsi.

C'est dans ces espèces de gourbis que les Sœurs pénètrent, s'efforçant par la charité de gagner le cœur de ces malheureux et de faire aimer notre sainte religion; elles se font toutes à tous et ne reculent devant aucun service à rendre à ces pauvres infidèles. Aussi elles sont très aimées et vénérées, on peut le dire; j'en suis tous les jours témoin. Les femmes kabyles ne comprennent pas d'où peut venir un pareil dévouement. Elles pensent d'abord que les Sœurs sont tombées du Ciel telles qu'elles sont ; mais, peu à peu, elles comprennent que ces femmes qui leur paraissent si étranges ne sont guidées que par l'amour du Bon Dieu et par le désir de les secourir, de les instruire. Vous ne pouvez vous figurer combien elles sont touchées quand on leur dit que les Sœurs ont tout laissé chez elles, pour leur faire du bien, parce qu'elles aiment les Kabyles. Elles les comblent alors de toutes leurs bénédictions et leur souhaitent toujours le Ciel en récompense : « Il ne vous manque qu'une chose pour être de vraies saintes, leur a dit, un jour, un vieux musulman, c'est de prier Mahomet. » D'autres, moins fanatiques, reconnaissent que notre religion est meilleure que la leur, et ainsi commence l'apostolat des Sœurs, en faisant déclarer, par le spectacle même de leur charité, qu'elles sont les disciples du vrai Dieu. Le jour où elles prêcheront ouvertement, les conversions seront toutes préparées et les préjugés depuis longtemps évanouis.

La situation a déjà bien changé depuis l'époque où a commencé cette mission de charité. Alors les Pères qui sont venus les premiers en Kabylie ne pouvaient entrer la nuit dans un village, et l'on balayait la place où ils s'étaient assis dans le jour, et aucun Kabyle n'eût consenti à rendre le moindre service aux Missionnaires.

Les premières Sœurs qui sont venues ensuite pour fonder leur mission à elles, n'avaient guère été mieux reçues. Les Kabyles avaient peur et s'enfuyaient à leur approche. Ne connaissant pas la langue du pays, elles allaient dans les villages avec un interprète, donnant des bonbons aux enfants, distribuant des remèdes à ceux qui osaient les accepter. On comprend jusqu'à un certain point la défiance de ces pauvres gens, en voyant cette charité inexplicable pour eux; ils pouvaient se demander quel but poursuivaient ces étrangères, eux qui ne comprennent guère d'autre mobile que l'intérêt. Ils les prenaient pour des espionnes. Bientôt, passant à un autre extrême, ils s'imaginèrent que des anges étaient descendus du ciel pour les soulager, et maintenant encore il en est qui ont peine à les croire de simples femmes. « Est-ce que tu as un père et une mère comme nous? » demandait-on à une Sœur. Combien on est près d'accepter la lumière lorsqu'on en est là!

Ah! c'est bien une vie d'Apôtre que les Sœurs mènent ici, pauvre, dévouée, *surabondante de joie;* et, pour qui se sent appelé à la vocation du missionnaire, il est impossible d'en trouver une plus complète réalisation; aussi suis-je immensément heureuse d'avoir rencontré enfin tout ce que j'avais désiré, espéré, malgré ceux qui me disaient en France, comme vous le savez, que ce que je rêvais ne pouvait exister pour une femme. Puissé-je seulement être digne d'une pareille vocation! Je sens déjà que, pour m'y faire renoncer, *il faudrait me chasser!*

22 octobre. — La curiosité des indigènes à mon égard commence à se calmer. Cependant, hier encore, une vieille femme voulait me faire *chanter,* pour savoir ce qu'était ma voix. Ce qui les émerveille le plus, c'est que je sois aussi blanche. « Ton père est riche, me disait une femme, car tes mains n'ont pas beaucoup travaillé. » Vous allez rire, ma bonne mère, du prix auquel on me tarife. A ma première visite au village de Taourith, les Kabyles ont estimé entre eux à combien je pourrais être vendue sur leur marché. Les uns disaient deux cents francs; d'autres, cinq cents; une femme ajoutait qu'on trouverait bien de moi un plein *qarroui* d'argent. Cette sorte d'encan leur semblait tout naturel, car vous savez qu'ici toutes les femmes se vendent. On les achète quelquefois dès leur naissance, parce qu'alors elles se paient moins cher.

Je commence à entrer en apprentissage formel ; j'ai soigné déjà quelques-uns des malades qui viennent à la pharmacie ; ce n'est pas l'occasion qui manque, car, toute la journée, notre porte est l'objet d'un véritable siège. Ces personnes sont pleines de confiance dans notre science. En vérité, je crois que le Bon Dieu vient très particulièrement en aide aux Sœurs Missionnaires dans le bien qu'opèrent leurs remèdes, car ceux qu'on emploie sont de toute simplicité. Avec du sel de magnésie on guérit toutes les maladies ; l'important est de ne jamais refuser, afin de ne pas les mécontenter ; si les Sœurs n'ont rien d'approprié à leur état, un peu d'eau salée suffit à les satisfaire, car elle les purge encore.

Ce qui me frappe chez les Kabyles, c'est la gaieté qui semble être le caractère naturel de ce peuple.

Les femmes, malgré leur vie si pénible, aiment avant tout à rire et à s'amuser ; pour leur plaire, il faut être gai et se mettre à leur portée en jouant avec elles. Leur sensibilité est extrême ; si on semble tant soit peu se dégoûter, elles se retirent. Aussi prend-on bien garde de jamais les froisser sous ce rapport, quoi qu'il puisse en coûter.

L'autre jour, une vieille femme présente à l'une de nous un gland (car elles s'en nourrissent) qu'elle venait d'éplucher avec ses dents, et comme la Sœur refusait : « Tu ne veux pas le manger parce que tu es dégoûtée de moi, » lui dit-elle. Alors la Sœur, ne voulant pas lui faire de peine, accepta le gland.

27 octobre. — Nous n'avons fait que peu d'excursions dans ces derniers temps, mais ce que je vois chaque jour est si nouveau pour moi que j'ai toujours à vous raconter. Le costume des femmes de ce pays est à la fois simple et pittoresque ; elles portent une *gandoura*, espèce de robe serrée à la taille par une ceinture rouge, et rattachée sur les épaules par de longues épingles ou des chevilles en bois; les bras sont nus, et cela hiver comme été, malgré la neige; aussi elles gèlent lorsqu'il fait froid, c'est-à-dire tout l'hiver, sur ces montagnes, et beaucoup meurent de la poitrine. Ce sont les femmes qui sont chargées de tous les rudes travaux; dès leur enfance, on les habitue à porter des fardeaux beaucoup trop pesants pour elles; elles vont chercher l'eau souvent à de grandes distances, dans de lourdes *sagounes*, espèces d'amphores d'une forme d'ailleurs élégante. Elles travaillent dans les champs, pendant que leurs maris, couchés au coin des rues dans les villages, devisent entre eux ou cousent leurs habits. On rencontre parfois, dans les sentiers de la montagne, une femme pliant sous le poids d'un lourd fagot de bois, son enfant penché par-dessus, et son mari la suivant tranquillement à cheval. Un jour une Sœur, rencontrant une caravane de ce genre, demanda au Kabyle pourquoi il traitait ainsi sa femme : « Eh! répondit-il, elle me coûte trois cents francs, il faut bien qu'elle travaille; *c'est mon bourricot, à moi!* »

Combien notre vocation est belle! nous avons à relever ces malheureuses de leur état d'abaissement et de dégradation. Pour cela, il faut beaucoup s'oublier; nous ne pouvons leur faire quelque bien qu'à condition de nous abaisser et de nous humilier avec celles que nous voulons relever. Mais la grâce de la vocation est une grâce forte et douce; elle rend facile tout ce qui, sans elle, serait insurmontable; elle fait trouver le bonheur le plus pur au milieu des privations et des souffrances. Je sens déjà que j'aime les pauvres Kabyles d'une affection très forte et toute différente de ce que j'avais ressenti jusqu'ici. Dans les premiers temps, j'évitais bien un peu de me laisser toucher par eux; car, si je vous ai dit que la saleté n'était pas toujours grande dans leurs maisons, il n'en est pas de même de leurs personnes; maintenant, je passe volontiers là-dessus, et je fais sauter

2

les enfants dans mes bras et sur mes genoux : cela rend toutes les petites filles jalouses les unes des autres, — car la jalousie est encore un des traits accentués du caractère kabyle. Mais cela gagne quelquefois le cœur des parents ; aussi les Kabyles commencent à me dire qu'ils m'aiment beaucoup. Quel bonheur de penser que cette confiance me permettra de sauver les âmes de leurs petits enfants, en commençant par ceux qui sont en danger de mort !

11 novembre. — Vous avez vu dans *le Tour du Monde* des gravures représentant des négresses portant leur enfant attaché sur le dos par quelques haillons : ici, c'est le même système : presque toutes les enfants qui viennent à la classe des Sœurs apportent de la sorte, chaque matin, un petit frère ou une petite sœur âgés de quelques mois, parfois même de trois ou quatre ans ; souvent, celle qui porte sa sœur n'est pas plus grande que son fardeau. A la classe, elles couchent le baby par terre après l'avoir endormi ; au dehors, elles le portent toute la journée ; elles jouent, courent, se battent sans le déposer ; c'est le petit qui reçoit les coups, mais n'importe ; si le baby crie, elles le tapent et l'enfant sait qu'il faut se taire. L'été, le nombre de nos enfants dépasse déjà quatre-vingts ; elles viennent, on peut dire, depuis leur naissance jusqu'à l'âge de quinze ans environ. C'est un spectacle curieux que l'arrivée de tout ce petit monde, lorsque la cloche sonne : on place dehors un bassin plein d'eau et toutes les enfants se précipitent pour se laver le visage, les bras, les pieds ; les plus grandes font la toilette des plus petites. La plupart de ces pauvres enfants meurent presque de faim ; à l'heure de la récréation, on les voit se jeter sur l'herbe qui pousse dans le jardin ou dans les champs et la dévorer. Ces enfants sont généralement intelligentes ; elles questionnent souvent sur la religion, et plusieurs arrivent à cette conclusion que leur propre religion ne vaut rien et que celle des Sœurs est bien meilleure. Ah! si nous étions plus nombreuses pour cultiver le grain de sénevé! La semence est jetée, un jour la moisson sera abondante; priez avec nous pour que beaucoup d'ouvriers viennent y travailler et que cette moisson qui blanchit déjà ne soit pas perdue, faute de quelqu'un pour la recueillir.

13 novembre. — Notre grande expédition, si longtemps attendue, est enfin accomplie. Nous sommes allées à Gondahl. C'est le point extrême de *notre diocèse* que Gondahl, et nous ne faisons jamais de plus longues excursions. Hier, la messe a été dite à cinq heures, dans la chapelle des Bordjs, et à six, nous sommes parties par le mauvais chemin d'Irill; il faisait à peine clair. Une heure après, nous étions au bord de la rivière. L'eau étant froide à cette époque-ci, les Sœurs ne voulurent pas me laisser me déchausser comme elles, et se mirent en devoir de construire un pont avec des pierres; elles étaient bien aux trois quarts de la rivière, quand j'eus la malencontreuse idée d'aller les aider. Mon pied manque et je tombe à l'eau. Je n'ai pas mis longtemps à regagner la rive que je venais de quitter; cette fois, je me suis déchaussée et j'ai repassé tranquillement la rivière. Nous sommes reparties faisant sécher nos habits au vent et au soleil levant, et riant de bon cœur de l'aventure. D'ailleurs, le vent était fort et le soleil était chaud, de sorte que j'ai été bien vite réchauffée et séchée. Car nous avons mis près de quatre heures, toutes bonnes marcheuses que nous étions, pour arriver à Gondahl.

Avant d'entrer dans le village, nous avons pris la précaution de déjeuner par terre, dans un champ d'oliviers, sans nous préoccuper de quelques femmes kabyles qui ne nous quittaient pas et nous plaignaient fort de manger si mal et de venir de si loin. Nous avions pourtant l'air plus gaies qu'elles et nous ne songions pas à nous plaindre. A onze heures, nous avons commencé les pansements des malades. C'est là le plus touchant, mais aussi le plus fatigant de l'excursion; les huit heures de marche ne sont rien à côté. On nous faisait refaire dix fois le même chemin que nous avions déjà fait pour voir un malade que nous avions oublié. Ces pauvres gens, peu habitués aux soins que nous leur prodiguions, voulaient nous payer, l'un nous offrait « six sous pour aller prendre le café ! », l'autre nous présentait un qarroui d'orge; mais, nous répondions que nous faisions cela pour l'amour du Bon Dieu ! En revenant, nous suivions la montagne; les rochers descendant à pic ou bouleversés en chaos sur une grande étendue y sont aussi pittoresques qu'en Suisse; parfois le chemin n'était qu'à peu près praticable, mais préférable cependant à celui du matin; enfin nous rentrions au clair de lune, après avoir marché plus de douze heures, enchantées de notre expédition apostolique et nous promettant de recommencer à la prochaine occasion. Nous sommes réputées dignes d'aller à l'Équateur.

18 novembre. — J'allais vous écrire quand on est venu nous chercher pour voir une enfant que nos Sœurs soignent à Ab-del-Aiunn et qu'elles visitaient matin et soir. Comme nous avions fait la lessive toute la journée, elles n'y avaient pas été ce matin et on est venu nous dire que l'enfant était plus mal; nous sommes parties, courant malgré la pluie qui tombait à verse. En revenant, nous avons passé par Taourith où était une petite fille fort malade à qui nous avons donné le *grand remède*, en sorte que nous nous sommes trouvées dédommagées de notre excursion diluvienne. C'est ainsi dans la vie de Missionnaire, il faut toujours être prêt à partir; mais, c'est justement dans ces occasions que je sens que ma vocation est bien là. Je ne suis jamais si ravie que quand on vient nous déranger par tous les temps, ou quand nous manquons de pain, ce qui arrive quelquefois l'hiver, lorsque les rivières grossies par les pluies ne peuvent plus être traversées. Alors nous faisons comme les Kabyles, nous mangeons de la galette de froment ou d'orge et du couscous... et des glands.

Quel bonheur d'avoir à offrir quelque chose, ces jours-là, à Notre-Seigneur pour le salut des âmes !

30 novembre. — Salem, Kabyle devenu chrétien après son éducation en France, vient d'avoir une petite fille et m'a priée d'en être la marraine. Ma filleule est fraîche et rose, et, pour l'embellir, on lui a peint en noir le bord des paupières et tracé d'énormes sourcils de même couleur, ce qui fait le plus singulier effet sur cette petite figure.

Aujourd'hui donc on a baptisé l'enfant. La cérémonie a été suivie d'une petite scène qui nous a beaucoup touchées. Tessadith, une petite fille de quatorze ans, qui depuis longtemps demande à être chrétienne, s'est précipitée dans la chapelle au moment où j'emportais l'enfant et s'est jetée aux pieds du Père qui l'avait baptisée, en disant : « A moi, maintenant, mon Père, s'il vous plaît ! » Naturellement le Père n'a pas compris, il s'est contenté de lui donner sa bénédiction. Tessadith est restée inconsolable toute la journée : « Je n'ai pas besoin de bénédiction, répétait-elle en pleurant, je demandais à être baptisée. » Alors, pour la calmer, le Père lui a fait dire d'apprendre bien le catéchisme et qu'ensuite elle demanderait elle-même à Son Eminence de recevoir le baptême. Le lendemain, sans rien dire à personne, Tessadith écrivit au vénéré Cardinal une lettre naïve et touchante dont je n'ai malheureusement plus le texte sous les yeux, mais j'essaye d'en retrouver quelques phrases : » Monseigneur, c'est une enfant kabyle qui vous connaît, mais que vous ne connaissez pas, qui vous écrit. Je voudrais bien être baptisée par le P. Lechaptois, et je viens vous prier de me dire oui ou non; et puis quand je serai grande, je deviendrai religieuse, mais pour cela il faut que je sois baptisée auparavant. »

Cette enfant est vraiment très gentille et très pieuse ; sa mère est morte, son père l'a abandonnée. Un jour, étant encore tout enfant, elle avait entendu parler de la Sainte Vierge ; elle alla se jeter aux pieds de sa statue en s'écriant : « Eh bien ! moi, je n'ai plus de mère, je vous prends pour ma mère, c'est vous qui me garderez et je serai chrétienne. » Elle nous parle sans cesse de son désir d'être religieuse un jour.

10 décembre. — Nous avons repris nos sorties. J'étais ravie de retrouver ces pauvres Kabyles. Je commence à comprendre un peu mieux leur langue et les visites m'intéressent ainsi de plus en plus ; je sens qu'ils m'aiment et je les aime ; avec cela, rien ne coûte auprès d'eux.

Nous projetions hier une lointaine expédition, il faisait beau le matin, mais nous avons craint la pluie pour le retour. Aussi, pour nous consoler, nous avons fait, dans la matinée, le tour de cinq villages. Nous avons été chez un marabout ; sa femme ne doit jamais sortir, aussi elle est plus curieuse que personne et passe une grande partie de son temps à regarder par les fentes de la porte ce qu'elle peut apercevoir au dehors. Dans une autre maison, nous avons trouvé une pauvre femme, comme on n'en voit que trop souvent ici ; elle avait été tellement battue et maltraitée par son mari, qu'elle s'emblait à moitié hébétée ; le misérable avait chassé sa mère de la maison, et elle, blottie dans un coin, nous regardait avec des yeux hagards, c'était triste à voir. On nous demandait des remèdes pour elle, mais que faire à cela ? Quelle triste vie ! et si ces pauvres femmes étaient chrétiennes, que d'occasions de mérites elles auraient ! Malgré les mauvais traitements qu'elles endurent, jamais ces malheureuses ne se plaignent, car elles savent que les coups redoubleraient si elles osaient parler.

On dit que les Arabes sont tristes, mais il n'en est pas

ainsi des femmes kabyles; elles surmontent tout courageusement, et, si l'une d'elles semble un peu morose, les autres disent : « Celles-là n'est pas bonne, il faut savoir supporter les misères de la vie. »

Mais que de fois nous trouvons des femmes, des enfants devenus à peu près idiots par suite des coups ! Nous avons à la mission une petite fille qui nous a été confiée pour la soustraire aux mauvais traitements. Elle ne comprenait rien et il semblait impossible de rien lui apprendre. En deux ans, cette enfant a été transformée, l'intelligence et la mémoire sont revenues, maintenant elle suit la classe avec ses compagnes. Parfois les instincts de sa nature sauvage semblent se réveiller d'une façon étrange. Quand on nous l'a amenée, la pauvre petite mourait de faim, et dans les premiers temps, par habitude plutôt que par besoin, elle cherchait à dérober tout ce qu'elle pouvait trouver à manger. Maintenant encore, il lui arrive de prendre de la soupe dans la gamelle du chien, tandis qu'elle laisse perdre le pain qu'on lui donne.

14 décembre. — Nous avons fait hier une petit expérience des marais de l'Afrique Equatoriale dans la saison de la *masika* (saison des pluies) ; néanmoins, nous avons fait une excellente tournée.

Nous sommes parties dès le matin, comme la dernière fois, et la descente de la montagne, par un beau chemin, n'avait rien de désagréable ; mais, après la montagne, il fallait traverser la plaine et nous le redoutions à cause des pluies précédentes. Cette terre est gluante et collante comme de la terre glaise, et, comme elle était détrempée par l'eau, nous avons enfoncé plus d'une fois jusqu'à la cheville. Après deux heures de marche, nous sommes arrivées au bord de la rivière. Notre Mère supérieure avait voulu nous faire emmener un petit âne, mais nous craignions qu'il ne nous gênât et retardât dans la plaine ; aussi avions-nous assuré que nous trouverions moyen de passer, et bien nous en a pris de ne pas nous embarrasser de la pauvre bête. De l'autre côté de la rivière il y avait deux bourricots avec leurs *bardas* (selles) ; le maître arriva à notre secours tout en nous déclarant que jamais ses ânes ne pourraient nous porter parce que la rivière était trop forte, et, en effet, celle-ci coulait à gros bouillons et avec fracas. Nous avons fait entrer notre homme dans l'eau afin de voir combien elle était profonde, il en eut presque jusqu'à la ceinture. Nous redescendîmes avec lui un peu plus bas, dans un endroit où la rivière était plus large, et une seconde fois nous fîmes passer le pauvre Kabyle, qui se prêtait volontiers à toutes nos exigences. Cette fois, il en eut jusqu'aux genoux. Après délibération, nous nous sommes décidées à le suivre, et la caravane passa ainsi.

Après cela, la route était agréable ; nous montions en pente douce sur l'herbe, à travers les oliviers et d'énormes quartiers de rochers provenant évidemment d'un éboulement de la montagne. Sur le chemin, un marabout nous détourna un peu de notre route pour nous emmener chez lui ; sa femme se croyait ravissante, fardée rose et blanc, avec des sourcils et des yeux peints ; elle vint nous regarder avec curiosité. Puis le marabout, empressé de nous montrer son érudition, nous apporta une liasse de parchemins arabes et quelques vieux livres français parmi lesquels il nous fit remarquer surtout, avec admiration, des catalogues illustrés des magasins du Louvre et du Bon-Marché. Il semblait bien fier de posséder un tel trésor. Bientôt après, nous arrivions aux Beni-Bou-Chenacha. Nous fîmes tout le tour du village ; il y avait beaucoup de malades, mais tous les gens valides étaient à travailler dans les champs. De là, nous avions formé le projet d'aller dans un hameau que l'on nomme « le village des Marabouts » parce que ceux-ci y sont nombreux, et il y en a un

DE BRAZZA (Page 5.)

de plus élevé que les autres en dignité, qui est quelque chose comme un chef. On nous avait dit que c'était inutile d'y aller parce qu'on ne pouvait pénétrer chez ces fanatiques. Par esprit de contradiction, je voulais absolument tenter la chose, et, quoique nous n'eussions plus beaucoup de temps si nous voulions être rentrées au jour, nous poussâmes jusque-là. Nous côtoyions une vallée profonde où grondait un torrent sautant dans les rochers ; des deux côtés s'élevaient de hautes parois de rochers ; et les sommets du Djurjura étaient couverts de neige. Mais cette vallée est malsaine, car elle ne voit guère le soleil. Le village des Marabouts est petit ; ses maisons paraissent bien alignées sur deux rangs, bâties régulièrement, et collées sur la pente d'un roc. Nous ne devions pas y être reçues, disait-on, mais jamais, au contraire, on ne nous fit un tel accueil. A vrai dire, nous n'entrâmes pas dans le village. Pendant que nous soignions quelques enfants, dans une maison située un peu au-dessous, un homme cria que nous étions là ; aussitôt ce fut une procession de gens descendant en courant. Nous nous installâmes sur une grande place et pendant une heure et demie nous ne savions à qui entendre, soignant les plaies et distribuant des remèdes toutes trois en même temps. Chacun nous tirait de son côté. On ne nous laissa libres de partir qu'à quatre heures, quand notre panier de remèdes fut vide. C'était tard, aussi avons-nous marché d'un bon pas au retour.

La rivière fut traversée en un clin d'œil, nous fîmes la chaîne toutes les trois. La nuit nous prit dans la plaine et nous gravîmes la montagne dans une obscurité complète. J'étais en avant et par moment je m'arrêtais : Où est le chemin ? à droite ? le précipice ; à gauche et devant moi ? le rocher ; mais, il y avait un sentier pour escalader le rocher. Une autre fois, je passai une haie et allai buter dans un tas de fumier ; enfin, c'était plein d'agréments et nous riions, de bon cœur, de nos petites mésaventures. A sept heures, nous étions de retour, toujours prêtes à recommencer.

18 décembre. — Encore une nouvelle excursion à vous raconter! je ne vous fais grâce d'aucun détail, il me semble que ces expéditions se ressemblent assez peu pour que le récit de chacune soit nouveau.

Hier donc, nous nous remettions en route avec deux Sœurs. Nous voyions souvent au loin une colline dont la pente est couverte de maisons et nous nous proposions d'aller explorer ce coin de la Kabylie; il y avait d'autres villages plus haut et plus loin, et nous partîmes un peu à l'aventure. Après deux heures et demie de marche, tantôt dans la plaine bourbeuse, tantôt dans le lit d'un joli ruisseau, tantôt en grimpant dans les rochers, laissant de côté les villages de la pente, nous arrivâmes aux dernières habitations des Charfas qui couronnent la colline. C'est un village de marabouts. L'un d'eux nous emmena chez lui et nous fit asseoir sur une natte pendant qu'il envoyait chercher des malades. Puis, ayant compassion de nous, il nous offrit de coucher chez lui. « Vous mangerez du couscous, nous dit-il, du pain de blé et de la viande, et puis demain vous repartirez. » Mais nous étions un peu désespérées; les villages qui, des Ouad'hias, nous semblaient être au-dessus des Charfas étaient sur une autre montagne, séparée de nous par une vallée. Nous n'avions pas grand'chose à faire où nous étions, et, si nous voulions aller plus loin, nous perdions bien notre temps chez ce marabout. Enfin, toute réflexion faite, nous nous dérobâmes à l'empressement des Charfas pour continuer notre route. Jamais les Sœurs n'avaient visité cette contrée, et, si les hommes savaient qui nous étions parce qu'ils nous avaient vues ailleurs, nous causions de grands étonnements aux femmes; nous avons pu voir là ce qu'est le commencement d'une mission vis-à-vis des indigènes, et comment nous pouvons être reçues en pays inconnu. Comme nous passions : « Qu'est-ce que c'est que celles-là ? » demandèrent quelques femmes. « Ce sont des femmes consacrées au bon Dieu, » répondit un Kabyle.

Nous n'eûmes pas besoin de redescendre jusqu'au fond de la vallée, et en moins d'une heure nous atteignions le premier village : Aitab-del-Moumen. Ici, les portes des maisons ne sont pas sur la rue, mais quatre ou cinq maisons donnent sur une même cour, et la porte de cette cour est soigneusement fermée; aussi, au premier aspect, le village semblait vide, et nous ne savions à qui nous adresser. « Si nous ne faisons rien pour les malades, disions-nous, au-moins nous nous ferons connaître, ce sera toujours cela. » Quelques femmes revenant de la fontaine avec leurs sagounes nous rencontrèrent et nous regardèrent avec curiosités : *Achou thaou ?* « Qu'est-ce que cela ? » se demandaient-elles. Plus loin, nous rencontrâmes cinq ou six petits garçons qui jouaient assis par terre. Nous leur demandâmes ce qu'ils faisaient là, s'il y avait des malades chez eux; ils ne savaient pas. Nous leur donnâmes des bonbons; ils ne connaissaient pas cela et n'osaient y goûter. Nous continuâmes notre chemin, les enfants nous suivirent de loin; mais, si l'une de nous se retournait, aussitôt toute la bande prenait la fuite. Elle revenait après. Nous passâmes devant la Djemmâa (maison commune) ; quatre ou cinq hommes fumaient ; ils nous laissèrent passer d'abord, mais à peine avions-nous fait quelques pas que deux d'entre eux, parlant un peu le français, nous rejoignirent, nous demandant si nous venions apporter des remèdes. Alors l'un d'eux nous conduisit dans une maison; on nous fit attendre dans une cour sans nous laisser entrer, et toutes les femmes vinrent nous regarder; puis arriva le malade, un pauvre vieillard qui n'en pouvait plus ; le Kabyle nous servit d'interprète, proposa tous les remèdes, mais le vieillard secoua la tête et s'en alla sans vouloir rien accepter. Le Kabyle nous emmena ailleurs ; d'abord, on nous demandait des remèdes ; puis, quand nous voulions les donner, on n'osait plus les accepter ; après que le premier en eut pris, tout le monde en voulut avoir et ce fut un enthousiasme indescriptible. « Qui donc êtes-vous ? » nous demandaient les femmes avec stupeur. — Eh ! nous sommes des femmes comme vous ; nous sommes Françaises, mais les femmes kabyles et les femmes françaises, c'est *kif kif ;* nous aimons beaucoup les Kabyles, » et nous cherchions ainsi à les apprivoiser. « Oh non ! dit l'homme qui nous accompagnait, vous *bono*, mais les femmes kabyles *macache bono ;* vous *blanco*, les femmes kabyles *negro.* » Son parler était un mélange singulier de kabyle, d'arabe, d'espagnol et de français, c'est le *sabir*. Il nous conduisit chez lui ; son enfant était un beau petit garçon bien blanc : « Tu vois bien, lui dit une Sœur, il est *blanco*, celui-là. Tous les *muchachos* sont *blanco*, mais grands, tous *negro, macache bono.* » Alors on commença à n'avoir plus peur de nous, et jamais les Sœurs ne furent accueillies avec plus de joie. Les gamins savaient déjà ce que c'était que les bonbons et ne nous laissaient plus de repos. Les maisons et les cours étaient envahies par une foule toujours croissante ; une femme voulut fermer la porte de sa cour déjà à moitié pleine, la porte fut enfoncée par la bande. Dès qu'on avait donné un remède à l'un, tous en voulaient avoir. Je mettais du nitrate d'argent aux yeux malades, il fallut presque en mettre un peu à tout le monde, même à ceux qui se portaient bien. Nous nous laissions faire pour ne pas les effrayer. Comme les remèdes disparaissaient ainsi, nous en fabriquâmes quand il n'y en eut plus.

Un moment, nous fûmes séparées. J'avais le panier de médicaments, une femme me prit par le bras et m'entraîna dans sa maison ; Sœur Suzanne était absolument portée dans une autre direction. Entre les deux, Sœur Marie de Jésus pensa qu'il valait mieux venir à mon secours et me suivit. Je ne sais comment nous serions sorties de là, si un homme n'était venu nous chercher pour nous ramener auprès de notre Sœur qui se trouvait chez lui, et comme elle n'avait pas de remèdes, il tenait à nous avoir ; aussi les femmes durent céder devant lui.

Je ne sais pour qui on nous prenait, ou plutôt, l'ignorance de ces pauvres gens est inouïe. Une femme nous demande de venir soigner son fils. « Qu'est-ce qu'il a ton fils ? — Il est mort. » Nous lui dîmes que le bon Dieu seul pourrait le ressusciter. Une femme joignit les mains d'admiration devant Sœur Suzanne, en disant : « Oh ! comme elle est bonne, celle-là ! » Je ne tarirais pas si je vous racontais tous les détails de cette expédition ; il fallut partir enfin en nous arrachant de vive force, car notre Mère Supérieure nous avait menacées de ne plus nous laisser retourner au village, si nous revenions à la nuit. Nous revînmes en quatre heures et demie de marche, pas du tout fatiguées par la course, mais la tête un peu abasourdie du tapage qu'on avait fait autour de nous. Rien de pareil ne peut s'imaginer.

26 décembre. — Hier, la fête de Noël. La messe de minuit a quelque chose de plus émotionnant, célébrée dans un pays infidèle. Il y avait à cette messe, outre nos deux pensionnaires, deux petites Kabyles dont l'une voulait être chrétienne, mais la pauvre enfant est affreusement maltraitée par sa mère qui la fait travailler comme un nègre et la laisse mourir de faim. On cite bien des traits touchants de cette enfant, qui est fort intelligente. La première fois qu'elle entendit réciter l'*Ave Maria*, elle pleura d'admiration. « Que vos prières sont belles ! nous disait-elle ; certainement votre religion est bien meilleure que la nôtre, mais si j'en parlais devant ma mère, elle me tuerait ! » Un jour qu'elle était malade, une Sœur lui dit : « Tu vas mourir, ma pauvre Fathma. — Oh non ! répondit-elle, sois tranquille, je ne mourrai pas ici ; j'irai mourir chez toi, parce que je veux mourir comme toi, » (c'est-à-dire chrétienne). Hier, elle fut particulièrement charmante, et ces deux enfants musulmanes assistant à nos cérémonies chrétiennes m'émurent plus que je ne saurais le dire ; il me semblait que c'était comme les prémices de la conversion de ces pauvres peuples d'Afrique. Après la messe, nous demandâmes à Fathma à quoi elle avait pensé pendant tout le temps qu'elle était demeuré à l'église : « J'ai prié le bon Dieu, » répondit-elle. Quant à Dabia, moins avancée que sa compagne, elle nous avoua ingénument qu'elle n'avait pas su à quoi penser ; mais, elle se montra fort empressée à apprendre à faire le signe de la croix : « J'avais honte, disait-elle, quand vous faisiez cela, parce que moi je ne savais pas. Apprenez-moi, pour que je fasse comme vous autres. » Et toutes deux de dire : « Les fêtes chez les chrétiens sont bien plus belles que chez les Kabyles. »

Après la messe de minuit, on avait donné du café et du pain aux enfants. Dabia cacha tout cela et ne prit rien, et le matin, de bonne heure, elle s'échappa pour porter son déjeuner à sa mère. Ces Kabyles ont un cœur d'or ; des traits semblables se citeraient en France comme une rareté ; ici, tous en feraient autant.

29 décembre. — On vient de nous apporter une pauvre petite créature qui fait pitié. C'est une petite fille de trois ans, informe à force d'être enflée ; ses paupières qui empêchent ses yeux de s'ouvrir, sa figure, tout son corps, sont gonflés et blancs, et elle est toute couverte de plaques rouges et de plaies.

Je ne sais si ailleurs on trouve autant d'enfants ayant d'aussi affreuses maladies ; mais il semble que le bon Dieu fasse souffrir ces petits êtres pour la conversion de leurs parents. La mère de cette pauvre petite, reconnaissante des soins qu'on donnait à sa fille, nous disait : « Ah ! vous, vous irez au ciel ! — Et toi aussi tu iras, lui avons-nous répondu. — Oh ! les Kabyles ne vont pas au ciel ! » Ils ont presque tous cette idée-là. La petite Fathma, dont je vous parlais l'autre jour, nous disait aussi : « Je ne voudrais pas mourir maintenant, je n'irais pas au ciel, les Kabyles n'y vont pas ! — Et pourquoi cela ? — Parce qu'ils volent et qu'ils mentent. — Mais toi, tu n'as pas volé. — Il faut être Français pour aller au ciel ; quand je serai grande, je ferai la charité comme les Français, je donnerai tout ce que j'aurai, et alors, quand je mourrai, j'irai au ciel. »

Une de nos jeunes filles de l'école venait d'être vendue par son père ; son mari l'emmenait, il y a trois ans, dans une tribu voisine. La pauvre enfant était désolée. « Non, je ne veux pas me marier ! criait-elle ; je veux être chrétienne ! On me dit que Dieu est bon, et j'aime la Sainte Vierge, est-ce qu'elle n'enverra pas quelqu'un à mon secours ? Je ne veux pas me marier ! » On l'emmena de force. L'année suivante, elle tomba gravement malade. Une de nos Sœurs, qui allait la visiter, la trouva qui sanglotait. « Qu'as-tu, Melkhet ? — Je vais mourir, et je n'irai pas au ciel. — Et pourquoi ? tu aimes le bon Dieu, il te prendra avec lui. — Oh non ! les Kabyles ne vont pas au ciel ; je veux être chrétienne comme les Français ! Oh ! je t'en prie, ma Sœur, dis-moi ce qu'il faut faire pour être chrétienne ; si je n'allais pas au ciel, ce serait ta faute : promets-moi que tu ne me laisseras pas mourir comme cela ! »

1ᵉʳ janvier. — Fathma vient d'être achetée par un Kabyle qui nous l'a confiée ensuite pour la faire instruire. Un instant, on avait pensé célébrer la cérémonie des fiançailles ; mais la chose a été jugée inutile. Cette cérémonie consiste dans le cadeau d'une gandoura et d'une ceinture à la fiancée ;

les parents de la jeune fille doivent donner un dîner et envoyer chez le fiancé un plat de couscous et de viande, que le jeune homme renvoie plein de blé. Après quoi, on conduit solennellement la jeune fille chez son fiancé ; sa future belle-mère lui pose une certaine coiffure sur la tête, et ensuite l'enfant, ramenée chez elle, attend que son mari veuille bien la prendre avec lui. Pendant quelques jours, la fiancée doit porter de vieux souliers de cuir. C'est la seule fois de sa vie qu'elle se chausse. Les hommes ont des espèces de souliers de peau pendant l'hiver, mais les femmes sont toujours pieds nus, et à cette époque, où la neige tombe souvent dans nos montagnes, les pauvres enfants qui viennent à la classe font pitié. C'est toujours l'histoire des hommes mangeant du couscous et laissant le pain de son à leurs femmes. Nous disions un jour à un Kabyle qui nous précédait, qu'en France un homme cédait toujours le pas à une femme ; il nous répondit simplement que ce n'était pas possible. Quel singulier mélange chez ces peuples! Leur misère morale est comme une nuit profonde ; mais, dès qu'une lueur paraît, ils semblent immédiatement tendre à s'élever. Je vous ai cité bien des traits d'enfants qui prouvent quelles ressources la grâce pourrait tirer de ces natures.

3 janvier 1887. — J'apprends à l'instant que je pars dans trois jours pour entrer enfin dans le noviciat. Vous vous souvenez qu'en m'envoyant ici dès les premiers jours de notre arrivée en Afrique, Son Éminence m'avait dit : « Au bout de quinze jours vous saurez à quoi vous en tenir sur votre vocation, et, si vous n'êtes pas appelée, vous aurez assez de votre nouvelle vie. » J'ai passé ici trois mois entiers, et, loin d'éprouver un seul moment d'ennui, je me trouve de plus en plus heureuse. Je regretterais vivement de quitter mes chers Kabyles, si je n'espérais revenir un jour parmi eux en *vraie* missionnaire. Mais, je vois trop aussi la nécessité d'une sérieuse formation religieuse comme préparation à un si sublime ministère pour ne pas désirer le noviciat. Une nouvelle vie va commencer pour moi, et, en présence d'une chose aussi grave, je m'arrête, non pas effrayée, car j'ai confiance dans Celui qui m'a donné ma vocation, mais frappée par de sérieuses réflexions.

Chère Mère, je suis appelée à une grande œuvre, car notre but n'est rien moins que la conversion de l'Afrique. Or, si Dieu me demande réellement de concourir à une aussi grande chose, quelle indignité ne serait-ce pas que de *faire semblant* de répondre à l'appel en ne me donnant qu'à moitié? Souvenez-vous qu'au jour où l'on m'a dit : « Partez, » celui qui prononçait ce mot vous écrivait à vous-même : « Votre fille est une âme appelée à un dévouement *absolu*. »

Eh bien ! le moment de *se dévouer absolument* est venu ; c'est dès le premier jour qu'il convient de consumer totalement le sacrifice au fond de notre cœur, pour n'avoir plus à revenir sur cette donation de soi-même. Oh ! priez avec moi pour que je ne regarde pas ici ma faiblesse et que je ne sois pas trop indigne de ma sublime vocation ; unissez-vous à moi pour m'offrir à Dieu et détournez les yeux de l'holocauste pour les porter plus haut ; ne voyez que Dieu seul qui vous fait une grande grâce et un grand honneur en vous prenant votre fille ; et pensez d'ailleurs, bonne Mère, qu'il ne vous la prend qu'afin de vous la rendre au jour où il vous comblera de joie et de gloire pour la lui avoir sacrifiée. — Votre fille, Marie-Louise. »

II

Cœurs vaillants

Qu'ils sont généreux et intrépides les fils des pauvres infidèles qui ont entrevu la sublimité de la religion catholique! Avec quelle ardeur ils désirent le baptême! Le récit de la mort si édifiante de deux enfants arabes le prouvera mieux que tout ce que je pourrais en dire.

Mohand Atoùta avait été admis, en 1882, au nombre de nos élèves internes des Beni-Smaïl. Dès les premiers jours, il montra un grand attrait pour notre sainte religion. Sans être forcé d'assister au catéchisme qui se faisait alors pour plusieurs enfants européens, il sollicita avec instance la faveur d'être admis. L'instruction religieuse qu'il y reçut ne tarda pas à faire naître chez lui la conviction profonde que les musulmans n'ont pas la vérité.

Quand j'arrivai au pensionnat des Beni-Smaïl, en 1886, cet enfant me frappa vivement par sa manière d'agir, vraiment empreinte d'un cachet tout chrétien. Je l'interrogeai pour savoir jusqu'à quel point il possédait les vérités du christianisme et je constatai avec plaisir qu'il avait une idée à peu près exacte des vérités principales. Poussant plus loin mes recherches, je lui posai cette question : « Crois-tu ce que tu sais? — Je le crois, me répondit-il, avec fermeté, et si Dieu m'en fait la grâce, je mourrai chrétien. »

(1) Dans notre Recueil intitulé *Jeunes Vaillants*, on trouvera d'autres admirables traits du courage chrétien de plusieurs jeunes africains, qui complètent le présent chapitre.

Il ne se contenta pas de garder ses convictions au fond de son cœur ; il se fit apôtre ! et, souvent, je le surpris discutant avec ses compatriotes sur la religion et cherchant à les convaincre de la vérité du christianisme. Il faut que je dise en passant que, dès cette époque, quoiqu'il n'eût pas encore, par conséquent, reçu le baptême, il avait pris l'habitude de se confesser. Il puisait ainsi, dans cette sainte pratique de l'aveu de ses fautes, et dans les conseils qu'on pouvait par ce moyen lui donner, la science et la force d'une conduite vraiment chrétienne.

Un jour, ces bonnes dispositions se démentirent. Il quitta notre internat pour rentrer dans sa famille, et resta près de trois ans, ne faisant à la mission que de rares et courtes apparitions. Je crus alors qu'au contact quotidien avec les musulmans, il avait perdu ses convictions religieuses. Il n'en était rien.

Il revint et me pria de le reprendre à l'internat. — « Tu es trop âgé, lui répondis-je, il n'y faut plus songer. » Quelques jours après, il sollicite avec une nouvelle instance la faveur de rentrer. Cette fois encore, je le renvoie avec un refus d'autant plus catégorique que nous venions de décider, mes confrères et moi, de ne pas accepter un plus grand nombre d'internes, dans l'impossibilité où nous étions de les loger et surtout de les nourrir. Il ne se décourage pas, et revient à la charge une troisième fois en me disant, les larmes aux yeux : « Tu veux donc me laisser mourir chez les musulmans ? Tu sais pourtant bien que je suis chrétien de cœur. Je te demande de rentrer parce que je veux mourir chez toi.

Mohand avait donc un pressentiment de sa mort. Il était, en effet, atteint d'une maladie qui ne pardonne pas. Devant une pareille insistance et un semblable motif, je cédai. Il reprit sa place au milieu de ses anciens camarades.

Une certaine amélioration se fit sentir pendant quelque temps et nous donna un peu d'espoir. Mais le mal empira tout d'un coup. Il fut dès lors évident que ce n'était plus qu'une question de temps. Le pauvre enfant le comprit et demanda le baptême. Il recommença dès lors à mener une vie vraiment édifiante, se confessant souvent et allant réciter son chapelet à la chapelle quand il le pouvait.

Sur ces entrefaites, son père vint à tomber malade. Il alla l'assister à son lit de mort et ne cessa, jusqu'à ses derniers moments, de l'exciter à faire des actes de contrition, d'amour de Dieu et de désir de mourir dans la religion de Jésus-Christ.

Les fatigues que lui occasionnèrent la maladie et la mort de son père l'affaiblirent tellement lui-même qu'il ne put revenir à la mission, et s'alita. Je lui fis de fréquentes visites, et chaque fois il en profitait pour demander le baptême.

A la vue des progrès rapides que faisait son mal, je ne voulus pas tarder davantage et lui administrai le sacrement. Cette fois, c'est de joie qu'il pleura, et, lorsqu'il me baisa la main pour me remercier, comme c'est l'usage parmi nos enfants, il s'écria comme tout hors de lui : « Maintenant, je puis mourir, je suis sûr d'aller au ciel, je ne désire plus que cela! »

Ce bonheur, après lequel il soupirait ne se fit pas longtemps attendre, et, deux jours après son baptême, en la fête de saint Joseph que je lui avais donné comme patron, il rendit son âme à Dieu.

Ces deux jours, il les a passés en véritable prédestiné. Malgré ses vives souffrances, sa figure ne reflétait que l'expression de la joie, absorbé qu'il était dans la prière et la méditation. C'est ce que nous avons appris ensuite par le témoignage de sa mère : « Mohand, nous a-t-elle dit,

tenait continuellement deux objets que vous lui avez donnés :
(c'était un crucifix et un chapelet). Il les embrassait souvent après les avoir regardés fixement. Quand je pleurais, il me disait de ne pas m'affliger, mais plutôt de songer à prendre les moyens de le rejoindre au ciel. »

Quand l'agonie commença, tous les parents et les voisins entourèrent le lit du moribond, comme c'est la coutume chez nos Kabyles. Sa mère, qui jusque-là l'avait laissé prier en toute liberté, essaya de lui enlever les deux objets de piété qu'il tenait en ses mains; mais l'enfant serra les doigts pour les retenir, et on ne put les lui arracher que lorsqu'il eut perdu connaissance.

Après le décès, les visites de condoléances furent, selon l'usage, faites à la mère qui ne manqua pas de raconter ces détails à tous ceux qui vinrent la voir. C'est après les avoir entendus qu'une des femmes présentes n'a pu retenir cette exclamation : « Mon Dieu, faites-nous mourir dans la religion de ces missionnaires qui apprennent à vivre et à mourir de la sorte ! »

Aly fut pensionnaire comme le premier pendant plusieurs années. Il était assez avancé dans ses études pour espérer de subir avec succès, en continuant quelque temps encore, son certificat d'études primaires. Cette carrière lui aurait permis de trouver des moyens d'existence que son état maladif lui empêchait de chercher dans les travaux des champs.

Mais son père ne voulut pas attendre, et songea à lui faire gagner immédiatement quelque argent. Il le retira donc du pensionnat sous prétexte qu'il allait lui faire suivre le traitement d'un célèbre médecin indigène.

Les remèdes du docteur arabe ne firent, hélas ! qu'épuiser les forces du jeune homme, qui, se sentant gravement malade, me fit appeler. Après lui avoir donné quelques fortifiants, je l'engageai à ne pas oublier les principes chrétiens qu'il avait puisés à la mission, sans lui cacher la gravité de son état.

Il fut tout d'abord un peu surpris, mais, après quelques instants de silence, il reprit tranquillement : « Puisqu'il en est ainsi, je désire recevoir le baptême. » Je remis au lendemain pour lui donner le temps de se préparer à la grâce du sacrement et de s'exciter à la contrition de ses fautes.

Le lendemain, lorsque je lui demandai des nouvelles de sa santé, « Père, me dit-il, j'ai été tourmenté toute la nuit. Il me semblait que le démon voulait me faire mourir avant que je n'eusse reçu le baptême.... Et alors, voici la prière que j'ai récitée toute la nuit : « Mon Dieu, vous êtes plus fort que le diable, empêchez-le de m'étouffer ; retenez-le seulement quelques heures, jusqu'à ce que le Père soit arrivé. » Tu es là, maintenant je suis tranquille. Baptise-moi vite, pour que Satan n'ait plus rien à faire avec moi. »

Après de telles paroles, il était inutile de lui demander s'il voulait être baptisé. Je me contentai de lui rappeler les principales vérités du *Credo*, et de lui faire faire un acte de foi. En terminant pourtant, je lui pose cette dernière question, plutôt pour accomplir les cérémonies préparatoires du sacrement, que pour m'informer d'un désir dont j'avais des preuves si manifestes : « Veux-tu être baptisé ? — Oh ! oui je le veux, s'écrie-t-il, je n'attends que cela pour mourir. — Mais quel nom veux-tu prendre ? — Je veux m'appeler Charles, comme le cardinal qui t'a envoyé pour m'apprendre le chemin du ciel. »

Charles Aly devint donc chrétien. Il survécut huit jours à son baptême. Ses parents le laissèrent d'abord tout entier à ses prières et aux exercices de piété que nous lui avions enseignés. Mais, la veille de sa mort, comme s'ils avaient voulu assurer davantage le salut de leur enfant, ils s'efforcèrent de lui faire réciter la formule de l'Islam : « Dieu est Dieu, et Mahomet est son prophète. » Charles s'y refusa constamment. En désespoir de cause, on voulut au moins lui faire baiser une amulette, il cracha dessus en déclarant qu'il était chrétien et qu'il voulait mourir en chrétien. Il dit même à son père : « Porte-moi chez les Pères, puisque je ne puis pas, ici, mourir tranquillement. »

On ne le porta pas ; mais, devant une volonté si arrêtée, on le laissa en paix, et c'est dans le calme d'une douce et sainte mort qu'il s'est éteint, pour aller recevoir la récompense de sa fidélité et de son courage. (P. ROCHER.)

*
* *

Quel *vaillant* encore que ce Charles Luanga, jeune nègre de l'Afrique centrale, qui souffrit si héroïquement le martyre pour confesser la foi catholique !

« Charles Luanga était le chef du Kambé, ou grande hutte royale, dans laquelle le roi fait ses réceptions solennelles, assis sur son trône et entouré de ses grands. Ce jeune homme, à peine âgé de vingt ans, s'était fait instruire de notre religion, en 1882.

Depuis, il avait toujours été d'une conduite exemplaire, exerçant la meilleure influence sur les jeunes pages qu'il avait sous lui ; toujours prêt à leur rendre service, il ne regrettait rien tant que, lorsque, forcé par les devoirs de sa charge, il leur avait causé quelque désagrément. Sa probité et son exactitude dans l'accomplissement de ses fonctions lui avaient mérité l'estime et la confiance du roi. Doué d'ailleurs d'une taille avantageuse et d'une grande souplesse, il était l'un des plus applaudis dans les diverses luttes corps à corps ordonnées entre les pages de la cour pour récréer les loisirs de Sa Majesté.

Le roi, ayant commencé à persécuter les catholiques, on eut sujet de craindre qu'il ne fît tuer ses pages chrétiens. Luanga, baptisé depuis peu, devint leur protecteur et leur appui. Animé d'une ardeur nouvelle, il soutenait et fortifiait, par ses paroles et ses exemples, les pages chrétiens que le roi avait dès lors commencé à menacer de la peine de mort s'ils n'abandonnaient pas la religion chrétienne.

Le roi, voyant l'inutilité de ses menaces, résolut de s'y prendre d'une autre façon. Comme il connaissait l'influence de Luanga sur ses compagnons, il le fit appeler, lui dit de bonnes paroles, lui fit des promesses et, sachant bien que s'il lui proposait simplement d'abjurer sa religion, il recevrait un refus formel, il se contenta de lui dire : « Mon enfant, tu sais combien je désire que tous mes pages soient constamment près de moi ; je ne te défends pas de prier, mais promets-moi, au moins, de ne plus mettre les pieds chez les prêtres blancs, sinon je chasserai les blancs et me déferai de toi et de tes compagnons qui se font instruire. »

Mais Charles n'en continua pas moins de venir de temps en temps assister à la messe et au catéchisme. Il éprouvait un si grand bonheur ces jours-là ! N'ayant pu venir à la messe le jour de Pâques, il me disait ensuite : « Nous avons manqué la fête de Pâques, mais à l'Ascension nous nous rattraperons. Cette fête-là, nous ne la manquerons pas. Comme nous allons la célébrer ! » Il devait, en effet, la fêter mieux qu'il ne le pensait, en compagnie des bienheureux et des anges.

La foi était bien enracinée dans son cœur. Pendant notre absence, plus d'un effort avait été tenté par les ministres protestants anglais qui résidaient alors à Roubaga, pour l'amener à l'hérésie. Doué d'un jugement droit, il savait répondre aux arguments des ministres. Un dimanche de carême, ayant été à la Mission protestante porter un petit cadeau, en reconnaissance de remèdes qu'un de ces messieurs lui avait donnés pendant notre absence, un ministre lui dit : « A ce que j'ai entendu dire, vous jeûnez, est-ce possible ? — Mais certainement, répondit-il, nous jeûnons. »

Le Révérend se mit à rire aux éclats, lui disant que c'était de la sottise, que cela était bon pour l'ancien temps. Luanga lui dit alors : « Nous ne sommes pas venus ici pour discuter ; mais répondez-moi, est-il vrai que Notre-Seigneur a jeûné ? » Il fallut bien répondre que oui. « Eh bien, ne trouvez donc pas mal, lui dit-il, que ce que Notre-Seigneur a pratiqué, nous le pratiquions aussi. »

En me rapportant le fait, il me dit : « Comme ils sont inconséquents ! dans les livres qu'ils distribuent de leur propre main, il est dit que Notre-Seigneur a jeûné, que le jeûne est bon, et, ensuite, ils se moquent de nous, de ce que nous aussi nous jeûnons ! »

Lorsque la persécution éclata, Charles, voyant que le roi allait mettre à exécution les menaces qu'il ne cessait de faire contre les chrétiens, réunit, le matin même du jour où il fut enchaîné, les pages qui n'étaient encore que catéchumènes et leur donna le baptême.

Lorsque j'arrivais à la cour, ce jour-là, je le vis rassembler les pages qui dépendaient de lui pour aller ensemble se présenter au roi. Il y mettait autant d'empressement que s'il se fût agi d'aller remplir quelque office que le roi lui aurait confié. Lorsqu'il eut rassemblé tous ses gens et vu qu'il ne manquait personne : « Nous sommes au complet, eh bien ! entrons, » dit-il avec résolution.

Lorsque le roi eut dit : « Que ceux qui sont chrétiens se mettent de ce côté, » ce fut lui qui le premier vint se placer du côté indiqué et encouragea ainsi par son exemple les autres chrétiens qui vinrent immédiatement se ranger à ses côtés. Je le vis bientôt sortir chargé des cordes qui le tenaient attaché à ses compagnons. Ces liens qui les tenaient étroitement liés ensemble, n'étaient que la faible image de la charité qui les unissait, surtout en ce moment solennel où ils souffraient ensemble et allaient mourir pour la même cause. Une énergique fermeté se peignait sur le visage de Charles, ses yeux étaient un peu humides de larmes, non par crainte du supplice, mais plutôt par suite de l'émotion que lui avaient causée les reproches amers du roi. Nouveau Maurice, il allait mourir avec ses fidèles compagnons, pour avoir préféré les ordres de son Dieu à ceux d'un prince de la terre. Comme le chef de la légion thébaine, il avait la consolation de les voir tous, inébranlables dans la confession de leur foi, marcher courageusement à la conquête d'une palme céleste, mille fois préférable à tout ce que pouvait leur offrir d'honneurs et de richesses un pauvre roi de la terre.

Ils marchèrent ensemble au supplice, mais ils ne devaient pas partager le même bûcher.

Arrivé au bas de la colline de Momugougo, par un raffinement de cruauté, Charles dut assister au supplice de ses chers compagnons et entendre leurs cris de douleur, mais en même temps d'intrépide persévérance.

Pour lui, on le ramena ensuite et on lui dressa son bûcher un peu plus haut sur le penchant de la colline. Là, comme ses compagnons, on l'enferma dans une claie de roseaux que l'on plaça ensuite sur le bûcher. Pendant que le feu dévorait le corps du martyr, le bourreau lui criait : « Allons, que ton Dieu vienne te tirer de ce feu ! » Charles lui répondit : « Ce que tu appelles du feu, ce n'est que de l'eau fraîche ; Dieu te versera un jour le vrai feu. Tu n'es qu'un pauvre malheureux, tu ne sais pas ce que tu dis. » Pendant son supplice, Charles priait, et, lorsque le feu atteignit la région du cœur, on l'entendit prononcer d'une voix forte : « Mon Dieu ! ô mon Dieu ! » et son dernier souffle s'exhala avec ce mot suprême.

Les restes de son corps que le feu avait épargnés demeurèrent plusieurs jours privés de sépulture. Deux néophytes, malgré les dangers auxquels ils s'exposaient, allèrent la nuit recueillir les restes du martyr, qu'il nous apportèrent à la Mission.

P. Lourdel.

*
* *

Les jeunes filles arabes ne sont pas moins admirables que leurs frères, sous la puissante influence de l'esprit chrétien. Parmi elles aussi on compte beaucoup d'âmes « vaillantes et généreuses. »

« Certes, écrit une Sœur qui les a vues longtemps de tout près, je n'ai pas la prétention de dire que ces enfants soient parfaites : le sang circule encore bien bouillant dans leurs veines ; il leur reste beaucoup de la fierté arabe et de la rudesse primitive, mais quelle foi ! quelle énergie pour le bien !

Dernièrement, une de nos petites filles de douze ans rencontra son frère encore infidèle ; ce furent d'abord des transports de joie de part et d'autre ; mais le jeune homme, qui était un musulman fanatique, veut absolument l'emmener. Alors la scène change, notre Pauline se met sur la défensive : *Ma nerohche*, « je n'irai pas ! » et le frère de promettre quasi l'univers. — *Ma nerohche !* répond la petite Pauline. Le frère, pendant deux mois, vint presque chaque jour tourmenter la pauvre Fathma, lui offrant les meilleures dattes et les plus belles figues ; mais toujours même réponse de l'enfant. Enfin, de guerre lasse, il se montre plus menaçant : « Si tu ne viens pas de bon cœur, tu viendras de force. » Petite Pauline répète toujours son *Ma nerohche*, accompagné de toutes sortes d'exhortations pour persuader son frère d'ouvrir lui-même les yeux à la vraie lumière. Le pauvre garçon partit seul pour sa montagne, et Pauline, après son départ, pleura beaucoup, car elle aimait son frère et son pays. Elle me dit alors : « Maman, si je vais dans ma montagne, me dit-elle alors, on voudra me faire renier ma foi, je ne voudrai pas, et alors je serai martyre. Je vous assure, maman, j'ai un pressentiment que si j'y allais, je serais martyre. » Toutes nos enfants sont dans la disposition de Pauline. S'il s'agit de la foi, on parle de mourir; de la quitter jamais !

Quant aux Arabes, tous n'ont pas heureusement les sentiments du frère de Fathma. A ce propos, je me rappelle l'admirable lettre d'un caïd; s'il demande des nouvelles de l'orpheline dont il se souvient, ce n'est pas pour la réclamer car il sait qu'elle a trouvé un père même meilleur que celui qu'elle a perdu; c'est pour savoir si l'enfant vit, lui garder son petit coin de terre et remercier le grand marabout des chrétiens.

Les occasions de sacrifier à Dieu sa famille et sa vie sont rares, même en Afrique; celles de lui témoigner son amour sont de tous les instants; aussi, suis-je heureuse de parler de la piété de nos enfants, de leur gratitude envers leurs bons protecteurs. Ces deux sentiments, piété et reconnaissance, résultat de leur générosité, ne font qu'un dans leurs âmes, car c'est par la prière seulement qu'elles peuvent s'acquitter à l'égard de ceux qui leur ont tout donné pour le corps et pour l'âme et qui les comptent même parmi leurs enfants d'adoption.

Qui verrait sans émotion une communion générale dans notre pauvre chapelle? le recueillement, le visage transfiguré de nos pauvres petites ! La Communion, voilà leur bonheur et leur joie; l'Eucharistie, voilà leur action de grâces; toutes les fêtes de leurs familles adoptives de France sont ainsi célébrées en Afrique; et si la mort vient frapper leur protecteur ou quelqu'un de ses proches, leurs larmes ne sont pas stériles, car la prière et la pénitence les accompagnent, et l'Ange de Dieu peut les porter aux pieds de l'Éternel. En voyant leur foi vive, l'émotion gagne le cœur; je me rappellerai toujours ces six petites filles qui m'arrêtèrent dans la cour à l'instant où je croyais voir succomber dans quelques heures, sous l'empire des fièvres du pays, notre Révérende Mère Générale : « Comme tu es triste, maman! me dirent-elles; mais écoute, voilà ce que nous venons de dire au bon Dieu : Mon Dieu, nous ne sommes que des petites filles, nous ne savons pas prier, mais prenez nos vies et laissez-nous notre Maman Générale! » La prière fut entendue et la mère rendue à ses enfants! Mais notre bien-aimée Céline Procule, l'une de celles qui m'avaient ainsi parlé, ne tardait pas à entrer à l'infirmerie, et succombait avant même le parfait rétablissement de celle pour laquelle toutes ces vies avaient été si généreusement offertes. Cette fois, la prière avait été héroïque. Elle l'était aussi, celle d'Adélaïde Hamed offrant sa vie pour la persévérance et la perfection de ses petites amies, celle de Marie que ses compagnes appelaient la petite sainte, et qui accablée d'affreuses maladies que vos climats tempérés et notre France chrétienne ignorent, les offrait pour ses bons parents adoptifs de France qu'elle chérissait. Pauvre ange, je la vois encore se traîner à la chapelle pour communier, car elle ne voulait pas déranger le bon Dieu! Et cette Mikael Zora qui souriait en mourant, dans la joie d'aller voir son Seigneur! et cette petite Anna Mariem, si charmante et si bonne, qui promettait de baiser pour ses sœurs, en arrivant au ciel, la main de Notre-Seigneur, et de saluer la Sainte Vierge !

Que ne ferait-on pas pour de telles âmes!... »

Mère Saint-Ignace.

III

Échange de lettres entre séminaristes.
Joyeuses et originales confidences.

LA première lettre que nous allons offrir à nos lecteurs est d'un orphelin arabe, du petit noviciat de Notre-Dame d'Afrique, près Alger, elle est adressée à trois condisciples plus avancés en âge, entrés depuis peu au Noviciat de la Mission à la Maison-Carrée (1). Cette lettre permet de juger de la transformation qu'opère la grâce dans l'esprit et le cœur de ces jeunes chrétiens, jadis enfants de Mahomet.

Mes chers Amis,

Bien que, depuis plusieurs mois déjà, vous nous ayez quittés pour aller à la Maison-Carrée où vous vous préparez à l'apostolat au milieu de nos pauvres frères égarés, nous croyons cependant vous faire plaisir en vous envoyant le récit d'une charmante petite cérémonie qui vient d'avoir lieu à notre communauté de Notre-Dame d'Afrique, et qui a été pour nous tous un sujet de douce consolation.

Depuis longtemps, vous le savez, dans nos moments de loisir nous cultivions un petit jardin derrière notre chapelle; déjà des fleurs de toute espèce y croissaient en abondance : le lilas, la rose, la violette, embaumaient l'air de leur suave odeur, l'eucalyptus, si faible d'abord, élevait majestueusement la tête vers le ciel et nous fournissait un précieux ombrage; c'était vraiment pour nous un autre petit

(1) La Maison-Carrée est la Maison-Mère des Missionnaires d'Afrique, ou Pères Blancs.

paradis terrestre, et le plus grand peintre, après toutes ses peines, eût été moins fier de son tableau. Mais cela ne suffisait pas à des cœurs de futurs missionnaires, il manquait

LE CARDINAL LAVIGERIE. (Page 54.)

quelque chose à notre ouvrage qui devait nous le rendre plus cher encore, nous voulions faire un bon usage de nos belles fleurs. Et d'ailleurs en allant à Maison-Carrée nous avions été maintes fois touchés à la vue des missionnaires qui viennent au commencement de leurs récréations s'agenouiller au pied d'une magnifique statue de la sainte Vierge, et lui offrir les quelques instants de délassement qui succèdent à leurs rudes labeurs de la journée.

Nous fûmes bientôt animés d'une sainte jalousie. Pourquoi, disions-nous en nous-mêmes, ne pas les imiter? Nous avons plus qu'eux besoin de la protection de Marie; chrétiens d'hier, des grâces plus abondantes nous sont nécessaires; il faut que Marie nous donne un peu de cet amour ardent qu'elle a pour les âmes afin que, nous aussi, nous allions annoncer la bonne nouvelle de l'Évangile que nos malheureux frères ignorent encore. Nous voulions donc avoir aussi notre image de la bonne Mère, qui serait maîtresse de notre parterre aussi bien que de nos cœurs. Un de nos Pères ayant reçu dernièrement une belle petite statue de la Sainte Vierge, eut la générosité de nous en faire cadeau.

Tout joyeux, nous nous mettons aussitôt à construire avec des roseaux et quelques planches le modeste toit qui doit abriter la Reine des anges. Laissant de côté tout ce qui est de l'art, nous empruntons à la nature ses ornements; quelques fleurs, un peu de mousse et de verdure, quelques branches de lierre, voilà toute la décoration de notre chapelle rustique. C'était bien pauvre, mais nous nous consolions en pensant à la pauvre étable de Bethléem; et puis, disions-nous, Marie est une excellente Mère qui tient compte de la bonne volonté! Grâce à nos soins, l'œuvre est bientôt achevée et nous n'attendions plus que le jour où notre Reine viendrait prendre possession de son parterre. Cet heureux instant est fixé au 31 mai, après la récréation du soir. On voulait consacrer à Marie les dernières heures du dernier jour de son mois, et puis, le soir est le moment le plus propice pour la prière; le calme de la nuit, ces myriades d'étoiles qui scintillent au ciel, la fraîcheur qui succède aux ardeurs du soleil brûlant, le doux murmure des vents, qui font tressaillir le feuillage, et semblent en tirer des chants merveilleux, tout s'unit pour porter la pensée vers les choses surnaturelles.

Oh! comme je me rappelle encore ces moments de mon enfance, où sous le charme des belles nuits du désert, je m'écartais un peu des tentes de mes parents et pendant que les nombreux troupeaux de chameaux et de moutons paissaient librement, j'allais m'asseoir près d'un palmier, et là laissant libre cours à mon imagination enfantine, il me semblait voguer vers des régions inconnues, vers des cieux plus beaux encore que ceux qui me ravissaient d'admiration! Oh! sans doute, sans l'intercession de la Sainte Vierge, le souffle impur du mahométisme eût bientôt desséché ces nobles aspirations du cœur qui révèlent à l'homme l'existence d'un bonheur spirituel bien au-dessus de toutes les jouissances terrestres. Ce ciel dont j'entrevois maintenant la magnificence aux sublimes clartés de la religion chrétienne, il me semble qu'après Dieu c'est à Marie que je le devrai. Aussi est-ce avec une véritable allégresse que je contribue de tout mon possible à ce qui peut faire honorer la Sainte-Vierge. Oui, la bénédiction d'une de ses statues était pour nous tous un grand sujet de joie.

Déjà nous étions rassemblés autour de cette bonne Mère quand tout à coup nous craignîmes de voir notre petite fête manquée. En effet, ce qui pourrait peut-être paraître étrange en d'autres pays qu'en Afrique, le ciel, quelques minutes auparavant si calme et si serein, venait en un moment de se couvrir de nuages, de rapides éclairs illuminaient les sommets des monts Bouzaréa et annonçaient un orage prochain. Mais la Reine du ciel veillait sur ses enfants. Malgré l'orage menaçant on commença et le R. P. Deguerry, qui par une heureuse coïncidence était venu ce jour-là à Notre-

Dame d'Afrique, bénit l'image vénérée de notre bien-aimée Mère. Aussitôt un des Pères entonne l'*Ave, maris stella*, et tous nous continuons avec l'entrain dont nous sommes capables. Parfois le tonnerre se mêlant à nos voix célébrait lui aussi à sa manière les grandeurs de la Reine du ciel, et de temps en temps on apercevait à la lueur des éclairs la blanche statue de la bonne Mère qui semblait sourire à ses enfants.

Trois petits nègres arrivés récemment de Tombouctou s'étaient agenouillés tout auprès de la petite hutte de roseaux. Ils étaient là immobiles d'étonnement et semblables à des statues de bronze, le regard fixé sur l'image de la mère de Dieu. Le plus jeune regardait, les larmes aux yeux, le petit Jésus que la Sainte Vierge tenait entre les bras, et semblait envier le bonheur du divin Enfant reposant doucement sur le sein d'une mère. Pauvres petits! une main cruelle les avait arrachés aux embrassements maternels pour les rendre esclaves; mais ils allaient retrouver en Marie une mère puissante qui, elle, ne les abandonnera jamais, et qui leur obtiendra de son divin Fils la liberté bien autrement précieuse de l'âme.

Le chant était terminé; déjà la pluie commençait à tomber. Cependant nous ne voulûmes pas nous retirer avant d'avoir prié pour la conversion de nos pauvres frères encore assis à l'ombre de la mort. Aussi est-ce du plus profond de notre cœur que nous avons récité la belle prière composée par les soins de Mgr l'archevêque d'Alger, pour demander à Notre-Dame d'Afrique la conversion des musulmans et des autres infidèles d'Afrique.

« Notre-Dame d'Afrique, vous dont le cœur maternel et immaculé est si plein de miséricorde et de compassion, soyez touchée de la profonde misère des musulmans et des autres infidèles de l'Afrique. Souvenez-vous que les âmes de ces pauvres infidèles sont l'ouvrage des mains de votre divin Fils, et qu'elles ont l'honneur d'avoir été créées à son image et rachetées au prix de son précieux sang.

» Ne souffrez pas, ô Mère de miséricorde, que ces misérables et infortunées créatures, qui sont toujours aussi vos enfants adoptifs, continuent à tomber en enfer, au mépris des mérites de Jésus-Christ et de la très cruelle mort qu'il a soufferte pour leur salut.

» Obtenez-leur la connaissance de notre sainte religion, la grâce de l'embrasser et de la pratiquer fidèlement. Et puisque vous êtes la dame et la souveraine de l'Afrique, ô Reine des Apôtres, daignez vous choisir et envoyer dans ces régions abandonnées des légions de saints missionnaires pour en faire la conquête, les arracher à Satan et les amener dans le bercail de la sainte Église, afin que nous soyons tous réunis par la même foi, la même espérance et par le même amour dans votre cœur sans tache et dans le cœur adorable de votre divin Fils, Notre Seigneur Jésus-Christ, crucifié et mort pour le salut de tous les hommes, et qui, ressuscité plein de gloire, règne en l'unité du Père et du Saint-Esprit dans les siècles des siècles. Ainsi soit-il.

» O Notre-Dame d'Afrique, priez pour les musulmans et les autres infidèles de l'Afrique !

» Notre-Dame d'Afrique, priez pour nous et pour les bienfaiteurs de la Mission ! »

Cette prière à peine achevée, l'orage éclate dans toute sa force; les enfants se retirent à la chapelle, pénétrés des plus salutaires impressions, non sans une certaine inquiétude que l'orage ne vînt à renverser le faible toit de roseaux. Mais notre bonne Mère sait, quand elle le veut, se faire respecter. Le lendemain, les craintes furent dissipées à la vue de notre statue bien-aimée apparaissant toute radieuse et tenant à la main une belle rose rouge encore humide de rosée, qu'elle semblait offrir à ses enfants comme un gage de cette autre rose empourprée du martyre que nous serons peut-être appelés à cueillir un jour sur le champ de notre apostolat.

Puisse Marie nous obtenir cette grâce à vous et à moi !

Frédéric MOHAMED-BEN-HAMED.

***

Voici maintenant une épître de la façon des petits arabes transplantés sur le sol français. On sait que Mgr Lavigerie avait fondé un petit Séminaire à Saint-Laurent-d'Olt, dans le diocèse de Rodez, pour mieux assurer la bonne préparation de ces jeunes gens à l'état ecclésiastique. Cette lettre va nous dévoiler leurs excellentes dispositions et la délicatesse de leurs sentiments. Elle est adressée aux novices de la Maison-Carrée à Alger.

Saint-Laurent, ce 14 septembre 1877.

Chers Amis et Frères,

Voici un bien beau jour qui vient de finir, nous ne voulons pas tarder à mettre avec vous notre joie en commun.

Exilés sur cette belle France que nous aimons comme notre patrie, et séparés depuis trois ans d'un Père tendrement aimé dont nous ne revoyions plus la face, nous gémissions de cet éloignement douloureux ; chacun disait dans son impatience : « Hélas ! quand Monseigneur viendra-t-il nous voir ? Quand reverrons-nous notre Père ? » Nous savions que lui aussi, de son côté, souffrait de ce que ses travaux incessants, ses grandes préoccupations et une cruelle maladie le tenaient si longtemps éloigné de ses enfants : « Il désirait beaucoup, nous disait-il dans ses lettres, revoir sa chère famille de Saint-Laurent. »

Enfin, le 8 septembre, fête de la Nativité de la Sainte-Vierge, en revenant de promenade, nous trouvâmes au Séminaire un messager de bonheur. Le P. Charmetant venait faire la visite de la Communauté, et servait d'avant-coureur à Monseigneur, car il nous annonça l'arrivée définitive de notre bien-aimé Père pour le mardi suivant.

Nous accueillîmes cette bonne nouvelle avec une explosion de grande joie. C'est que Monseigneur est tout pour nous : c'est notre père et notre mère, notre sauveur et notre ami ; nous n'avons d'autre famille que lui et ses Missionnaires, d'autre foyer que l'asile de bonheur qu'il nous a donné ; c'est l'Ange envoyé par Dieu à l'Afrique notre patrie, pour la guérir, comme Raphaël fut envoyé pour guérir Tobie.

Notre premier souci fut de préparer toutes choses de notre mieux, pour le recevoir dignement. Comme des abeilles qui se répandent dans les champs, nous allions, sous la direction de nos Pères, chercher dans les ravins, sur la montagne et le long de la rivière du Lot, assez de verdure et d'arbustes pour faire des arcs de triomphe et orner de guirlandes notre cour et le château qui nous sert de séminaire. Les habitants de Jérusalem apprenant l'arrivée de Jésus-Christ dans leur ville, lui préparaient une réception triomphale ; nous aussi nous voulions recevoir en triomphe notre Père, le représentant de ce même Jésus.

Grâce au zèle de tous, tout fut près dès la veille. Ces vingt-quatre heures qui nous séparaient de ce tendre Père, eurent pour nous la durée d'un siècle ; la nuit se passa à rêver de lui, et la matinée du lendemain à compléter les derniers préparatifs.

Un de nos grands regrets était de ne pas avoir des fusils pour faire parler la poudre en son honneur (signe d'allégresse pour l'Arabe), et pour saluer dignement son arrivée. Mais notre pauvreté nous empêchant tout ce luxe de jouissances, nous nous sommes dédommagés en faisant à la hâte quelques pétards de notre façon. Nous mîmes un peu de poudre achetée de nos deniers dans de petites boîtes en carton fortement ficelées. Cet expédient eut un plein succès, car chaque détonation ressemblait à un coup de canon.

Cependant l'heure fixée pour l'arrivée de Monseigneur approchait. Dans notre impatience, nous descendîmes du séminaire sur la grande route. Le temps était magnifique, l'air tiède et le ciel bleu comme celui de notre Afrique. Il nous semblait que Dieu voulait faire luire ce jour-là le beau soleil de notre pays.

Nous étions tous là, attendant sur la route notre Père, comme la mère de Tobie attendait son fils, lorsque tout à coup la voiture si impatiemment désirée apparaît à travers le feuillage des arbres. Aussitôt de nombreux pétards éclatent. Chaque coup précipité résonne dans la montagne, qui en même temps renvoie l'écho d'un formidable cri de « *Vive Monseigneur!* » qui s'exhale de nos poitrines. La voiture s'arrête au milieu de nous, elle renfermait notre bien-aimé Père, accompagné de son vénérable ami, Mgr Bourret, évêque de ce diocèse, et qui lui aussi nous entoure d'une affection si paternelle.

La portière s'ouvrit; et tous, nous nous précipitâmes aux pieds de notre Père pour recevoir sa bénédiction et baiser cette main qui nous a doublement sauvés, en nous distribuant la nourriture du corps et celle de l'âme.

« Ah! chers enfants, vous voilà donc! » nous dit-il en descendant de voiture. Ce sont les premières paroles sorties de sa bouche. En entendant cette voix, je sentis mon cœur battre à coups précipités, et des larmes me vinrent aux yeux. J'éprouvais quelque chose de l'émotion de mon baptême!

Muets de joie, nous restions à contempler sa face vénérable; nos yeux demeuraient fixés sur lui, comme s'ils ne pouvaient s'en rassasier. Nous approchions le plus près possible pour mieux le voir. Ses traits étaient les mêmes, mais sa barbe était devenue blanche. Ses regards s'abaissaient sur nous avec la même tendresse et la même bonté qu'autrefois. Il nous reconnaissait tous, et appelait chacun de nous par son nom.

A ce moment, l'un d'entre nous lut un petit discours, pour chercher à dire ce que nous ne savions exprimer : tout l'amour de nos cœurs pour sa personne vénérée. Pendant cette lecture, le plaisir et les larmes envahissaient à la fois nos âmes attendries.

Monseigneur répondit par quelques mots adressés en même temps à ses enfants et à la population de Saint-Laurent, qui se pressait derrière nous et se répandait le long du chemin qui monte au village. Puis les deux Pontifes voulurent se rendre à pied au séminaire qui se trouve au-dessus du Lot et de la route, à l'extrémité de la crête où Saint-Laurent est bâti.

Nous nous pressâmes tous, en montant, autour de notre Père, comme autrefois quand il venait au milieu de nous, lorsque nous étions encore à Saint-Eugène.

Les deux évêques s'avançaient lentement ; nous étions heureux de les entourer, comme une auréole de joie, dans leur marche triomphale à travers le village de Saint-Laurent. Comme nous étions fiers de traverser aux côtés de notre Père si grand, cette bonne population qui accourait sur son passage pour venir contempler ses traits et recevoir ses bénédictions.

A son entrée dans la cour du séminaire, de nouvelles détonations se firent entendre. Là, nous lui fîmes de nouveau un petit discours dans notre belle langue arabe. « Oui, je vous bénis, mes enfants, nous répondit-il. Grandissez en âge et en sagesse dans cette sainte maison comme Jésus dans la maison de Nazareth. Soyez de bons séminaristes si vous voulez que Dieu vous choisisse comme apôtres au milieu de vos frères infidèles de la pauvre Afrique. »

Puis il s'entretint longtemps avec nous, heureux de nous revoir, et nous de l'entendre. Il ressemblait à Notre-Seigneur se promenant au milieu de ses disciples et leur révélant les grandes choses qu'il apportait du Ciel.

Cependant cette journée si belle touchait à sa fin ! Elle durerait encore si nous eussions eu, comme Josué, le pouvoir d'arrêter le soleil qui s'avançait si vite derrière les crêtes de la montagne voisine.

Notre séminaire est trop pauvre pour recevoir dignement deux Évêques ; d'ailleurs les principales familles de Saint-Laurent vinrent faire des instances pour avoir l'honneur de donner l'hospitalité aux deux prélats. Ils se rendirent donc au village pour prendre leur repas et passer la nuit, nous promettant de revenir dès le matin le lendemain.

La nuit me parut longue, car je dormis peu : la joie me tint éveillé. J'avais toujours devant les yeux l'image de ce bon Père, et je revoyais en esprit tout le bien qu'il avait fait à ses enfants.

Le lendemain il arrivait de bonne heure pour dire dans notre modeste chapelle la messe de communauté. A la communion, tous nous nous approchâmes de la sainte table pour recevoir de ses mains vénérables la nourriture céleste, comme de petits oiseaux affamés qui se pressent autour de la main qui leur répand du grain pour les nourrir.

A la fin de la messe, après son action de grâces, il s'assied en face de nous sur un fauteuil placé sur le marchepied de l'autel et nous adresse ces paroles : « J'avais un grand désir, mes chers enfants, de venir manger cette Pâque avec vous : *Desiderio desideravi hoc Pascha manducare vobiscum.* » En entendant ces paroles du Sauveur sortir de la bouche de notre Père, je n'ai pu m'empêcher de verser de douces larmes. C'est avec le même attendrissement que j'ai écouté les recommandations si paternelles que son cœur nous adressait : « Moi aussi j'ai souffert, ajouta-t-il, quand il a fallu vous éloigner momentanément de moi et de l'Afrique ; mais c'était pour votre bonheur, afin de mieux vous former, dans cet excellent pays du Rouergue, à la piété et à la science. »

En l'écoutant nous étions sur le Thabor ; tous, nous nous faisions la réflexion de l'apôtre : Comme il fait bon ici ! Plus d'un en effet eût voulu dresser là sa tente près de celle de son père et à côté du Tabernacle.

Vers la fin il s'arrêta un instant, puis il ajouta : « Mes enfants, puisque nous sommes seuls dans cette chapelle, et bien que le bon Dieu y réside, je vous permets de me demander tout ce que vous voudrez. Demandez maintenant, car bientôt vous me chercherez et vous ne me trouverez plus ! Je dois partir aujourd'hui.... »

Tous gardèrent le silence. Que pouvions-nous demander de plus ? Chacun de nous répétait au fond de son cœur la parole de Joseph après avoir retrouvé Jacob : « Je n'ai plus rien à désirer maintenant, puisque j'ai revu mon Père ! »

A la fin, cependant, il y en eut un qui se leva, et pria Monseigneur, au nom de ses condisciples qui l'approuvaient de la tête, de vouloir bien prolonger sa visite de quelques jours, si c'était possible, afin de faire durer encore le bonheur que nous éprouvions de le posséder. « Vos sollicitations me touchent, répondit Monseigneur, mais j'ai le regret de ne pouvoir demeurer plus longtemps : d'ailleurs, ajouta-t-il, dans son langage tout paternel : Vous ne m'avez donc pas assez vu ? Vous voulez donc me manger ! Eh bien, puisque votre désir est d'être toujours près de moi, vous me donnerez chacun un morceau de votre cœur que j'emporterai pour le mettre aux pieds de Notre-Dame-d'Afrique ; et je lui dirai : Voyez, bonne Mère, je vous apporte les cœurs de mes petits Arabes de Saint-Laurent, qui vous aiment tant. Faites-les vite grandir en âge, en sagesse et en science, afin que bientôt ils reviennent de France en Afrique, chanter vos louanges près de vous ! » Tous, nous fîmes un signe de consentement, et notre bien-aimé Père sortit de la chapelle, après nous avoir bénis. »

Il était attendu déjà par quelques membres des excellentes familles de Saint-Laurent qui toutes daignent nous entourer d'une si grande sympathie. On venait le chercher pour prendre son dernier repas dans le village. Quelques-uns de nos Pères l'y accompagnèrent comme la veille.

C'est après son repas qu'on lui annonça tout à coup l'arrivée d'un autre missionnaire, le P. Chevalier, qui se trouvait en France et allait repartir pour l'Afrique : « Comment se fait-il donc que vous arriviez maintenant, dit Monseigneur, il n'y a point de voiture qui passe par Saint-Laurent à cette heure ? — Je viens à pied, Monseigneur. — Et d'où venez-vous ? — De Mende, où je suis arrivé cette nuit. Là, j'ai appris que Votre Grandeur était à Saint-Laurent, et qu'elle devait en repartir aujourd'hui. Je me suis mis en route ce matin, à cinq heures, afin d'être sûr de vous y trouver encore, pour venir vous saluer à votre passage. » Cet intrépide missionnaire avait fait cinquante-deux kilomètres en moins de huit heures ! Émus de son courage, nous avons voulu l'imiter, car, chaque semaine, pendant nos vacances, nous faisons de longues courses pour répondre à de bienveillantes invitations que l'on nous fait, par intérêt pour nous, dans l'Aveyron et la Lozère. Nous partîmes donc pour Mende, à pied, nous aussi, le surlendemain, afin d'y aller saluer le digne évêque de cette ville qui avait eu la bonté de nous inviter à venir passer une journée de nos vacances près de lui. Partis de Saint-Laurent à quatre heures du matin, nous étions à Mende avant midi.

Cependant, l'heure approchait où notre bien-aimé Père allait se séparer de nous. La tristesse succéda à la joie qui, pendant ces heures trop courtes, avait été inexprimable. Je ne vous en parlerai point ici, car, vous aussi, vous connaissez l'amertume que laisse toujours dans nos cœurs chaque départ de ce bon Père.

Nous le devançâmes au pont du Lot, qui se trouve au pied du village. La voiture l'attendait déjà. Tous, nous nous pressions, sans rien dire, autour de lui. L'un de nous, les larmes dans les yeux, lui demanda une dernière faveur, non pour lui, mais pour sa pauvre mère infidèle qu'il possède encore et qu'il a laissée en Kabylie pour venir ici apprendre et suivre la vérité : « Monseigneur, dit-il, j'ai appris que les Sœurs de la Mission allaient s'établir dans ma tribu. Veuillez leur demander d'attirer ma pauvre mère auprès d'elles, comme les Missionnaires l'avaient fait pour moi, afin que, peu à peu, la vue des bons exemples qu'elle recevra finisse par lui ouvrir les yeux à la vraie Foi. » — Monseigneur le caressa et le lui promit. Puis il nous donna une dernière bénédiction que nous reçûmes pieusement, mais avec tristesse, comme les Apôtres reçurent celle de Notre-Seignur se séparant d'eux pour aller au Ciel le jour de l'Ascension. Aussitôt après, il monta en voiture et nous dit en s'asseyant : « Adieu, chers enfants ! » et la voiture partit.

Aux derniers accents de cette voix qui s'éloignait déjà, nos poitrines se gonflèrent, et presque tous baissèrent la tête; même ceux qui ne pleurent jamais ne purent retenir leurs larmes. Il semblait que nos cœurs allaient se diviser par la moitié; et, cependant, ce tendre Père ne nous quittait que pour retourner dans notre belle patrie et travailler à la rendre chrétienne comme autrefois !

Nous suivîmes des yeux la voiture, jusqu'à ce qu'une petite colline, où s'engage la route, l'eût dérobée à nos regards. Nous regagnâmes le séminaire sans nous parler les uns aux autres, car nous étions tristes. Et cependant nous étions heureux d'une si bonne visite dont le souvenir nous restera toujours.

**

Notre troisième lettre est celle d'un enfant du petit séminaire indigène de la Mission à sa marraine de France qui l'a adopté.

Ma chère Marraine, — Maintenant que j'ai grandi et que j'ai appris à parler et à écrire le français, je veux vous raconter moi-même ma petite histoire. Comme vous m'aimez beaucoup, j'espère que ces détails de la main de votre filleul arabe vous intéresseront un peu. Voici donc comme c'est arrivé que le Bon Dieu m'a amené à Monseigneur, notre père. Il y a déjà longtemps, et pourtant je m'en souviens bien, presque comme si c'était hier ou avant-hier.

J'étais avec ma mère et mes frères; mon père était mort de l'*hebouba* (choléra); puis ma mère nous avait quittés, et nous sommes allés chez nos oncles. Mon grand frère gardait les troupeaux du commandant, et moi je restais chez la mère de mes oncles; on me faisait coucher avec les chèvres. Une fois mes oncles me dirent d'aller garder les troupeaux : il faisait froid, la pluie tombait et le vent soufflait : c'était le temps où le blé commence à pousser; on m'avait donné un vieux burnous qui était tout déchiré et tout usé; mais enfin il fallait aller quand même les garder, et, en allant, je ne pouvais pas les mener, parce qu'il faisait trop mauvais temps.

Mais voyant les blés pousser, tous coururent pour manger : deux petits chevreaux seulement restèrent fidèles. Comme il faisait froid, je me cachai à côté des broussailles,

Alors, je vis deux chacals qui venaient pour manger les deux chevreaux. Je me suis levé pour les chasser, et ils s'enfuirent. Mais bientôt, dès qu'ils ne me virent plus, ils revinrent; et cette fois, ils emportèrent les chevreaux. Et je me mis à pleurer; car j'étais bien ennuyé, et je restai dans les broussailles jusqu'au soir; je n'avais rien à manger que de la glu et de la gomme de sapin. Comme il faisait bien froid, vers la nuit, je m'approchai d'une *koubba* (1) pour me réchauffer et me coucher pendant la nuit. Mais tous les bergers étaient partis dans leurs gourbis et j'étais tout seul.

Voilà que mon oncle vint, et il cria pour m'appeler. Mais moi je ne disais rien, et je me cachai parce que j'avais peur. Le lendemain, je sortis de cet endroit et je m'en allai en mendiant jusqu'à Médéah. Je ne voulais plus revoir mes oncles, parce qu'ils m'auraient peut-être frappé jusqu'à mourir. Les musulmans sont méchants et ils n'aiment pas les enfants, et ils ne savent point pardonner comme les chrétiens. Après sept ou huit jours, j'arrivai à Médéah. J'y fus quelques jours; mais, comme il y avait la famine, pour ne pas mourir de faim, je suis allé où on ramassait les enfants, car je n'avais rien que de l'herbe pour manger. Depuis là, on m'a amené à Alger à Monseigneur, notre père, qui m'a mis avec ses enfants, qui étaient de petits Arabes ramassés comme moi.

C'est de cette manière que le Bon Dieu m'a sauvé la vie du corps et m'a fait la grâce de connaître la vraie religion. Il m'a trouvé en France des parents qui l'aident, par leur charité, à nous nourrir et à nous élever.

Adieu, chère marraine, que le Bon Dieu vous protège vous et toute votre famille, et, chaque jour, nous prions pour vous. Et vous aussi, priez pour moi, afin que le Bon

(1) Espèce de petite chapelle bâtie sur le tombeau d'un ermite musulman.

Dieu me fasse la grâce de convertir les pauvres Arabes qui n'ont pas le bonheur de le connaître et de l'adorer comme nous.

Adieu, ma chère marraine, que le Bon Dieu vous accorde tout le bien que je lui demande pour vous dans mes prières de chaque jour.

A. AHMED BEN TAHAR,

A Madame E. P., sa marraine.

***

Nous reproduisons maintenant une lettre de remerciements que les élèves du petit séminaire arabe-kabyle de Saint-Eugène ont adressée à leurs frères de France, qui leur étaient venus en aide pendant la famine. Nous pensons que nul ne parcourra sans intérêt ces lignes si pleines de tact et de naïve simplicité.

Nos très chers Frères,

Nous vous écrivons pour vous dire les sentiments de nos cœurs au commencement de cette année. L'année dernière, vous nous avez sauvés par votre aumône. Sans elle, nous serions peut-être dans nos montagnes pour vivre comme auparavant. Monseigneur, notre père, qui nous avait défendus comme un lion défend ses petits, nous disait : « Il n'y aura plus bientôt de pain pour vous, et vous n'avez pas de parents pour vous en donner. »

Mais nous avons trouvé de vrais frères dans les séminaires de France, qui nous ont protégés toute une année contre la mort du corps en nous nourrissant, et contre celle de l'âme en nous gardant comme de jeunes oliviers à l'ombre de vieux arbres qui les protègent du soleil. Oh! que votre religion est bonne! Elle vous apprend à secourir des

enfants que vous ne connaissez que par la charité de Jésus-Christ.

Pour vous remercier, comme nous ne sommes pas savants pour vous dire de belles choses, nous ne pouvons vous écrire que la parole de nos cœurs dans cette pauvre petite lettre. Mais, pour ne pas vous l'envoyer vide, nous avons eu une pensée qui vous fera peut-être rire, mais qui vous fera plaisir : c'est de vous envoyer les oranges qui viennent dans le jardin de notre séminaire, et que Monseigneur, notre père, réserve pour les fêtes. Nous lui avons demandé de partager ces étrennes avec vous, comme vous avez partagé les vôtres avec nous, et il nous a dit qu'il était content et que c'était bien mieux de vous les envoyer que de les manger nous-mêmes, et que les séminaristes de France aiment les oranges. Vous les recevrez quelques jours après cette lettre, sans payer le port, parce que notre père nous a dit : « Si vous donnez vos oranges, moi je veux payer le port. » Vous, chers frères, vous apprendrez avec plaisir que nous sommes encore plus nombreux dans notre petit séminaire que l'année dernière, et aussi que quinze des plus sages devant Dieu ont déjà pris l'habit des missionnaires, et nous sommes contents de voir que Dieu n'a pas oublié l'Afrique plus longtemps et qu'il a tourné son cœur vers elle. Mais nous sommes presque tous encore petits et pas assez savants. Et il faudra beaucoup d'années, pour que nous devenions missionnaires.

Alors nous prions pour qu'il vienne auparavant des missionnaires de France ; il en est déjà venu presque cent, que Monseigneur, notre père, envoie dans le Sahara et en Kabylie ; ils sont bien pauvres : ils ne mangent que le gland, la figue et l'huile dans les montagnes, ou les dattes dans le désert. Ils ont de petites maisons en terre, et, quand il pleut l'hiver, les maisons tombent sur leurs têtes, et ils restent au vent et à la pluie.

Mais tout cela ne les décourage pas, parce qu'ils travaillent pour la charité et qu'ils voient qu'on les écoute. La première fois qu'un Kabyle a entendu le *Notre Père*, il a dit : « Oh! que cette prière est belle! Jamais je n'en ai entendu comme celle-là; » et puis il a dit : « Mais, pardonner à ses ennemis! comment est-ce que vous faites, vous autres? » Vous voyez, nos très chers frères, combien ils sont malheureux et combien ils ont besoin de missionnaires. Nous prions Dieu pour qu'il en fasse naître dans les séminaires de France. Nous prions aussi pour qu'il vous arrive beaucoup de bonheur et qu'il vous bénisse et bénisse vos parents; nous espérons que vous le prierez pour qu'il nous fasse de bons prêtres et qu'il ne nous donne rien que ce désir.

Adieu, nos très chers frères; nous vous baisons les mains avec un grand respect, comme à nos frères aimés dans l'amour de Dieu.

P.-S. — Quand Monseigneur, notre père, a lu nos lettres, il a dit : « Elles sont bien; mais pourquoi ne demandez-vous rien aux séminaristes de France, qui sont si bons et qui vous aideront bientôt encore une année? » Mais nous avons dit : « Ils savent bien que nous sommes pauvres, et que nous n'avons bientôt rien, » et il a dit : « Eh bien! écrivez-leur ce que je vous ai dit. » Et, pour lui obéir, nous le mettons au bas de cette lettre avec humilité.

Nous devons dire ici, pour l'édification de nos lecteurs, qu'un certain nombre de séminaires se sont empressés de répondre par les plus touchants témoignages de sympathie et de générosité à l'appel des petits arabes. Nous voudrions pouvoir insérer dans ce recueil toutes les lettres de ces pieux jeunes gens; du moins reproduirons-nous celle du Petit Séminaire de Notre-Dame de Richemont qui est d'une grâce ravissante et dénote l'amour des jeunes séminaristes pour l'innocence.

Chers Frères,

Les oranges de votre pays sont excellentes, d'une odeur très suave (1). Mais il est un autre parfum qui nous est très agréable aussi et que nous respirons tout entier dans votre aimable lettre ; ce parfum est celui de vos cœurs. C'est donc une odeur bien douce, chers frères, que celle qui s'exhale d'une âme pure ! Oh! oui, et le parfum des fruits est en comparaison bien inférieur. Gardez toujours ce trésor précieux de la pureté du cœur, cette fleur qui se fane si facilement et qui n'est plus guère respectée dans notre pauvre France. Elle n'en est que plus chère au Bon Dieu et à la Très Sainte Vierge, qui fut digne de porter dans son sein immaculé l'Immaculé par excellence. Fanée sur la terre, cette fleur de la pureté s'épanouit dans le ciel où elle brille du plus vif éclat autour du trône du divin Agneau.

Adieu, frères chéris ; lorsque vous n'aurez plus d'oranges à nous envoyer, envoyez-nous vos cœurs ; nous vous en serons aussi reconnaissants.

*
* *

Une gracieuse poésie, due également à la plume d'un séminariste, nous semble le complément obligé de ces

(1) Ces oranges algériennes firent du bruit en leur temps et provoquèrent de généreuses offrandes. Les élèves du grand séminaire de Séez avaient reçu aussi *leur caisse d'oranges* : ces bons jeunes gens firent le sacrifice d'un dessert pourtant si bien mérité et eurent l'ingénieuse idée d'aller offrir les oranges de leurs frères d'Alger aux personnes riches et charitables de leur connaissance. Grâce à l'éloquent petit discours qui accompagnait ces cadeaux et à d'autres innocents stratagèmes, ils recueillirent la somme, relativement énorme, de 4760 francs.

fragments épistolaires, dont elle résume à merveille les sentiments charitables.

LE PETIT ARABE

Je suis un orphelin, je n'ai rien en ce monde;
Petit arabe, enfant d'une terre inféconde,
La faim dès le berceau me fit verser des pleurs;
Nul enfant du désert ne m'appela son frère,
Aucune voix encor ne m'a parlé de père,
Et du sein maternel j'ignore les douceurs.

On nous a dit souvent que la France est si belle,
Et qu'au front de ses fils la charité fidèle
Sourit en rayonnant de la douceur des cieux;
Q'uun soleil plus fécond n'y brûle pas la terre;
Et j'ai dit, en pleurant : « Là-bas j'aurai ma mère
Et la main d'un ami pour essuyer mes yeux ! »

Vous qui rasez ces bords, fugitives nacelles,
Portez-moi vers la France : oh! que n'ai-je des ailes!...
Les ailes de l'oiseau qui sillonne les mers
Pour toucher une fois sa rive enchanteresse!
Allez, légers zéphirs, lui conter ma détresse;
Vous, portez-lui mes pleurs, doux messagers des airs.

Elle ouvrira son âme à votre voix plaintive :
Le pauvre n'est-il pas sa famille adoptive?
Je suis un orphelin, elle est tout mon espoir;
Je crois voir une mère en la voyant sourire.
Je veux être Français; un rien peut me suffire :
Je tiendrai peu de place au doux foyer du soir!

Vous, que j'aime appeler du tendre nom de frères,
Vous, dont les soins pieux ont ému mes paupières,
Lévites du Seigneur, ornement de l'autel,
Ah! tirez de vos cœurs une plainte amoureuse,
Pour exciter sur moi la pitié généreuse,
La douce charité qui fait rêver du ciel !

IV

Emotions et surprises que réservent au voyageur les excursions au Sahara.

Je ne parlerai pas, en commençant cette relation, des préliminaires obligés de tant de voyages en pays musulman, des marchés dix fois conclus et dix fois rompus, des milles agaceries de chameliers rivaux. Une grande patience et beaucoup de douceur sont les seuls remèdes qu'un missionnaire puisse opposer *à ce mal du pays*, si je puis m'exprimer ainsi. Cependant, notre départ que nous avions fixé au 18 mars (1875) ne devait pas être retardé, et après les adieux et les souhaits de nos charitables confrères, vers onze heures du matin, le P. Kermabou et moi, nous nous dirigions de Métlili vers El-Goléa.

Le 18 mars. — « On aime volontiers à revenir des pays dangereux et de l'estomac des anthropophages, » a dit un spirituel auteur, et c'est bien là en effet une des mille formes de la vanité humaine. Mais le missionnaire ne saurait être accessible à de pareils sentiments, lui qui est à sa place au milieu des dangers, et qui triomphe dans la mort. Je rapporterai donc comme simple anecdote, les paroles qui me furent dites au moment du départ et sous forme d'avis par un de nos arabes : « Sur la route d'El-Goléa, il ne faut compter que sur deux choses, *Dieu et un bon fusil !* » Nous nous étions mis, mon compagnon et moi, entre les mains de Dieu ; mais les guides et les chameliers, malgré leur fatalisme, s'étaient bien gardés d'oublier leurs armes.

Les Arabes donnent des noms aux moindres accidents

de terrain, précaution utile dans le désert, mais qui serait ici fastidieuse. Je me contenterai de signaler nos campements.

A peine sortis de Métlili, nous sommes en vue d'un petit monument élevé en l'honneur de Sidi Cheikh, marabout que les Chaâbas ont en grande vénération ; aussi nos arabes se font-ils un devoir de s'y arrêter pour se recommander à sa protection. L'un d'entre eux formule une série de vœux auxquels tous répondent avec ferveur.

Hélas ! me disais-je, pourquoi nos chrétiens n'en feraient-ils pas autant pour les héros de notre sainte religion dont la puissance auprès de Dieu nous est assurée, tandis que ces Arabes s'adressent le plus souvent au vice déjà puni dans l'autre monde ? Cette rencontre du marabout fut pour nous l'occasion de nous recommander une fois encore à Dieu ainsi que nos pauvres égarés.

Jusqu'à cinq heures et demie, nul autre incident ne vient troubler la tranquille allure de nos chameaux. Arrivés à Bel Groninat, grande plaine entourée de collines arides, nous dressons notre tente, le feu brille au milieu d'une fumée de bois vert et bientôt notre marmite chante la flamme. Nous achevons le bréviaire, je saigne notre pauvre Houssin toujours souffrant et aussi le Caïd notre guide qui est légèrement indisposé ce soir ; puis vient le souper auquel cependant tout le monde fait honneur. Pour égayer la soirée tout en édifiant notre entourage, le P. Kermabou et moi nous entonnons ensemble ou tour à tour quelques-uns de nos beaux chants d'église. Mais comme tout a sa fin en ce bas monde, nos chants aussi se perdent dans un dernier écho et le sommeil s'empare de nos membres peu fatigués du reste par une petite journée de marche, car nous ne sommes sortis de Métlili que vers onze heures du matin.

Le 19 mars, Fête de saint Joseph. — A deux heures et demie, nous sommes sur pied pour dire la messe. Pour nous la solennité est absente, je veux parler des cérémonies de l'Église, car, dans nos cœurs, *il y a fête* et nous prions en union avec les serviteurs du saint, avec tous nos frères. Nous demandons à saint Joseph qu'il veuille bien être notre guide dans ce voyage comme il le fut de Notre-Seigneur et de la Très Sainte Vierge fuyant en Égypte. A cinq heures et demie nos chameaux sont chargés et nous repartons avec l'ardeur du second jour. Mais bientôt une chaleur accablante se fait sentir et le silence n'est interrompu que par les cris intermittents de nos chameliers. Après une légère collation, quelques dattes et deux ou trois gorgées d'eau échauffée par la peau de bouc, nous franchissons une côte assez ardue, pour descendre dans une plaine en partie sablonneuse. Nous y trouvons un puits et nous prenons de l'eau pour deux jours. Ce puits est une simple excavation à peu près circulaire, profonde de deux mètres environ, sans margelle qui protège l'eau contre les envahissements du sable. Vers six heures, fatigués par la traversée des dunes, nous nous arrêtons à un endroit nommé par notre guide Tmaïl-Hins. Impossible de dresser la tente sur le lit de sable et de cailloux qui s'étend à nos pieds. Tout se passe à peu près comme hier, mais nous sommes plus fatigués : la conversation, peu animée du reste, dégénère bientôt en sommeil.

Le 20 mars. — Dès l'aube nos chameliers s'éveillent et chargent notre bagage. Une heure après, nos chameaux agenouillés se redressaient et nous reprenions notre route. Vers dix heures, nous nous arrêtâmes près du puits Sidi-Hamza. Ce puits, muni de ses deux montants et d'une margelle, est comblé depuis longtemps. Priver ses ennemis de l'eau qui leur est nécessaire est une tactique très souvent employée entre combattants dans le Sahara, et notre guide nous raconta que tout un parti fut réduit par ce stratagème auprès du puits que nous apercevons.

Notre guide est venu jusqu'ici à pied, et c'est dans les environs qu'il doit trouver son chameau confié à la garde des Chaâmbas qui le font paître avec leurs troupeaux. Nous ne voyons toutefois qu'une trentaine de chèvres gardées par un jeune arabe. Le pauvre enfant paraît peu rassuré à la vue de notre petite caravane et non sans raison, car le caïd nous offre déjà une de ses chèvres : nous n'avons qu'à parler pour être servis *sans bourse délier*. Vous pensez bien que nous nous empressâmes de décliner une offre si généreuse, tout en admirant la force de l'arbitraire au pays des sables. Le petit pâtre s'empressa de pousser ses chèvres devant lui et disparut pendant que nous déchargions nos chameaux. Le caïd parti à la recherche de sa monture, devait être de retour dans un quart d'heure *au plus*, et nous l'avait du moins assuré.... Mais quatre longues heures s'écoulèrent avant que nous le vîmes reparaître. A la vérité je n'avais pas été dupe de ses paroles, je savais depuis longtemps que les Arabes sont généralement au désert les complices du mirage. Tel puits, tel campement est là. Vous le voyez... encore quelques pas... et des heures entières se passent à la poursuite d'un but naguère si rapproché. Il est certain que, dans le Sahara surtout, les Arabes n'ont aucune notion de la mesure du temps ni de l'espace et qu'une vue très perçante leur permet de distinguer des points que l'œil européen ne soupçonne pas. Aussi le plus simple est-il de ne pas questionner les guides et de les suivre docilement. Il semble qu'on arrive plus vite. Vers midi et demi nous reprenons notre route. Nous passons à Mehasser Elmelh. C'est un lac, ou plutôt une immense cuvette, dont toute la surface est couverte d'un sel aux prismes étincelants. A quelques pas de là nous rencontrons une petite caravane composée de quatre arabes et d'autant de chameaux. Les nouveaux venus n'ont rien de plus pressé que d'armer et de visiter leurs fusils, mais notre guide qui s'est acheminé vers eux leur fait rengainer leur compliment et met fin à de si dangereuses manœuvres. Ils voient de suite en effet qu'ils ont à faire à des gens parfaitement inoffensifs et après quelques paroles échangées comme pour achever la reconnaissance, les deux caravanes continuent pacifiquement leur route. Enfin, à cinq heures et demie, nous arrivons non loin des collines nommées Chaak Fathma, dans une plaine de sable ondulée comme une mer légèrement agitée. Pour la seconde et dernière fois, nous pouvons dresser notre tente; cependant il y faut toute l'industrie du Père Kermabou, et nos piquets ne tiennent qu'à force de pierres et de sables amoncelés. Tandis que s'élève notre fragile édifice, je panse le bon Houssin, le feu pétille, quelques minutes encore et le souper sera prêt. Mais à peine avons-nous fait taire la faim que le sommeil nous réclame, et sans trop de résistance nous nous livrons à sa bienfaisante action.

Le 21 mars, Dimanche des Rameaux. — Nous nous levons, le P. Kermabou et moi, à deux heures et demie pour dire la sainte Messe. Aujourd'hui, pour la première fois de notre vie, pas de rameaux bénits, et par le souvenir seulement nous pouvons jouir des belles et touchantes cérémonies de l'Église. Entourés d'infidèles, nous sommes portés à entonner le cantique des Hébreux *Super flumina Babylonis*, expression si touchante et si vraie des douleurs de l'exilé. Cependant, plus heureux que les Hébreux, en quelque lieu de la terre que nous soyons, nous pouvons jouir de la présence immédiate de notre Dieu dans la Très Sainte Eucharistie, et nous écrier avec l'élan de la reconnaissance : *Non fecit taliter omni nationi*.

Pendant que nous nous livrons à ces pensées, nos chameliers plient bagage et nous invitent à nous remettre en route. Le vent est un peu frais, il pleut. Arrivés à Chaâbet-el-Mekh, nous collationnons avec quelques dattes. La pluie, qui n'a pas cessé de tomber, traverse nos burnous, un froid humide nous pénètre. Notre pauvre Houssin surtout est éprouvé par ce mauvais temps et souffre en vrai musulman. Mais cette résignation stérile aux arrêts du destin ne vaut pas la patience chrétienne qui rend parfois les peines si douces et toujours si fructueuses pour l'âme unie au Dieu crucifié.

Dans l'après-midi, le temps s'éclaircit un peu, mais le vent continue à souffler violemment et ne nous présage rien de bon pour la nuit.

C'est à Chebika, au milieu des sables, que notre guide fait arrêter la caravane. Il ne faut pas songer à planter la tente, nous avons assez de peine, d'abord à allumer du feu, ensuite à faire notre cuisine que nous mangeons *en grinçant des dents*, car le sable fait une concurrence déplorable aux autres condiments. Après ce triste souper, vrai souper de carême, chacun se cherche une place aussi abritée que possible et se blottit dans ses burnous. Peine perdue! Vainement on essayerait de dormir. Le ciel se couvre de nuages, la pluie tombe, le vent redouble de fureur, bref, une véritable tempête se déchaîne dans les immenses steppes qui nous environnent. Le sable, comme pour ajouter un charme de plus à notre position, nous envahit, nous pénètre... les yeux, les oreilles, la bouche ne sauraient trouver grâce devant ce subtil élément. Inutile de chercher un refuge auprès du feu, le vent l'a dispersé... Quelle nuit!... Pour moi, l'imagination s'en mêle, et nouveau Tantale, la pensée me poursuit de ces bons appartements « qui recèlent le printemps au milieu des hivers, » au sein de la famille.

22 mars. — Le jour trop longtemps appelé apparaît enfin.... A six heures du matin, nous décampons, pressés d'oublier cette triste étape. Nous marchons poussés par une petite bise acérée, dernière avanie du mauvais temps;

quelques détours encore dans une inextricable chebka, et nous apercevons le puits de Zirara. Nous nous y arrêtons pour prendre de l'eau. Nous sommes arrivés au point le plus dangereux et aussi le plus intéressant de notre route. Notre guide fidèle à *une coutume* qu'on peut observer dans le Sahara partout où on redoute un danger, nous avait fait passer la nuit à une certaine distance du puits, car, dit M. Duveyrier, « les puits sont forcément des points de rendez-vous pour les brigands en course aussi bien que pour les voyageurs pacifiques. »

Le puits de Zirara situé au centre d'une vaste plaine entourée de collines est en effet très fréquenté, et là se sont bien souvent rencontrés des partis ennemis. Les Arabes ne tarissent pas en histoires plus ou moins effrayantes dont ce puits fut le théâtre sanglant, et ils vous montrent à quelques pas deux cimetières assez bien garnis, peuplés de victimes ou d'agresseurs malheureux que Dieu a réunis dans la mort. Il est certain que, pour être silencieux, ces témoins n'en parlent pas moins très éloquemment.

Parfaitement bâti en pierres sèches, ce puits est dû à une femme berbère nommée *bent El Khass bent Sâad Zenati*. Il a vingt mètres de profondeur. A l'intérieur, on a creusé dans les parois une petite excavation que le P. Kermabou a visitée; trois ou quatre personnes pourraient y trouver place. Rien de mieux sans doute pour des voleurs ou des ennemis acharnés. Aussi la légende raconte-t-elle qu'un seul Arabe tint en échec et fit périr de soif un grand nombre de Touaregs, en coupant à mesure qu'elles descendaient, les cordes que ces derniers essayaient d'y plonger munies de leurs appareils. Je rapporte ce fait d'après notre guide, mais je n'oserais en garantir l'authenticité.

A côté des deux cimetières dont j'ai parlé, s'élève une petite colline garnie d'un mur circulaire au tiers extrême de sa hauteur. Cette enceinte élevée sert au besoin de fort ou de refuge. Je l'ai visitée avec soin et je n'y ai remarqué aucun trou d'habitations. De Zirara, nous allons coucher à Saheb-Lafran.

Le 23 mars. — Nous traversons d'immenses dunes, ennuyeuses et fatigantes. Nous aurions pu arriver aujourd'hui à El-Goléa, mais nous nous sommes arrêtés trop longtemps hier au puits de Zirara. A quatre heures et demie nous couchons à Taguint.

Le 24 mars. — A quatre heures du matin, nous quittons notre dernier campement. Dans quelques heures nous serons à El-Goléa, but de notre voyage, limite extrême de la conquête française dans le sud. Nous suivons pendant trois heures une interminable chaîne de montagnes situées à notre gauche, tandis qu'à droite s'étend à perte de vue la région des sables.

Il est dix heures du matin lorsque nous entrons à El-Goléa. Descendus sur une grande place au bas du Bordj, nous nous y établissons sous un palmier en attendant que la maison du Caïd soit disposée pour nous recevoir.

Le ksar est presque désert à cette époque de l'année, aussi les visiteurs ne sont-ils pas très nombreux. Quelques Arabes suivis de plusieurs nègres esclaves viennent gravement nous souhaiter la bienvenue et nous répondons à leurs politesses. Trois quarts d'heure se passent à l'abri du palmier hospitalier et nous sommes introduits dans une maison en pisé, d'assez bonne apparence pour le pays. Nos premiers visiteurs nous ont suivis, d'autres se joignent à eux, et une franche cordialité vient bientôt remplacer la gravité cérémonieuse qui nous avait accueillis.

Nous n'avons plus maintenant à craindre que l'*indiscrétion* dont aucun Arabe ne paraît apprécier les inconvénients, du moins à l'égard de ses hôtes. Car on sait combien les musulmans sont réservés, même défiants dans leurs rapports mutuels, et que la vie privée est chez eux toujours enveloppée d'un voile impénétrable.

Je me trouve jusqu'à un certain point en pays de connaissances, et je suis invité à visiter un pauvre homme que j'ai soigné l'année passée, à Laghouat, sans espoir, hélas ! de le guérir. Dévoré par un cancer hideux qui, à l'époque de sa première visite, lui avait déjà emporté la lèvre supérieure et une partie du nez, je le trouvai cette fois dans un état véritablement affreux. Son visage, presque entièrement dévoré par l'horrible mal, lui donnait l'aspect d'un homme depuis plusieurs jours la proie du tombeau. Un œil lui restait cependant dont l'orbite entrait en décomposition, et cet homme voulait vivre ! Il me demandait des remèdes. Je ne pus que lui laisser un peu du camphre dont chaque jour je saupoudrais sa plaie.

Le musulman pouvait encore articuler quelques mots et ne savait comment m'exprimer sa reconnaissance. C'est qu'il était abandonné même de ses enfants, qui le négligeaient au point de laisser littéralement pourrir, avec sa chair, les linges qui couvraient son visage. Un de ses fils et sa femme assistaient aux visites que nous lui faisions, et je ne pus m'empêcher de leur faire quelques reproches, mais le langage de la charité leur était étranger : ils ne me comprenaient pas.

Alors, je sentais bien vivement la nécessité d'aimer ces pauvres infidèles, et par nos exemples, de leur *apprendre à aimer*, c'est-à-dire d'implanter dans leurs cœurs cette vertu divine de charité, dont ils ignorent même le nom. N'est-ce pas, en effet, la charité, la douce bonté de notre aimable Sauveur qui a soulevé le monde jusqu'à Dieu ? N'est-ce pas aussi en imitant le divin Missionnaire que nous arracherons les musulmans à leur égoïsme, au froid et implacable destin, à l'Allah du Coran, pour les rendre à notre Dieu si bon, au Dieu de l'Évangile ?

D'autres malades vinrent me voir, que je contentai de mon mieux. Je vis à El-Goléa, comme partout chez les Arabes que le médecin ne visite pas, beaucoup de maladies chroniques, qui s'étaient invétérées et aggravées par dix, quinze et vingt ans d'un libre développement. Assurément, rien ne serait plus désespérant, même pour le plus habile médecin; à plus forte raison sommes-nous embarrassés, nous, pauvres Missionnaires, dont le dévouement ne saurait entièrement remplacer la science. Pour comble d'embarras, nous avons affaire, dans la plupart des Arabes, à des gens simples à l'excès et surtout superstitieux, qui demandent imperturbablement aux remèdes des résultats visibles, palpables, *instantanés*, presque un miracle.... C'est alors qu'il faut s'armer de patience, car les explications sont rarement comprises.

El-Goléa, nommé encore *El-Menea* par les habitants eux-mêmes, est bâti sur le versant ouest d'une petite montagne de forme conique, dont le sommet entouré de murs forme une enceinte fortifiée. Ces murs dans la partie qui a été réparée par le général de Galifet, sont garnis de meurtrières dans le système français. Trois énormes constructions dont les flancs s'échelonnent en se soutenant, donnent au premier abord à ce ksar, surtout du côté du nord, l'apparence d'un immense château fort, assez semblable à nos antiques manoirs. Un style sévère et une solidité à l'épreuve des siècles lui permettent, je crois, de soutenir la comparaison.

Ce ksar n'était pas le seul, dit-on, sur le territoire d'El-Goléa; il y en aurait eu jusqu'à soixante-dix de bâtis comme ce dernier par les Berbères, et dont on attribue la destruction à un empereur du Maroc. Du haut de la forteresse, la vue s'étend sur une belle plaine parsemée de petites oasis, que l'on a déjà comparée avec beaucoup de justesse à une immense peau de panthère. Sur la face ouest du ksar, entre les tours dont je viens de parler et l'enceinte fortifiée du haut, se trouvent les magasins où les habitants conservent leurs dattes. Ces magasins sont en fort mauvais état et présentent l'aspect d'une ruine. Les jardins de palmiers qui sont en bas d'El-Goléa sont ordinairement habités, mais si quelque bruit de guerre vient à troubler le pays, tout le

MAHOMET (Page 90.)

monde se réfugie dans la forteresse où les dattes sont en abondance et l'eau à discrétion, grâce au soin qu'ont eu les premiers maîtres de ce ksar d'y creuser un puits.

Mes notes se terminent là, et je n'ajouterai rien car notre retour à Mitlili par le même chemin n'offre aucune particularité digne d'attention. (R. P***.)

V

Prêtre et médecin.

C'est un missionnaire d'Alger qui raconte comment il a débuté dans son apostolat chez les Kabyles : le traitement des maladies du corps a servi de préparation à la cure bien autrement importante de celle de l'âme ; le médecin est devenu l'introducteur du prêtre.

« Au moment où je parais dans la cour, un cri sort de toutes les bouches : « Aslama, marabout (1), aslama, » et chacun de se lever et de venir me baiser la main.

La consultation commence : elle a lieu ordinairement en plein air, sur un banc circulaire de maçonnerie entourant un vieil olivier. Chaque malade expose son cas, mais je ne me fie jamais aux premières explications, car elles sont presque toujours fausses ou exagérées ; pour être sûrs d'avoir du remède, mes malades se font plus souffrants qu'ils ne sont en réalité et affirment qu'ils vont mourir. Il faut interroger ; les Kabyles mentent, mais sont peu habiles au mensonge ; avec eux, on a vite découvert la vérité. Aujourd'hui, les cas ne me paraissent pas graves ; je vais vous présenter quelques-uns de mes clients.

Voici un fiévreux. Le cas est assez rare pour nos indigènes qui restent dans les montagnes et qui ne vont point voyager chez les Arabes ni travailler chez les Européens. Cette rareté des fièvres vient de la résistance relativement plus forte des Kabyles aux influences combinées du sol et du climat, ou plutôt de la situation de leurs villages qui,

---

(1) On sait que les musulmans donnent ce nom aux prêtres catholiques comme aux leurs.

perchés tous au sommet ou accrochés au flanc des montagnes, ne reçoivent pas l'action miasmatique comme ces bas-fonds où les Européens s'obstinent à s'établir. J'administre une purge à mon fiévreux, avec obligation de venir demain matin prendre de la quinine. Il me le promet et remonte sur son âne en me remerciant.

Pendant que je lui renouvelle la recommandation de ne prendre aucune nourriture jusqu'à ce soir, je remarque un jeune homme de dix-huit ans environ, les vêtements couverts de sang et soutenu par un vieillard. C'est un blessé. Si les fiévreux sont rares, il n'en est pas de même des blessés. Outre les chutes des arbres, les glissades dans les ravins, les ruades de son mulet qui lui procurent un nombre assez raisonnable de plaies et de contusions, le Kabyle est naturellement batailleur et grand partisan de la *vendetta*; le bâton, le couteau, les coups de pied, de poing, de dents jouent un grand rôle dans ses rixes fréquentes.

Mon second malade a reçu un coup de casse-tête tranchant, dans une rixe, le jour du marché, il y a environ quinze jours. La plaie vive est ordinairement facile à cicatriser; mais, tant qu'elle ne cause pas trop de gêne à celui qui la porte ou trop de dégoût à ceux qui l'entourent, le blessé ne songe pas à se déranger. C'est ce qui est arrivé pour le cas présent ; aussi la plaie est-elle devenue horrible, infecte, cancéreuse. Je prends ma grosse voix :

« Pourquoi n'as-tu pas amené ton fils aussitôt qu'il a été blessé? — Ah ! marabout, notre pays est loin, bien loin. — Mauvais père, pour gagner un caroui de blé, tu aurais fait une plus longue route, j'en réponds ! »

Le vieux baisse la tête sans répondre, il a compris la leçon.

« Tu as mal fait, tu n'aimes pas ton fils ; mais j'ai pitié de lui et je vais essayer de le sauver. — Crois-tu qu'il guérira? — S'il plaît à Dieu. Je donnerai le remède; mais c'est Dieu qui guérira. — Gloire à Dieu, marabout, merci ! »

Et de dessous son burnous, le vieillard tire deux poules qu'il dépose à mes pieds.

« Qu'est-ce que cela? — Prends-les, marabout, et guéris mon fils. — Garde ton présent. — Alors mon pauvre enfant est perdu. — Écoute, ô homme! écoute mes paroles et garde-les dans ta tête. Dieu récompense toujours les bonnes œuvres, l'espoir de sa récompense me suffit. Emporte donc tes poules et fais-les manger ce soir à ton fils. »

Le pauvre Kaddour n'en croyait ni ses yeux ni ses oreilles. Cette simple leçon de charité chrétienne produit plus d'effet sur son âme qu'une longue dissertation religieuse. Il était sans doute venu, l'esprit rempli d'idées absurdes sur les chrétiens, et le voilà qui va retourner dans sa tribu en répétant en lui-même comme tant d'autres : « Peut-on les croire mauvais en les voyant bons? »

« Puisque tu veux que ton fils guérisse, il faut absolument qu'il reste à Ir'il Aly, car je dois le soigner chaque matin pendant une huitaine de jours. — Mais, marabout, je n'ai ni connaissance ni amis dans le village. — Va frapper à la porte du marabout Si Aly; il est riche, et demande-lui l'hospitalité. — Ah! tu ne connais guère nos marabouts; ils reçoivent, mais ne donnent pas. »

Au moment où le vieux prononçait ces paroles, un marabout d'Ir'il Aly entrait dans la cour; il a pu entendre le compliment flatteur du Kabyle.

Après un salut de protection, le nouvel arrivant me demande à brûle-pourpoint de la quinine pour lui et l'un de ses amis venu le visiter.

« Si Cassi, lui dis-je, dans ma maison, chacun passe à son tour; quand le tien sera venu, tu recevras du remède; en attendant, voilà un banc, si tu en as envie, assieds-toi. »

J'arrache encore deux ou trois dents, je verse un collyre dans les yeux d'un pauvre enfant, je distribue quelques poignées de semen-contra, je badigeonne plusieurs jambes enflées, je fais tomber, après de longs efforts, une sangsue qui s'était logée dans la gorge d'un petit berger et... j'arrive à mon marabout.

« Que le salut soit sur toi, Si Cassi. — Donne-moi du *daoua* (remède), je suis malade, je veux de la quinine. — Malade? mais tu n'en as pas l'air. — Si, je le suis, tu ne le vois pas. »

Au moment où j'allais lui répondre, un de nos écoliers, qui se trouvait dans la cour avec plusieurs autres enfants, lui dit en riant :

« Tiens, Si Cassi, tu viens donc chercher du remède chez les Pères ? — Moutard, réplique-t-il, ce n'est pas ton affaire; de quoi te mêles-tu? — C'est que tu as vendu hier à ma mère, pour deux douros, une amulette qui doit la guérir de la fièvre. — Eh bien? — Eh bien, ajoute le petit bonhomme d'un ton moqueur, voici ce que je pense : si ton amulette était bonne pour elle, pourquoi la pareille ne serait-elle pas bonne pour toi et pour ton ami ? »

Le raisonnement était si juste et venait si bien à point que tous les assistants donnèrent des marques d'approbation.

Mon marabout, ennuyé, ne savait que répondre.

« Alors, fit-il, en s'adressant à moi, tu ne me donnes pas de *daoua* ? — Pour toi, non, tu n'en as pas besoin. — Pour mon ami? — Amène-le ici, il faut que je le voie, le médecin ne donne de remèdes qu'aux malades qu'on lui présente. — Je me plaindrai à Akbou; le gouvernement te paie pour acheter du daoua et tu es obligé de m'en donner. — Tout beau, l'ami, écoute ceci : tu voulais m'extorquer de la quinine pour la vendre aux Kabyles et passer pour un guérisseur auprès de ceux qui sont assez naïfs pour te demander des amulettes. »

Le marabout s'éloigne au milieu des railleries des écoliers et des autres personnes présentes,

Honteux comme un renard qu'une poule aurait pris.

« Si tu veux aller demain à Akbou, je te prêterai ma mule Si Cassi, » lui crie encore le même écolier.

Mais Si Cassi ne répond pas, il s'esquive au plus vite, et il fait bien.

Ce triste personnage, pour enlever aux missionnaires le prestige de la charité et la salutaire influence qu'ils exercent par les guérisons opérées et les soins de chaque jour donnés aux malades, s'en va, répétant à qui veut l'entendre, que nous sommes payés par le gouvernement pour offrir gratuitement des remèdes. Je n'ai pas besoin de réfuter ce mensonge.

Après l'aventure de mon marabout et les derniers conseils d'hygiène donnés à mes clients, je vais vous conduire dans la pharmacie. C'est une petite chambre carrée, blanchie à la chaux, contenant un meuble dans lequel je renferme mes fioles et mes onguents ; dans le tiroir sont les instruments de torture : clefs, pinces, lancettes et une foule d'autres objets du même genre dont je ne veux point vous faire l'énumération, mais que tous mes Kabyles connaissent.

Nous n'avons dans la pharmacie que les remèdes qui sont d'un emploi fréquent, d'un dosage facile et d'une efficacité éprouvée.

J'ai toujours rêvé pour ma chambre aux malades un grand tableau représentant Notre-Seigneur guérissant les infirmes avec ses apôtres ; j'écrirais en langue berbère ces mots du saint Évangile : *Euntes... infirmos curate* (1).

Après avoir soulagé le corps, j'expliquerais le sujet aux indigènes, qui en seraient certainement touchés. D'ailleurs, tous nos Pères ne manquent jamais de jeter quelques bonnes paroles dans l'âme de ces pauvres Kabyles qui viennent se faire soigner à leur dispensaire.

Ces paroles sont semblables à ces graines des arbres et cette poussière des fleurs que le vent emporte sans savoir

(1) Allez, guérissez les malades.

où, mais qui tombent comme il plaît au Seigneur : ici, sur des rochers arides où elles meurent, là, sur un coin de terre où le soleil et la rosée les fécondent, pour les desseins de la Providence.

Pendant que je fermais ma pharmacie, un indigène m'annonce l'arrivée d'un marabout médecin. C'est un *hadj* (pèlerin de la Mecque); aussi chacun s'incline-t-il devant lui avec tous les signes d'un profond respect et cherche-t-il à lui baiser la tête.

Je tends sans façon la main à mon collègue. Devant toute l'assemblée, nous nous asseyons sur les gradins en pierre de la maison commune. Après les formules de politesse, nous entamons une discussion sur la science, la médecine et la religion.

Mon homme ressemble à un renard comme jamais fils n'a ressemblé à son père. Attention, et tenons-nous sur nos gardes !

Je ne sais trop comment la conversation scientifique roule sur les tremblements de terre. Voici ce que m'apprend Si Abdallah : « Allah a créé un moucheron dont la mission est de tourmenter le taureau. Quand il pénètre dans ses naseaux, l'animal piqué au vif fait avec sa tête un mouvement brusque et la terre éprouve un tremblement effroyable. — Puisque tu es médecin, lui dis-je alors, je désirerais que tu m'écrivisses une amulette, car je suis malade. »

Soupçonnant une moquerie de ma part, il refuse tout d'abord, mais devant mon insistance et les réclamations du turco assis auprès de moi, il se prête enfin à mon désir. Il se lève gravement, tire de dessous son burnous une petite peau de chèvre qui renferme un livre et une écritoire. Il prend ensuite son chapelet, demande mon nom, celui de mes parents, compte et recompte les grains d'une certaine façon, puis il arrive à trouver que ma prétendue maladie a commencé un vendredi. Cherchant alors dans son livre les maladies du vendredi, il découvre que je me suis baigné, ce qui n'est pas vrai; que j'ai mangé de la viande de chèvre, ce qui est faux, et que j'ai bu de l'eau, ce qui est juste. Conclusion. Horreur ! Je dois mourir dans sept jours s'il n'écrit pas l'amulette ; s'il l'écrit, c'est l'affaire de Dieu.

« Eh bien, n'écris pas, j'attends la mort dans sept jours, » m'écriai-je. Mon turco veut parier cent douros avec Si Abdallah que je serai en vie encore dans un mois, et mes petits élèves font pleuvoir sur le marabout des quolibets que je fais cesser, car je crains que mon homme ne se sauve et n'évite la discussion religieuse.

La confiance aux amulettes est générale. Tous en portent, petits et grands, riches ou pauvres. On en suspend même au cou des chevaux et des ânes. Ces amulettes consistent généralement en un morceau de papier couvert de signes cabalistiques, de textes du Coran, et renfermé dans un petit sachet de cuir ou plié dans un morceau de fer-blanc. Elles sont censées préserver de tous les malheurs, des blessures, de la mort même. Les marabouts en débitent contre la piqûre des scorpions, la morsure des chiens : ils en fabriquent même contre les balles. Le Kabyle qui porte sur lui cette dernière sorte d'amulette se croit plus fortuné qu'Achille et invulnérable même au talon ; on ne dit pas cependant que l'épreuve ait jamais été faite et nos chassepots ont, en 1871, malgré ce talisman, troué bel et bien la peau de leurs propriétaires.

Mais, que peut la raison et le bon sens contre la force de la superstition ? Un bon musulman vit dans la superstition comme un bon chrétien vit dans le surnaturel. Aussi le marabout, y trouvant matière à battre monnaie, l'entretient de toutes ses forces dans la vie publique et privée.

Un marabout dira le plus sérieusement du monde à un malade, en lui remettant une amulette : « Porte cela ; si tu ne meurs pas de ta maladie, tu as beaucoup de chance d'en revenir. »

Et mon badaud s'en va content de la consultation, après avoir remis un douro dans la main du *tebib*, qui rit sous cape et se promet de recommencer à la première occasion.

Mais j'arrive à notre séance de discussion religieuse.

« Nous jeûnons aujourd'hui, me dit pieusement Si-Abdallah, et les chrétiens ne jeûnent jamais. — D'abord, tu te trompes, c'est vous qui ne jeûnez pas, ce que vous appelez votre rhamadan ne vaut rien aux yeux de Dieu. »

A cette réponse, l'étonnement fut à son comble, et plus d'un assistant voulut protester ; mon ami le turco en fut lui-même abasourdi, et s'écria : « Que le Père explique sa pensée. Vous autres, écoutez. »

Je reprends donc : « Qu'est-ce que jeûner ?... C'est, premièrement, se priver d'une certaine quantité de nourriture. Le chrétien qui jeûne ne mange pas *son content*, il se prive ; aussi quand il sort de table il a encore faim. Avez-vous compris ? — Oui, marabout. — C'est ensuite se priver d'une certaine qualité de nourriture. La viande est bonne, meilleure que les légumes, le chrétien qui jeûne ne mange encore pas de viande. Avez-vous aussi compris ? — Oui, oui. — Vous autres, dans votre rhamadan, vous ne faites que changer le jour avec la nuit. Vous dormez le jour et vous mangez la nuit, avec cette différence que les jours de jeûne vous mangez deux fois plus que les jours ordinaires. Ai-je dit vrai ? »

Personne n'osa répondre à cause de la présence du grand Si Abdallah, mais quelques sourires approbateurs ne me laissèrent aucun doute sur l'effet de mes paroles.

Je poursuis : « Est-ce là jeûner ? répondez-moi. » Alors un

jeune homme se lève et me dit : « Nous faisons comme nos marabouts nous disent ; si nous allons en enfer, ce sera à cause d'eux. Qu'y pouvons-nous ? »

Voyant qu'il s'enferrait et que le prestige jusque-là incontesté de sa science médicale et théologique avait déjà reçu de graves atteintes, Si Abdallah se hâta de faire diversion, et me dit d'un ton câlin :

« Tu es un grand homme, un grand savant et un grand saint, certainement tu iras au ciel ; ne voudrais-tu pas écrire au gouverneur d'Alger pour lui demander de l'argent afin que nous puissions rebâtir notre mosquée qui est tombée pendant l'hiver dernier ; il ne reste plus que le minaret. Nous n'avons plus de lieu de prière, et tu le sais, marabout, la prière est la clef du ciel. — Tu viens de dire là une parole d'or ; malheureusement, il me semble que les musulmans n'ont nullement besoin de prier pour aller au Paradis. — Comment ! mais personne n'a jamais parlé comme toi : explique cette nouvelle pensée ? »

« Écoutez le Père », dit le vieillard assis dans un coin. On fait silence aussitôt, et chacun de prêter l'oreille avec la plus profonde attention.

« Voyons, Si Abdallah, tu sais le Coran ? — Oui. — Connais-tu un verset où il est parlé de chevaux ? — Oui. — Écoute celui-ci : « Quand un croyant ne peut plus remplir tous ses devoirs religieux, qu'il entretienne un cheval pour la cause de Dieu, et tous ses péchés lui seront pardonnés. » — C'est bien cela. — Avec Mahomet les éleveurs sont donc tous sauvés : dès lors, il est inutile, pour les musulmans, de construire des mosquées. — Pourquoi ? — Puisque les écuries en tiennent lieu ! »

Le turco et les jeunes gens présents à la discussion éclatent de rire, et les vieillards disent au marabout de me répondre. Mais Si Abdallah en avait sans doute assez, il se retire.

Après avoir fait seller nos chevaux, je cherche mon homme, mais il avait disparu.

La foule nous escorte pendant quelque temps, le cheik me serre affectueusement la main en me disant au revoir. J'allais monter à cheval, quand un vieillard presque centenaire m'arrête et me montre le ciel :

— Marabout, dis : « Dieu est Dieu et Mahomet est son prophète », et tu iras au ciel. — Jamais, dire cela serait un mensonge. — Un mensonge, un mensonge, s'écrie le vieillard désolé de ma déclaration d'impiété ; quel dommage ! continue-t-il, tu fais cependant le bien. A quoi sert tout le bien que tu fais ? — Tu le sauras un jour et tu verras qui de nous deux a raison. »

Cette scène prouve une fois de plus quelle force a sur les infidèles le spectacle de la charité catholique.

Mais voici un trait qui me revient sur ce sujet et que je vais raconter en passant :

« Un jour, aux Beni-Menguellath, un Kabyle, dont le fils fréquentait notre école, se mit à prier devant les fenêtres de la maison ; il ne suivait pas les formules consacrées, mais parlait de l'abondance du cœur : « Mon Dieu, disait-il, rends-moi comme ces marabouts chrétiens qui sont là : nous autres Kabyles, nous sommes mauvais, mais eux, ils font le bien pour l'amour de toi. Mon Dieu, fais-moi boire à la fontaine où ils boivent. »

Daigne le Ciel exaucer sa prière et le désaltérer, lui et ses compatriotes, aux sources de la pure vérité !

En continuant notre route, nous trouvons partout des Kabyles jeûneurs, assis le long des sentiers ou sur les places aux environs des villages. Ces gens-là ont horreur du travail, durant le rhamadan, plus encore que durant le reste de l'année. Ils vont rester là couchés jusqu'à ce soir, attendant avec l'impatience d'un condamné, qui ne jeûne que par force, la fin de la journée et le cri du marabout qui leur permettra de manger, boire et fumer leur cigarette, toutes choses défendues tant qu'on peut distinguer un fil blanc d'un fil noir.

Au moment où nous allions atteindre la route de Beni-Mansour, j'aperçois un cavalier arrêté près d'un bosquet d'oliviers, en compagnie de deux indigènes. Je reconnais bien vite un touriste européen cherchant à s'orienter. A peine a-t-il vu notre caravane, qu'il donne de l'éperon à son cheval et arrive sur nous en quelques minutes. Me saluant avec grâce : « Permettez-moi, me dit-il, de me présenter moi-même.., le comte de R.... »

Je m'incline, en déclinant à mon tour mon nom, et serre la main que le cavalier me tend en souriant.

Après quelques instants le comte se décide à renvoyer ses deux guides et à prendre avec nous le chemin d'Iril-Aly.

Nous approchons. Le comte, qui, depuis un instant me précédait pour me laisser lire mon bréviaire, s'arrête tout à coup et écoute attentivement un groupe d'enfants qui chantaient en chœur sous un olivier. Il retient son cheval et prête l'oreille avec étonnement. Ce ne sont plus des accents barbares qui frappent ses oreilles, c'est la langue nationale qu'il entend, cette langue bien-aimée dont aucun voyageur ne peut, sur la terre étrangère, entendre la cadence sans qu'aussitôt il sente les larmes monter à ses yeux. Oui, dans les montagnes de la Kabylie, le comte de R... entendait chanter un hymne à la France, en français. Des enfants, vêtus d'un costume qu'il ne connaissait pas il y a huit jours, peuvent lui dire un respectueux et sympathique bonjour dans sa langue maternelle! Il n'en revenait pas.

Le comte fait alors quelques pas et arrive en face du groupe des chanteurs. A la vue de l'étranger, les jeunes garçons font silence, se lèvent et lui souhaitent la bienvenue.

« Eh bien, mes enfants, que chantiez-vous si bien et avec tant de cœur ? — C'est le *Drapeau de la France*, Monsieur, un beau chant, répond le petit Aly. — Qui vous a donc appris à aimer la France ? — Ce sont les Pères : ils nous disent tous les jours que c'est un pays grand, riche, aux habitants généreux, et nous les croyons, car ils ne nous trompent jamais. »

Je vis à ce moment une larme couler sur la joue du comte ; il était profondément ému. Tout à la fois chrétien et patriote comme les De Sonis, les Lamoricière, qui ont laissé de si bons souvenirs et de si beaux exemples en Algérie, il félicita les enfants et leur jeta une poignée d'argent qui les rendit tous heureux.

R. P. Duchêne.

VI

Les horreurs de l'esclavage. — Scènes douloureuses et lugubres. — Pauvres mères, pauvres enfants !....

Nous reproduisons sans ordre les pages les plus émouvantes des missionnaires sur cet épouvantable fléau de l'Afrique centrale : l'esclavage. Quelles actions de grâces un chrétien ne doit-il pas rendre à Dieu pour l'avoir préservé d'un aussi horrible malheur ! Chacun sait qu'on est surtout redevable à l'Église de l'abolition de l'esclavage dans les pays civilisés ; et de nos jours encore c'est elle qui se préoccupe avec le plus de sollicitude de le faire disparaître chez les nègres. Prononcer le mot *d'antiesclavagisme*, c'est évoquer le souvenir du grand Libérateur des noirs au XIX° siècle, l'immortel cardinal Lavigerie.

« A moins d'être en Afrique et de se trouver en contact avec les esclaves, il est impossible de se faire une exacte idée des crimes, des cruautés, des infamies de tout genre qu'entraînent l'esclavage et le commerce auquel il donne lieu. Je parle de ce qui se fait en ce moment où j'écris ces lignes, de ce que j'ai vu de mes yeux ou entendu de la bouche même des tristes victimes de ces infamies, et nullement, comme on pourrait le croire, de faits du passé. La traite maritime a été supprimée, il est vrai, mais la traite par terre existe toujours, elle s'est même accrue sur certains points par la suppression de la traite maritime et elle a revêtu des caractères plus abominables.

Dans le nord et l'est de l'Afrique, ce sont les musulmans qui, soit par eux-mêmes, soit par les nègres qu'ils ont associés à leur infâme commerce sont les pourvoyeurs de l'esclavage. Ils ont à leurs gages des bandes de pillards et d'assassins, qui pénètrent pour leurs brigandages dans les pays des nègres idolâtres.

Les États barbaresques, l'Égypte, le Zanguebar, le Soudan mahométan, sont le point de départ de ces tristes expéditions. Souvent elles se bornent à la chasse d'individus isolés, de femmes, d'enfants qui s'écartent de leurs demeures, mais souvent aussi ce sont des attaques en règle. Les villages paisibles des nègres de l'intérieur sont cernés tout d'un coup pendant la nuit par ces féroces aventuriers. Presque jamais les nègres, qui n'ont pas d'armes à feu, ne se défendent, ou ceux qui se défendent sont bientôt massacrés par des hommes armés jusqu'aux dents. Ces malheureux fuient dans les ténèbres, mais tout ce qui est pris est immédiatement enchaîné et entraîné, hommes, femmes et enfants.

vers un marché de l'intérieur. Les enfants à cause de leur faiblesse sont toujours en majorité parmi les captifs. Dans nos régions, c'est Tombouctou qui est le marché principal, on les y amène de contrées situées à soixante, quatre-vingts et cent jours de marche.

Alors commence pour eux une série d'inexprimables misères. Tous ces esclaves sont à pied; aux hommes qui paraissent les plus forts et dont on pourrait craindre la révolte, on attache les mains et quelquefois les pieds, de telle sorte que la marche leur devient un supplice, et sur leur cou on place des fourches à compartiment qui en relient plusieurs entre eux.

On marche toute la journée. Le soir, lorsqu'on s'arrête pour prendre du repos, on distribue aux prisonniers quelques poignées d'orge ou de sorgho cru. C'est toute leur nourriture. Le lendemain il faut repartir.

Mais dès les premiers jours, les fatigues, la douleur, les privations en ont affaibli un certain nombre. Les femmes s'arrêtent les premières. Alors, afin de frapper d'épouvante ce malheureux troupeau humain, ses conducteurs s'approchent de celles qui paraissent plus épuisées, armés d'une barre de bois, pour épargner la poudre. Ils en assènent un coup terrible sur la nuque des victimes infortunées, qui poussent un cri et tombent en se tordant dans les convulsions de la mort.

Le troupeau terrifié se remet aussitôt en marche. L'épouvante a donné des forces aux plus faibles. Chaque fois que quelqu'un s'arrête épuisé, le même affreux spectacle recommence.

Le soir, en arrivant au lieu de la halte, lorsque les premiers jours d'une telle vie ont exercé leur influence délétère, un spectacle non moins horrible les attend. Ces marchands d'hommes ont acquis l'expérience de ce que peuvent supporter leurs victimes. Un coup d'œil leur apprend quels sont ceux qui bientôt succomberont à la fatigue. Alors pour épargner d'autant la maigre nourriture qu'ils distribuent, ils passent avec leur barre derrière ces malheureux et d'un coup ils les abattent. Leurs cadavres restent où ils sont tombés, et c'est près d'eux que leurs compagnons sont obligés de manger et de dormir.

Mais quel sommeil! on peut le deviner sans peine. Parmi les jeunes nègres arrachés par nous à cet enfer, et rendus à la liberté, il y en a qui se réveillent chaque nuit, pendant longtemps encore, en poussant des cris affreux. Ils revoient dans des cauchemars sanglants les scènes abominables dont ils ont été les témoins.

C'est ainsi que l'on marche, quelquefois pendant des mois entiers, quand l'expédition a été lointaine. La caravane diminue chaque jour. Si, poussés par les maux extrêmes qu'ils endurent, quelques-uns tentent de se révolter ou de fuir, leurs maîtres féroces, pour se venger d'eux, leur tranchent les muscles des bras et des jambes à coups de sabre ou de couteau, et les abandonnent ainsi le long de la route attachés l'un à l'autre par leurs cangues, et ils meurent lentement de faim et de désespoir. Aussi a-t-on pu dire avec vérité, que si l'or perdait la route qui conduit de l'Afrique équatoriale aux villes où se rendent les esclaves, on pourrait la retrouver aisément par les ossements des nègres dont elles sont bordées!

Ce spectacle est horrible sans doute, mais combien ont été plus affreuses encore les tortures au milieu desquelles tant et de si nombreuses créatures ont vu venir la mort! Et on calcule que chaque année, *quatre cent mille nègres* sont les victimes de ce fléau!

Enfin, on arrive sur le marché où l'on conduit ce qui reste de ces infortunés après un tel voyage. Souvent c'est le tiers, le quart, quelquefois moins encore de ce qui a été capturé au départ.

LE GÉNÉRAL DE SONIS (Page 93.)

Là commencent des scènes d'une autre nature, mais non moins odieuses. Les nègres captifs sont exposés en vente comme du bétail; on inspecte tour à tour leurs pieds, leurs mains, leurs bras, leurs jambes, leurs dents, pour s'assurer des services que l'on en peut attendre. On discute leur prix devant eux comme celui d'une bête de somme, et quand le prix est réglé, ils appartiennent corps et âme à celui qui le paie. Rien n'est plus respecté, ni les liens du sang, car on sépare, sans pitié, le père, la mère, les enfants, malgré leurs cris et leurs larmes, ni la conscience, car ils doivent embrasser sur-le-champ la religion du musulman qui les achète. Enfin leur vie est à la discrétion de ceux qui les possèdent. Nul n'est tenu, dans l'Afrique centrale, de rendre compte de la mort de ses esclaves.

Il est vrai que lorsqu'ils sont arrivés dans les mains de ceux qui les emploient comme serviteurs, ils sont généralement traités, tant qu'ils se portent bien, avec assez d'humanité; on craindrait si on les traitait trop mal, qu'ils ne mourussent avant l'heure. Mais dès qu'ils sont vieux ou malades de façon à ne plus pouvoir servir, on les chasse à coups de bâton jusqu'à ce qu'ils aillent mourir dans la rue ou au cimetière.

Tel est l'esclavage africain dans son épouvantable horreur! »

*
* *

« Les misérables que l'on rencontre dans les centres populeux, formés surtout par les Arabes, sont ordinairement des victimes de l'esclavage. Les suites de leurs souffrances, des mauvais traitements, des marches forcées, de la faim, de la soif et des privations de toutes sortes, sont la cause des infirmités ou des maladies dont ils souffrent. Aussi leur santé, ce dernier bien du pauvre, leur a-t-elle été enlevée pour toujours avec la liberté.

Je n'oublierai jamais le spectacle que j'ai eu sous les yeux à Ujiji, alors que l'esclavage à main armée sévissait dans toute sa barbarie sur les rives du Tanganyka.

Rien ne remue le cœur comme le bruit des chaînes du pauvre captif. Aussi bien, apportons-nous tous nos soins à pratiquer cette œuvre de miséricorde : le rachat des esclaves. Les razzias des années passées ont dispersé bien des familles aux quatre vents du ciel. Les parents de ces infortunés qui résident près de nous demandent souvent la libération de leurs proches qui, depuis de longues années, travaillent pour leurs maîtres sans espoir de liberté.

Il est rare que le missionnaire qui parcourt les bords du Tanganika ne revienne pas avec quelques esclaves qui soupiraient après un libérateur.

J'étais donc à Ujiji dans le but de libérer quelques victimes de l'esclavage. J'avais visité le marché et je parcourais alors les rues de cette horrible ville, quand tout à coup je suis témoin d'un spectacle dont ma plume ne peut donner qu'une très imparfaite idée.

Devant la porte d'une maison de confortable apparence, une femme, couchée dans la poussière, expire en pressant sur son sein desséché un petit enfant qu'elle ne peut plus nourrir. Esclave d'un maître inhumain qui n'a jamais éprouvé un sentiment de pitié, ne pouvant plus travailler, elle se voit brutalement abandonnée, car la nourrir est pour lui une dépense inutile, et la soulager, du temps perdu.

Les passants, sourds à ses plaintes, ne se détournent même pas pour la regarder. Si par hasard leurs yeux s'arrêtent sur elle, sa vue ne provoque que de grossières injures et des malédictions.

Le beau nom de charité, en effet, n'est pas connu de ces sauvages musulmanisés qui, avec leur outrecuidance colossale, regardent la dureté de cœur comme une qualité (je ne dis pas *vertu*; il faut respecter le mot). Habitués à commettre tous les crimes et à verser le sang, rien ne bat sous la poitrine de ces hommes à la vue d'un malade, d'un vieillard infirme, d'un enfant malheureux; ils en détournent leurs regards comme d'un objet odieux; ils n'ont aucun souci de ces pauvres esclaves victimes de leur barbarie, ils les laissent périr misérablement quand ils ne les repoussent pas comme des êtres immondes. Ils ne savent pas comme nous qu'à ce corps infirme est unie une âme immortelle créée par Dieu et rachetée par le sang du sauveur Jésus.

Je m'approche de cette infortunée aux yeux caves et hagards, aux joues décharnées, au front couvert d'une sueur froide. De ses mains convulsivement agitées, elle retient le squelette de son enfant, agonisant dans ses bras. De sourds gémissements s'échappent de sa poitrine brisée. A cette âme qui n'a vécu sans doute que de la vie matérielle, je parle de la vie spirituelle dont elle a une idée vague, mais vide de sens. Ces égards, ces paroles de consolation adressés à une mourante à laquelle je ne dois rien, pour laquelle je ne suis rien, dont je n'ai rien à attendre, sont pour les passants un sujet d'étonnement. Je suis bientôt entouré d'un groupe de curieux qui ne se doutent nullement de mes intentions. Allant au plus sûr et au plus pressé, je baptise l'enfant en présence de mes nombreux spectateurs qui ne voient dans cet acte que l'application d'un remède.

A ce moment les paroles suivantes, prononcées avec un accent de forte irritation, attirent l'attention générale : « Chien, fils de chien, débarrasse-moi de cette esclave, emmène-la mourir au loin, afin qu'elle ne souille pas ma demeure et qu'elle n'attire pas cette nuit les hyènes devant ma porte! » Ces paroles, adressées à un jeune esclave, étaient prononcées par un métis arabe, un échantillon du type canaille, à l'extérieur sévère, au regard cauteleux et méchant, au nez large, s'aplatissant sur des lèvres épaisses qui ébauchaient alors un rire satanique. D'une main, il tenait une lame et de l'autre un bâton tordu à l'aide duquel il écartait les curieux qui tous se retiraient devant cette bête humaine devenue furieuse, avec le même empressement qu'ils auraient mis pour éviter un fauve.

C'était le maître de la femme mourante qui donnait l'ordre de jeter ce squelette vivant à la voirie. Le jeune esclave, porteur d'une corde, se met en devoir d'exécuter ce commandement qui n'admet aucune réplique. Il essaye, mais en vain, de relever l'agonisante ; alors son maître vient à son secours en frappant de son bâton la malheureuse qui, ainsi excitée, se remet péniblement sur pied en tenant toujours son enfant dans les bras. Elle jette un dernier regard à son maître et lui dit : « Quand on est méchant, il faut l'être tout à fait, pas à moitié ; tue-moi ». Un nouveau coup de bâton fut toute la réponse du brigand.

Un sentiment de profonde indignation me saisit, le rouge me monte au visage, je suis tenté de lui dire : « Race de vipère, ta tête mériterait d'être écrasée ; buveur de larmes, de sueur et de sang, je t'assigne au tribunal de Dieu. » Mais je refoule ces pensées, car une parole de reproche peut causer la mort de la victime en excitant la colère du maître, ou bien faire établir autour de ma personne une gênante surveillance. Ces esclavagistes, qui se sont rabaissés au niveau de la brute, savent parfaitement qu'ils font mal et craignent, pour cette raison, l'œil des Blancs, témoins de leurs atrocités.

L'esclave chargé de l'exécution semble, lui aussi, éprouver un sentiment de pitié et comprendre qu'il accomplit une vilaine besogne. Dans sa pensée, il voit peut-être le jour où il aura le même sort. Timidement, il passe sa corde autour des reins de la malheureuse, réunit les deux extrémités dans une main pour l'aider à marcher ou la traîner au besoin. Il la conduit ainsi comme un vil animal dans la jungle qui borde le lac et qui remplace le cimetière pour les esclaves morts ou mourants. Là, loin de ses semblables, elle doit se coucher et mourir sans espérance ou se voir dévorée vivante par les hyènes qui errent dans la nuit.

Je jette un regard autour de moi et je rencontre les yeux de Karoli, mon fidèle compagnon; je n'ai pas de peine à y lire qu'il devine mon plan. Il suivra de loin l'exécuteur forcé de cet ordre barbare, examinera l'endroit où l'esclave sera abandonnée, et, à la faveur des ténèbres, nous irons ensemble l'instruire et la baptiser.

Lorsque les bruits du jour ont fait place au silence de la nuit, que la lune apparaît dans le ciel, tandis que le son du tambour annonce que dans la ville on danse et l'on s'amuse, je me retire dans ma petite tente, et là, seul avec mes chrétiens, en face de Celui qui connaît le secret de notre cœur, je demande dans une fervente prière la grâce illuminatrice pour cette âme abandonnée.

Accompagné de trois chrétiens armés pour éloigner les fauves, nous partons à la découverte. Nous pénétrons dans la jungle où nous avançons péniblement comme des fantômes qui se promènent sur le champ de la mort. Autour de nous, tous les objets ont un aspect lugubre. Le lieu est sinistre, jonché de corps mutilés et à moitié dévorés. Nous sommes bien dans le charnier où sont traînés les esclaves expirants ou morts. Je marche lentement à la suite du guide qui m'avertit où mettre le pied, le cœur haletant, serré d'une angoisse indicible, causée par l'horreur du lieu et l'odeur infecte qui s'en dégage. Au milieu du mortel silence qui règne autour de nous, je prête l'oreille au moindre bruit, aux hurlements des bêtes et aux gémissements humains que nous croyons entendre.

Du pied, je heurte des crânes humains, blanchis par le soleil, qui produisent en se choquant un bruit sinistre que l'on n'oublie plus. Je trébuche en marchant sur les ossements dont le sol est jonché. Je passe sur un cadavre en décomposition, affreusement déchiré par les oiseaux de proie. A la lueur d'une allumette, j'en examine d'autres pour m'assurer qu'ils n'ont plus la vie. Plus loin une troupe de hyènes, venues à la curée, prennent la fuite et emportent un cadavre en poussant leurs cris menaçants; qui ressemblent aux rires sarcastiques d'une bande de démons sortis de l'enfer. Enfin des gémissements se font entendre et nous indiquent la place où doit finir notre promenade nocturne. Près d'une touffe de roseaux, nous trouvons gisante la malheureuse femme. Son enfant a disparu emporté par un fauve, des dents duquel la mère mourante n'a pu le défendre.

Je me penche de nouveau vers elle. Une voix amie, dans cette horrible solitude, la tire de son assoupissement et semble lui apporter une lueur d'espérance.

« Qui es-tu, dit-elle, toi qui viens à moi dans ces tristes lieux?

— Je suis le père des esclaves abandonnés. Je viens vers toi pour essayer d'adoucir tes souffrances.

— Eh bien, donne-moi à boire. »

Je présente à ses lèvres desséchées une gourde remplie d'eau.

— Je crains bien, lui dis-je, de ne pouvoir guérir ton corps, mais je voudrais du moins assurer à ton âme un bonheur éternel, car si notre corps est mortel, notre âme, elle, est immortelle. »

Je lui expose alors les consolantes vérités de notre sainte religion qu'elle admet sans la moindre hésitation et la dispose à recevoir le baptême.

Par une de ces grâces extraordinaires que Dieu accorde presque toujours à nos pauvres sauvages quand nous avons le bonheur de les assister à l'heure suprême, la mourante se montre profondément touchée, et me demande de faire couler sur son front l'eau sainte qui doit purifier son âme et lui ouvrir les portes du ciel. Marquée du sceau divin de la Rédemption, elle devient pour mes compagnons quelque chose de sacré. Ils posent son corps débile sur une natte et l'emportent au camp où, malgré des soins empressés, elle ne tarde pas à expirer.

Une croix tracée sur le sable du rivage et que le vent effacera, indique pour un jour seulement la place de sa dernière demeure où personne après nous ne viendra prier.

Le jour suivant, des Arabes m'adressaient cette question : Que cherches-tu à Ujiji ? S'ils avaient compris le langage chrétien, je leur aurais répondu : Je cherche des âmes.

Le civilisé jouit, sans s'en douter, des bienfaits de la religion, comme son œil de la lumière du soleil : il arrive même à quelques-uns de mépriser cette religion, oubliant qu'ils sont redevables à sa divine influence de n'être pas enfants sacrifiés, esclaves abandonnés, vieillards repoussés de la société comme on l'était chez nos ancêtres païens et comme on l'est souvent de nos jours là où n'a pas encore brillé le flambeau de l'Évangile. »

* *

« Les esclavagistes arabes ont reçu un coup mortel par la campagne antiesclavagiste, mais l'esclavage domestique et le trafic qui en résulte se continuent. Aussi avons-nous souvent l'occasion de racheter des enfants, garçons et filles, qui sont élevés dans nos orphelinats. Ces enfants nous arrivent de tous côtés. Comment sont-ils devenus esclaves ? Ils ne le savent pas eux-mêmes la plupart du temps. En interrogeant les quelques milliers que j'ai vus durant mes douze ans de mission sur les bords du Tanganyka, j'ai obtenu chaque fois des réponses dans le genre de celle-ci : « Mon père et ma mère étaient esclaves et moi aussi. — J'ai été pris à la guerre, — volé dans les champs. — J'ai été fait esclave parce que mon père avait perdu l'aiguille d'un Arabe dont il portait les bagages. — Mon père, accusé de sorcellerie, a été tué et nous, ses enfants, avons été vendus et dispersés. — Mon frère ayant parié de briser un œuf en le pressant dans ses mains, n'a pas réussi, et j'ai été livré pour payer son pari. »

Ces enfants sont le plus souvent rachetés à la mission même, où leurs maîtres les conduisent pour les troquer contre des étoffes, des perles et autres objets d'échange. Avant de se présenter, le propriétaire a soin de mettre sa marchandise en bon état, la frottant d'huile pour donner à sa peau noire tout le lustre dont elle est susceptible. — L'enfant assiste à la discussion du prix avec un air d'indifférence à faire pitié. Il a en effet tant de fois changé de maître et si souvent figuré sur les marchés, qu'il est rompu à ce métier. Le prix fixé et les marchandises livrées, il fait partie de notre nombreuse famille. Son habit d'écorce de ficus est remplacé par quelques coudées de cotonnade blanche ; il est confié à un de nos rachetés qui lui sert de mentor et qui commence par lui présenter un bon dîner.

Ses pérégrinations sont enfin terminées, il est libre ; s'il le croit, il témoigne sa reconnaissance par des cabrioles ou une pantomime expressive ; s'il n'est pas bien convaincu de la chose, il attend, se demandant ce qu'on pourra bien faire de lui. Qui sait si les blancs ne sont pas anthropophages ? Mais ces appréhensions disparaissent bien vite, et il partage la joie qui règne au milieu de ses nouveaux camarades. Voilà comment cette troupe d'enfants tapageurs augmente chaque jour et le tapage avec eux.

L'un des nouveaux rachetés pleurait quelque temps après son arrivée à la mission. — « Pourquoi pleures-tu, mon enfant, n'es-tu pas bien ici ? veux-tu retourner chez les païens ? — Oh ! mon père, je suis heureux chez toi, je ne veux plus aller ailleurs ; je pleure, mais c'est de joie ! »

Parfois de jeunes esclaves poussés par leurs bons anges ou le désir de la liberté, échappent à la surveillance de leurs maîtres, et se réfugient près des missionnaires, où ils trouvent aide et protection. Un enfant nous arrive dans ces conditions, suivi de près par son maître, qui vient le réclamer. L'enfant refuse absolument de retourner, et son maître ne peut employer la force. « Eh bien, dit-il, garde-le, et dans une lune tu me donneras des nouvelles de tes poules et de leurs œufs. » Plusieurs mois se sont écoulés, les poules continuent à pondre, nous à manger les œufs, et quant à l'enfant tout est pour le mieux.

Dernièrement, un chef de l'intérieur du Marungu, qui répond au nom de Kisabi, auquel j'ai autrefois donné l'hospitalité, alors qu'il était poursuivi par ses ennemis les Arabes, m'envoie comme témoignage de gratitude et d'amitié une peau de lion en cadeau. Les deux messagers chargés de la commission me l'offrent en ces termes : » Ton ami Kisabi te donne cette peau, mais comme il y manque la queue, voici une petite fille pour la remplacer. — Vous direz à votre chef que son ami le remercie et que s'il a encore des peaux de lion à lui offrir, il peut garder la queue et la remplacer comme il l'a fait aujourd'hui. »

Nous confions ces petites filles aux soins d'une excellente chrétienne, religieuse sans voile, qui devient leur mère adoptive, en attendant l'heure prochaine où nous pourrons les confier à des religieuses. Tous ces enfants vivent heureux et contents, si l'on en juge par la gaieté et l'exubérante activité qui se manifestent parmi eux. Leur éducation n'est cependant pas celle d'enfants gâtés. Au lever du soleil tous sont debout. L'instruction, le travail et le jeu partagent leurs journées. Pour la nourriture, elle ressemble en tout à celle des indigènes, et se compose de bouillie de maïs, de millet, de manioc, de patates douces, de haricots, de bananes et de citrouilles, selon les jours et la saison. A cet ordinaire s'ajoutent de temps à autre du poisson frais ou sec, du gibier, des sauterelles, des rats et des chenilles.

Les plats, les assiettes et tous les ustensiles dont la civilisation et l'habitude nous font un besoin, manquent absolument. Mais ce qui ne manque pas, c'est l'appétit. Aussi celui-là serait à plaindre qui compterait sur les restes. Comme nous, nos enfants couchent sur une simple natte en jonc, étendue sur des roseaux; en un tour de bras, le lit est fait et mis en place. L'uniforme se compose d'un pagne de cotonnade blanche serré autour de la ceinture. Quelque pauvres que soient la nourriture, le logement et le vêtement, ils occasionnent cependant de grandes dépenses à cause du nombre considérable de nos enfants adoptifs. »

*
* *

« Elle vient de se produire, cette terrible expédition de Makutubu, et je veux consigner ici le souvenir de ce que j'ai pu savoir des horreurs dont elle s'est rendue coupable. C'est à Kirando, à deux journées de marche au sud de Karéma, qu'elle s'était organisée, il y aura bientôt un an; c'est à Kirando qu'elle vient de ramener le butin, fruit de ses rapines. Il y a quelque peu d'ivoire et environ deux mille esclaves de tout âge et de tout sexe. C'est grande pitié de voir ces malheureux fixés à la chaîne par groupes de vingt à vingt-cinq, ou mis à la cangue quand les chaînes font défaut; presque tous sont réduits par la faim et la fatigue, ou par la maladie, à l'état de squelettes ambulants et portent aux bras et aux jambes des brûlures infligées probablement en punition de quelque léger manquement. A Kirando, où ils sont actuellement, les vivres sont rares et partant fort chers; mais leurs maîtres se dispensent cyniquement de leur en distribuer. Pour conserver un reste de vie qui s'éteint, quelques-uns parcourent les villages, s'efforçant par leurs chants et par leurs danses d'exciter la compassion des habitants ; les autres, en plus grand nombre, se contentent, pour assouvir leur faim, d'aller extraire dans la jungle quelques racines sauvages que les animaux eux-mêmes dédaigneraient. Le soir, consumés qu'ils sont par la faim, la fièvre et la dysenterie, on les entasse pêle-mêle dans des huttes improvisées qui ne les protègent en rien contre les intempéries de l'air, et pourtant nous sommes en pleine mazika (1). Le P. Dromaux me dit en avoir vu parqués dans une hutte sans toit, tandis qu'à côté les chèvres de leur maître avaient un abri. Le résultat de pareils traitements est facile à deviner ; chaque matin on sort de chaque hutte un ou plusieurs cadavres qui sont ensuite abandonnés en pâture aux hyènes de la forêt. Comment tous ces agonisants parviendront-ils à l'Unyanyembé et à la côte, car on veut absolument les y conduire? Sans être prophète, il est facile de prédire que les ossements d'un très grand nombre d'entre eux blanchiront le long des sentiers qui y conduisent.

Ce ne sera du reste que la continuation des scènes atroces qu'ils ont vues chaque jour se dérouler sous leurs yeux durant leur marche de près d'un mois à travers le Marungu. « A chaque étape, disait un Mugwana de l'expédition au Père Dromaux, nous en jetions dix, vingt, trente, et même jusqu'à cinquante. » Or, le mot *jeter* est ici un euphémisme pour *massacrer*. Quand un malheurex est trop exténué pour suivre la caravane, au lieu de l'abandonner purement et simplement, ce qui serait encore passablement cruel, on prend l'atroce précaution de l'assommer à coups de bâton, de peur que, venant à se traîner jusqu'à quelque hameau, il ne réussisse à recouvrer la santé et à

(1) Saison des pluies.

reconquérir sa liberté. Le reste du troupeau humain, si exténué soit-il, comprend ainsi qu'il n'a plus qu'à choisir entre la marche en avant ou la mort. Rentré dans sa tente, le même Père entendit un enfant qu'il venait de racheter raconter qu'en quittant le territoire de Kizabi pour rentrer à Kirando, l'expédition avait noyé dans le Lufuko un très grand nombre de femmes âgées ou d'enfants trop jeunes pour faire le trajet. Ce ne fut qu'alors qu'il comprit toute la portée de cette exclamation d'un Mugwana au moment où il lui rachetait un tout jeune enfant : « Ah! si nous avions su que cela (les enfants de cet âge,) eût eu quelque valeur ! »

Les voyages du P. Dromaux (lequel en a fait deux) ont été assez fructueux ; mais à quel état sont réduits les malheureux enfants qu'il nous a ramenés, car on n'a consenti à nous céder que les plus exténués ! Nos marins ont été obligés de les transporter dans leurs bras de la hutte où ils gisaient jusque dans la barque qui devait nous les amener à Karéma. Le nègre est assez peu sensible aux maux d'autrui ; nos jeunes gens ont été néanmoins fort émus de tant de souffrances et ils disaient aux Wangwana : « En faisant ainsi mourir les gens, vous commettez un grand crime dont Dieu vous punira. » Un rictus diabolique a été la seule réponse à cette observation si judicieuse.

En arrivant chez nous, ils ont transformé notre station en un véritable hôpital. Nous les avons installés dans des salles spéciales dont nous avons confié la direction à de vieilles négresses de la Mission. Mon cœur se serre toutes les fois que je pénètre dans une de ces salles : ils tendent vers moi leurs petits bras amaigris en disant « *Bwana wetu, tumeona njao !* Notre père, nous avons été bien éprouvés par la faim. » Les sources de la vie ont été en effet si profondément atteintes en eux que quinze ont déjà succombé malgré nos soins. Cette œuvre des rachats, la plus intéressante et jusqu'à ce jour la princicpale de nos œuvres, nous donne de grandes consolations. »

*
* *

« La vente des esclaves a un peu diminué, depuis que le drapeau français flotte sur les oasis du Sahara ; mais, de là à être abolie, il y a loin, et de longues années s'écouleront encore avant qu'on obtienne un pareil résultat. La place aux esclaves, dans les marchés publics, demeure vide, il est vrai ; seulement les victimes de cet infâme commerce continuent à arriver aux campements des nomades et même dans les villes, où elles sont vendues dans des maisons particulières. Quelle adresse diabolique ! Quelles ruses n'emploient pas les trafiquants pour écouler leur produit ! Tantôt, profitant des ténèbres de la nuit, ils l'introduisent clandestinement et le livrent à des entremetteurs avec lesquels ils partagent les bénéfices. Tantôt ils conduisent les malheureux esclaves, surtout s'ils sont en bas âge, par des sentiers détournés et les abandonnent, sous la garde d'un des leurs, au fond d'un affreux ravin où ils viendront les reprendre après avoir trouvé des acheteurs. L'usage, au désert, ne permettant aux femmes de sortir que le visage entièrement voilé et de ne suivre que des chemins peu fréquentés, les négriers se servent aussi quelquefois de ce stratagème afin d'éloigner de leur marchandise les regards indiscrets et de tromper la vigilance de l'administration. Pour les acheteurs, leur système consiste à attirer chez eux les esclaves convoités ; puis, les ayant mis en sûreté, ils se prennent à chicaner sur le prix convenu, sur les défauts réels ou imaginaires, finalement ils menacent l'étranger de l'autorité s'il persiste à soutenir ses prétentions. La peur de la prison apaise les plus récalcitrants, et l'affaire se termine à l'amiable, mais toujours au détriment du vendeur auquel on s'efforce de persuader

-qu'il devrait se montrer reconnaissant de s'en tirer à si bon compte.

L'esclavage continue donc à désoler le Sahara et le Soudan, et bien grande serait l'ignorance de ceux qui prétendraient que la source en est tarie. Au mois d'avril de l'année dernière (1889), le bruit se répandit tout à coup à Ghardaïa que des caravanes d'esclaves se préparaient à franchir la frontière et à se disperser sur nos possessions de l'extrême sud. On parlait de huit cents. Ce chiffre serait-il exagéré ? La chose me paraît possible, mais les indigènes ne témoignèrent aucun étonnement.

Les commandants de cercle, ayant pris des mesures sérieuses, parvinrent à arracher aux habitants une centaine de victimes, grâce à la sécheresse qui désolait le pays. Les négriers, s'étant présentés en effet aux campements habituels des nomades, ne trouvèrent personne ; ceux-ci s'étaient déjà retirés vers les Hauts Plateaux et le Tell pour empêcher leurs troupeaux de périr de misère. Il fallut donc chercher fortune ailleurs : les uns se dirigèrent vers la Tripolitaine, les autres vers le Maroc où les marchés sont publics et fort fréquentés. Quelques-uns se hasardèrent à s'approcher d'Ouargla, de Metlili, des villes du Mzab, et furent assez rusés pour mener à bonne fin leur ignoble trafic. Grâce à la divine Providence, il n'en fut pas de même pour tous. Voici comment fut arrêté, au mois d'avril dernier, un misérable qui était parvenu à introduire, à la tombée de la nuit, sa marchandise à Beni-Isguen, ville d'environ six mille âmes. Possesseur de sept esclaves, de huit à neuf ans chacun, il les avait attachés, cousus de son mieux dans des gueraras.

La guerara est un énorme sac pouvant contenir jusqu'à huit doubles décalitres de grain ; elle est très employée dans le désert pour le transport du blé, de l'orge et des autres provisions, et chaque chameau en porte deux. De cette manière, il n'attirait pas l'attention, persuadé qu'on était qu'il portait une charge ordinaire.

Il avait imposé à ses pauvres victimes le silence le plus absolu, leur disant qu'ils allaient traverser un endroit très dangereux où les gens mangeaient les nègres. La peur étouffait presque ces malheureux enfants, et, si un cri plaintif venait à leur échapper, le bâton les rappelait vite à l'ordre. Arrivé sur la place du marché, notre homme fait coucher ses chameaux et se met en devoir de soulager les négrillons en donnant aux sacs les positions les plus favorables. Sa besogne touchait à sa fin, et, ayant jeté un regard furtif autour de lui, il poussa un soupir de satisfaction; encore une heure ou deux, et il palpera quelques pièces de cinq francs et des ballots de cotonnade en échange de ses nègres. Dieu ne le permit pas.

A ce moment débouche d'une des ruelles de la ville un chaouche du bureau arabe qui s'en va droit au nouvel arrivé.

« D'où viens-tu ? lui dit-il. — Du Touat. — Qu'apportes tu ? — Du henni, des peaux de gazelles, des produits du Soudan. — Avez-vous la paix ? — Partout. »

Satisfait, le chaouche se retire, mais en partant il donne, comme par distraction, un coup de matraque sur les sacs. Un cri mal contenu s'en échappe; le chaouche surpris recommence, et cette fois-ci, il n'y a plus de doute, il est en présence d'une marchandise vivante. Le négrier, se voyant découvert, se jette sur lui, le baise aux mains, à la tête, ne cessant de répéter : « Monseigneur, monseigneur, pardonne-moi ! »

Le chaouche se redresse fièrement et, du geste autant que de la voix, ordonne de délier les sacs, activant l'opération par quelques coups de matraque sur les épaules du bonhomme. Mis à la vue des curieux qui se sont déjà rassemblés, les produits du Soudan ne sont autre chose que de petits nègres, aux cheveux crépus, au corps amaigri et à peine couvert de haillons, tremblants de crainte et se croyant sur le point d'être dévorés.

Pauvres infortunés, ils étaient sauvés. On les conduit au commandant supérieur du cercle de Ghardaïa, qui se charge d'en prendre soin et de les rendre à la liberté.

Moins de dix jours après cette émouvante scène, j'ai été témoin d'une autre aussi triste, aussi navrante.

Des spahis avaient été envoyés dans différentes directions pour tâcher de mettre la main sur quelques marchands d'esclaves.

Au bout de quelques recherches infructueuses, ils tombèrent inopinément sur une forte caravane de Touatiens amenant trente et un esclaves, hommes, femmes, enfants. C'est à dix heures du matin que ce lugubre cortège fit son entrée dans la capitale du Mzab; il fut dirigé au bureau arabe, où l'on s'empressa de lui distribuer des dattes, des galettes et de l'eau. L'avidité avec laquelle tout fut englouti indiquait hautement combien ces malheureuses victimes avaient souffert de la faim pendant le voyage. A ce moment, elles faisaient pitié à voir, tant les visages étaient pâles et décharnés, les regards mornes et languissants, les membres brisés par des fatigues excessives et à peine couverts de haillons. Quel douloureux spectacle pour un chrétien! pour un missionnaire! Je n'osais presque pas regarder ces êtres humains ainsi maltraités, ainsi dégradés par la cupidité de leurs semblables, et, ce jour-là, je l'avoue, j'ai désiré les richesses afin de venir au secours de tant d'infortunés. Les prendre tous m'eût fait grand plaisir; mais il ne suffit pas de recueillir des malheureux, il faut songer aux frais d'entretien, et ces frais forment tout de suite des sommes considérables. J'étais bien ennuyé, le sort des petits enfants me préoccupait surtout. Aussi ai-je fini par succomber à la tentation d'en délivrer sept, deux filles et cinq garçons. Les filles ont été envoyées immédiatement aux Sœurs de Saint-Vincent de Paul qui ont bien voulu s'en charger.

Les garçons restent avec nous. »

*
* *

« *Kibanga, 3 décembre 1887.* — Date néfaste dans l'histoire de l'esclavagisme aux alentours du lac Tanganika. La matinée se passe comme à l'ordinaire. Vers midi nous commençons à voir sur les collines qui entourent notre station des nègres qui semblent fuir en se dirigeant vers notre tembé (1). Les premiers arrivés nous apprennent qu'un chef métis esclavagiste de l'est du Tanganika vient de fondre sur la contrée. Beaucoup d'indigènes éloignés de la Mission se sauvent chez nous, avec tout ce qu'ils possèdent.

Tout d'abord nous croyons que ce n'est qu'une fausse alerte comme il en arrive souvent dans ces contrées, mais vers trois heures nous voyons défiler au loin, vers l'est, une troupe de métis et de nègres armés, sur les hauteurs qui se trouvent en deçà de la rivière Louvou, limite du terrain de notre Mission. Tous nos néophytes fuient en toute hâte chez nous.

En effet, ce sont les soldats de Mohammed, qui viennent faire leur razzia, comme ils en font dans tous les pays qui nous environnent; nous apprenons qu'ils viennent de saisir deux de nos enfants. Aussitôt toutes nos mesures sont prises; le tembé est fermé et des munitions sont distribuées aux nègres de notre village, dont une vingtaine vont avec le Père Supérieur et le P. Vyncke au-devant des pillards pour les arrêter et leur demander compte de leur invasion sur le terrain de la Mission, pendant que les autres,

---

(1) C'est une vaste enceinte en pisé qui entoure la maison des Missionnaires et destinée à donner asile à leurs nègres en temps de péril. Elle s'appelle aussi *Boma*.

avec le P. Guillemé et le F. Jérôme, gardent la maison et rassurent les fugitifs. Arrivé à environ deux cent cinquante mètres de notre enceinte, notre avant-garde se trouve en présence des Rouga-Rouga (1) qui ont passé, drapeau rouge en tête, à travers les villages, fait main basse sur tout ce qu'ils ont trouvé, choses et gens, et sont en train de poursuivre quelques fuyards éperdus, dans les herbes d'une vallée.

On leur crie de s'arrêter, de venir parlementer, de dire pourquoi et de la part de qui ils viennent, mais, au lieu de répondre, ils changent de direction et vont vers un autre village du côté du Tanganika. Et bientôt des renforts arrivait aux brigands; une bande d'une cinquantaine d'hommes sort du côté des collines de Louvou et vient se joindre à l'avant-garde.

Nous étions alors à une dizaine de minutes de la maison. Ne voulant pas commettre l'imprudence de nous éloigner davantage, et voulant empêcher les chasseurs à l'homme d'entrer dans notre enceinte, — ce qui serait arrivé certainement sans cette première sortie, — le Père donne le signal de se replier. La retraite s'effectue en bon ordre. Grâce à l'arrivée de quelques-uns de nos nègres chrétiens envoyés par le T. R. P. Provicaire, qui faisaient entendre le feu de la fusillade, les Rouga-Rouga n'osèrent pas poursuivre nos tirailleurs qui rentrèrent tranquillement dans la *boma* sans être inquiétés. Durant ces premiers incidents tous les pauvres sauvages du pays qui avaient confiance en nous (d'autres s'étaient enfuis sur le lac ou dans les hautes herbes) étaient venus se blottir sous nos ailes protectrices, bien assurés qu'au dehors ils seraient, comme toujours, pris comme esclaves ou massacrés impitoyablement. La panique était grande parmi les femmes et les enfants de

(1) *Brigands*. C'est le nom que portent dans la langue indigène ces bandes d'esclavagistes.

nos chrétiens, mais ils avaient confiance en Dieu et ils priaient. Les enfants de l'orphelinat disaient le chapelet à la chapelle, les femmes récitaient en pleine cour du tembé toutes les prières de leur répertoire. Les hommes de nos villages chrétiens reçurent d'abondantes munitions, mais ordre était donné de ne pas sortir et de s'en tenir à défendre l'accès de notre boma en cas de nouvelle attaque, et à brûler jusqu'à la dernière cartouche à travers les meurtrières de notre enceinte heureusement terminée, plutôt que de laisser tomber, entre les mains des brigands arabes, les femmes et les enfants dont nous avons racheté les corps et les âmes, ainsi que les pauvres indigènes qui cherchaient leur salut chez nous. En attendant, nous essayons de parlementer avec l'ennemi, de savoir si vraiment Mohammed, qui se disait notre ami, a commandé à ses gens de piller la Mission, s'il n'a pas reçu d'instructions de Saïd Bargash pour nous respecter.

L'effectif de notre personnel dans notre enceinte murée se composait d'environ cent hommes armés de fusils (dont une dizaine à tir rapide, mais avec peu de cartouches), de près de deux cents sauvages avec des lances, de trois à quatre cents femmes et autant d'enfants y compris notre orphelinat ; total : environ mille personnes.

Nous voilà donc sur le qui-vive et à garder notre colline, nous mettant nous-mêmes sous la garde de Dieu. Mais la nuit approche ; les Wangwana, ne trouvant plus personne sur leur passage, occupaient sans coup férir les villages environnants, et immédiatement ils se mettaient à faire main basse sur tous les objets qui se trouvent à leur portée. Nous les voyons du haut de notre butte attraper les volailles, arracher les cultures et voler tout ce qu'ils trouvent, dans les cases, et que les pauvres habitants n'ont pu emporter dans leur fuite précipitée. Nous aurions pu les inquiéter dans leur pillage en leur envoyant quelques projectiles avec les fusils à longue portée, mais nous préférions savoir enfin à quoi nous en tenir pour nos chrétiens et parlementer avec eux. Ils répondirent à notre appel cette fois-ci, et dirent qu'ils étaient bien les hommes de l'Arabe Mohammed, et que leur chef de troupe n'allait pas tarder d'arriver. En effet, ce lieutenant arriva vers six heures et demie, et ne pouvant venir lui-même jusque près de nous, à cause d'un mal de jambe vrai ou prétexté, il nous envoyait un billet pour nous dire que son maître avait reçu de Saïd Bargash des instructions pour ne pas piller chez les blancs, et que sa troupe venait simplement battre les nègres du pays. En même temps il nous envoyait une femme indigène (la belle-mère d'un de nos chrétiens) qui avait été capturée dans un des villages, et nous disait que le lendemain, de bonne heure, on arrangerait bien toutes les affaires.

Enfin, nous savons à quoi nous en tenir pour nos gens, et nous les rassurons en leur disant de bien prier pour qu'il n'y ait pas de guerre ; mais nous faisons bonne garde avec nos hommes et prenons toutes les précautions possibles pour être à l'abri d'un coup de main ou de la trahison, dont ces sauvages métis mahométans seraient bien capables.

4 décembre. — Dieu soit béni. La nuit a été calme, les sentinelles n'ont rien eu à signaler, aucune alerte n'est survenue. Nous disons nos messes de bon matin, ajoutons un *Pater* et un *Ave* à la prière pour demander à la Sainte Vierge, saint Joseph, saint Michel et tous nos anges gardiens de nous tirer d'embarras ; puis, vers sept heures, le T. R. P. Provicaire et le P. Vyncke vont trouver le chef dans son campement, un de nos hameaux abandonnés dans l'invasion d'hier. Ce lieutenant de Mohammed est un métis de petite taille, de vingt-cinq à trente ans, petite barbe noire, teint très bronzé. A peine introduit dans la case, le T. R. P. Provicaire demande si c'est ainsi, en venant saccager le pays jusque sous les murs de notre habitation, qu'on tient compte des ordres de Sa Hautesse le Sultan de Zanzibar. L'autre se confond en excuses, il dit avoir donné ordre à ses gens de ne rien piller chez nous, de ne pas se battre contre nos enfants, etc.; qu'il venait seulement, d'après les ordres de son maître, après avoir battu le Mtémi (chef nègre) de la presqu'île, battre également le Moami (roi nègre) Poré; que, pendant que lui, commandant des troupes, se trouvait avec ses nyampara (capitaines) à l'arrière de la colonne, ses Rouga-Rouga indisciplinés, ayant faim après dix jours d'expéditions, avaient pu ne pas distinguer entre le pays de Poré et le nôtre, et qu'ainsi quelques déprédations avaient pu être commises contre sa volonté. Le Révérend Père exige qu'on restitue immédiatement les deux enfants qui ont été saisis chez nos néophytes, ce à quoi on fait droit. Enfin tout s'arrange à l'amiable, grâce à la fermeté du Père. Le chef de troupe défend à ses hommes de piller n'importe quoi dans nos cultures, et dit à nos gens de chasser tous les maraudeurs.

En reconduisant les Pères qui quittent le campement, Bwana Masoudi nous promet une visite pour l'après-midi. Il vient effectivement avec sa suite, une dizaine de brigands; nous empêchons le reste de sa tourbe d'entrer dans l'enceinte, par mesure de prudence. Le pauvre chef a revêtu pour la circonstance sa grande tenue, une longue veste rouge comme en portent les laquais ou les suisses chez les grands seigneurs en Europe. Il cause beaucoup et répond à nos nombreuses questions sur les pays qu'il a saccagés, sur le Rouando du Nord, sur les lacs Kiro et Kangaro, le Manyéma, l'Ounyabemba, l'Ouboudjwé, etc. Il est mendiant comme tous les gens de cette race de métis arabes-nègres; nous écartons poliment ses demandes de cartouches et le contentons avec une paire d'espadrilles, de vieux souliers et une bouteille vide qu'il nous demande avec instance.

Mais, au soir, nous assistons dans le pays qui nous environne au triste spectacle d'une razzia d'esclaves; partout on voit flamber les villages, les gens se sauver sur le lac. Les Rouga-Rouga reviennent chargés de poulets, de chèvres, de paquets de poissons, etc. Une troupe d'une trentaine de brigands parcourt sous nos yeux les collines et les bas-fonds de la rivière Maongolo où sont cachés ces pauvres fuyards; ils reviennent au soir avec les femmes et les enfants liés.

C'est un spectacle affreux! On voudrait pouvoir fusiller sur place ces ignobles bandits sans foi ni loi qui volent ainsi des créatures humaines pour les plonger dans le double esclavage de l'âme et du corps. Nous aurions peut-être la chance de délivrer beaucoup de malheureux en permettant à nos gens armés de sauter sur cette troupe de démons incarnés, mais ce serait la guerre ouverte, et la Mission serait perdue.

Au soir de ce triste dimanche qui ne s'effacera jamais de notre mémoire, le cœur plein de ces pensées, le T. R. P. Supérieur envoie le P. Vyncke au camp arabe pour demander qu'on mette au plus tôt fin à ces indignes vexations, que la troupe déguerpisse au plus vite et qu'on laisse rentrer nos nègres chrétiens dans leurs villages où on a détruit presque toutes les plantations. Le chef arabe, qui est incapable de faire respecter l'ordre dans les rangs de ses coquins, promet de partir demain matin de bonne heure, et nous laisse racheter, parmi les victimes de la chasse de cet après-midi, les femmes et les enfants dont nous pouvons payer la rançon. Tout ce que nous avons y passe. Jugez de la joie des élus qui peuvent rentrer dans leurs foyers, mais aussi du désespoir des pauvres malheureux qui ne peuvent participer à la délivrance et qui sont emmenés de force,

enchaînés à leurs cangues, au milieu de leurs cris de désespoir ! Oh ! que n'avions-nous de quoi les délivrer tous !

5 décembre. — Encore une fois, Dieu soit loué !... Ce matin, à sept heures, les oppresseurs, les meurtriers infâmes de notre paisible population sont partis et nous ont quittés à travers une pluie battante, emportant l'exécration de tous les indigènes. Ils étaient près de trois cents en tout, une troupe comme celles qui viennent de la côte avec tambour et drapeau, portefaix, femmes et enfants, etc. La caravane des esclaves suivait tristement. Une pauvre vieille emmenée en captivité, passant à côté du bon Frère Jérôme, veut s'attacher à ses habits et lui crie de la sauver ; mais il n'y peut rien et elle est entraînée comme une bête de somme, la corde au cou.... Il ne restait plus rien pour la racheter.... Le défilé a été assez long, l'arrière-garde est restée jusqu'après la pluie. Ces horribles sangsues sont tombées maintenant sur l'Oulembé où l'on voit de loin s'allumer les incendies.

Ces tristes expéditions sont de véritables pompes pneumatiques de l'enfer ; elles font le vide autour de nous, tous les villages où nous allions encore hier faire le catéchisme sont maintenant de vastes déserts.

Une pauvre femme de celles que les Rouga-Rouga avaient prises vient de mourir sous nos yeux. Elle s'était débattue en criant lorsqu'on l'avait arrêtée, ne voulant pas se laisser enchaîner ; alors un de ces brigands lui avait déchargé un coup de pistolet dans le sein. Elle tomba mortellement blessée et se tordait dans d'atroces douleurs ; nous la prîmes et l'emportâmes dans le tembé. Elle connaissait déjà un peu la religion, nous lui parlâmes du ciel et du baptême, qu'elle accepta.

**

Terminons ces tristes souvenirs par une courte biographie de quelques négrillons arrachés des mains de leurs ravisseurs par la charité des missionnaires.

Dans le centre du vaste royaume du Haoussa, entre Tombouctou et le lac Tchad, se trouve à quelque distance de Kano une ville assez importante nommée Katchina ; c'est près de cette ville, dans la bourgade de Waoualcara, que Michel Abdou vit le jour vers l'an 1866. Il est bien difficile, disons-le une fois pour toutes, de fixer d'une manière précise l'âge de nos enfants : les nègres, ainsi que les Arabes, n'ont point l'habitude de compter leurs années.

Voici comment il raconte lui-même ce qu'il se rappelle de sa première enfance, de sa captivité et de sa délivrance:

« Mon père était cultivateur et chasseur, comme beaucoup de nègres dans mon pays. Il avait quatre enfants, Aliou, mon frère, Ladi et Coumbo, mes deux sœurs, et moi qui étais le plus jeune ; lui-même s'appelait Gibir et ma mère Tanitazo. Un jour, j'étais à m'amuser dans un verger d'orangers avec mes petits camarades, quand nous vîmes tout à coup accourir vers nous, à travers les champs de millet, une troupe d'hommes, ni noirs ni blancs (des mulâtres), que nous comprîmes bien être des ennemis. Notre première pensée fut de fuir, mais nous n'en eûmes pas le temps, et les brahos (voleurs d'enfants) nous emmenèrent sur leurs chevaux. »

La guerre et le vol sont les deux sources ordinaires de l'esclavage en Afrique, quand — ce qui est horrible à penser et qui, pourtant, n'est malheureusement que trop vrai — ce n'est pas le père lui-même qui vend son enfant, le frère qui vend son frère, comme il est arrivé pour un de nos négrillons, Louis Gourdo, de Bida, dans le royaume païen de Mosi.

Le mulâtre qui avait pris Abdou se mit en marche avec ses compagnons de brigandage ; pour ne pas perdre de temps, on massacra sans pitié ceux qui ne pouvaient ou ne voulaient pas suivre. Les faits de ce genre sont, hélas! trop communs! Nulle part on n'a vu un pareil mépris de la vie humaine. Le nègre en est arrivé lui-même à estimer de nulle valeur la liberté et la vie.

« Esclavage, pillage et meurtre : voilà, dit Burton, les traits principaux de l'existence humaine dans la plus grande partie de l'Afrique.... Foulée aux pieds par d'impitoyables oppresseurs, cette malheureuse race des noirs s'écrie dans sa langue pittoresque et énergique : Je suis la chair, et les marchands d'esclaves sont le couteau. »

Qu'on se figure, si on le peut, les tortures qu'ont à endurer les pauvres esclaves traînés par des maîtres inhumains à travers un pays brûlé par le soleil, sous un ciel de feu, privés de tout, souvent même d'une goutte d'eau pour étancher la soif qui les dévore, quand, surtout, vient à souffler le simoun, dont le nom signifie *poison,* et qu'on respire littéralement du feu !

Après deux longues semaines, la caravane arrivait à Zinder. En parcourant la province de ce nom, Richardson a vu des esclaves traînant comme des forçats une lourde chaîne et portant sur le corps les stigmates du fouet de leurs maîtres.

Durant ce pénible trajet, les pauvres captifs recevaient pour toute nourriture une poignée de ghéro, détrempé dans un peu d'eau saumâtre, tandis que les ravisseurs se gorgeaient de la viande des troupeaux qu'ils avaient enlevés. A Zinder, la troupe se partagea en deux bandes dont l'une prit la route de In-Salah dans le Touât, l'autre celle de Gh'at; Abdou se trouva faire partie de cette dernière.

« C'est durant ce voyage que j'eus le plus à souffrir, raconte-t-il, tant des mauvais traitements de mon maître que de la soif et de la mauvaise nourriture. Les plus grands d'entre nous étaient attachés trois par trois; les plus petits ne l'étaient pas; mais ils devaient marcher à pied comme les autres, à l'exception des tout petits qui étaient portés sur le dos de leurs mères. Nous avons mis deux mois à traverser le désert. »

La distance de Zinder à Gh'at est d'environ mille kilomètres en ligne droite. Située à peu près à moitié chemin entre Idelei, dans le Djebel Hoggor, et Morzouk, dans le Fezzan, la ville de Gh'at est depuis longtemps un des centres de commerce les plus importants du Sahara.

C'est dans ses environs que s'élève le fameux Kasr-ed djenoun (château des génies et des démons), sorte de forteresse naturelle, où, selon la légende arabe, s'assemblent à certains jours, pour y tenir conseil, les génies du désert. Barth et Richardson faillirent périr de faim et de soif dans les labyrinthes de ce séjour des fées africaines.

Gh'at est une petite ville fortifiée où se tiennent les marchés de l'est et du centre. Les alentours, assez bien cultivés et suffisamment pourvus d'eau, produisent des dattes, du froment, de l'orge et du blé noir. Mais, hélas ! pourquoi doit-on ajouter que son principal commerce est peut-être, comme au Touât, celui des esclaves ?

De Gh'at où il fut vendu à un Arabe, Abdou, après quelque temps, reprit le chemin du désert pour se rendre à In-Salah, voyage un peu moins long, mais tout aussi pénible que le précédent, particulièrement pour un enfant de dix ans. Puis il fut définitivement amené à Ouargla, dans l'Algérie du Sud, où il eut le bonheur de rencontrer un missionnaire qui lui rendit la liberté en versant à son maître une somme de cinq cents francs.

L'histoire de Francis Gogé n'est pas moins émouvante. « Je suis né à Dandy, non loin de Sokoto, vers l'année 1867, dit-il lui-même. Je pouvais avoir six ou sept ans quand je fus pris par les Brahos. Après deux ans environ de captivité chez différents maîtres nègres, maures, touaregs et arabes, auprès desquels je me rappelle avoir beaucoup souffert, j'eus le bonheur d'être racheté par les Pères Blancs. Mon père Mohammady avait trois enfants, dont une fille et deux garçons; moi j'étais le plus jeune. Voici comment j'ai été pris, je m'en souviens fort bien. Un jour que je faisais la guerre aux moineaux qui venaient manger notre sorgho, en compagnie de mon frère et d'une vache que nous faisions paître, nous fûmes entourés avec nos petits camarades par une troupe de ces hommes qu'on appelle chez nous « les voleurs d'enfants »; mon frère, plus âgé que moi, se sauva sur notre vache, moi je fus pris et attaché. »

Celui qui l'emportait au galop de son cheval eut bientôt rejoint ses compagnons en dehors du village, et il se trouva que deux cents jeunes gens, femmes ou enfants avaient été capturés dans ce coup de filet. Les plus âgés et les plus robustes furent attachés les uns aux autres par le cou avec des chaînes de fer ou des cordes très fortes; d'autres eurent seulement les mains liées derrière le dos.

« Quand je compris que j'étais devenu esclave, continue Francis, je me suis mis à pleurer et à crier de toutes mes forces, mais mon maître me fit taire en me frappant durement et en me menaçant de me tuer ou de me livrer aux Touaregs; alors je pleurai seulement dans mon cœur. »

Arrivé au campement du soir, Gogé eut un moment de joie mêlée de tristesse en y retrouvant quelques-uns de ses petits camarades prisonniers comme lui. Ces pauvres enfants tâchaient de se consoler mutuellement en se disant que certainement leur père ou leur mère viendrait à leur secours. Hélas! personne ne vint et il fallut partir et dire adieu au pays.

Peut-être d'ailleurs, dans ce même temps, les infortunés parents étaient-ils eux-mêmes capturés et entraînés sur d'autres chemins.

Cependant la funèbre caravane se remit en marche au matin, et, après quelques jours, elle entrait à Kouka, capitale du Bornou, sur le lac Tchad.

A Kouka, Gogé fut vendu à un maître musulman, qui se montra pour lui impitoyable. C'est ainsi que, sans aucun égard pour son jeune âge, il l'obligea à marcher tout le temps à pied, chargé d'un fardeau, sans lui donner autre chose à manger qu'une poignée de sorgho ou de millet soir et matin.

Bientôt on atteignit Gober. Là, son maître le voyant fort affaibli et craignant de le perdre, et avec lui le profit qu'il en comptait tirer, se mit à le traiter un peu mieux. Quand il le vit rétabli, il le vendit à un Arabe, possesseur d'un grand nombre de chevaux, ce qui lui avait valu le titre glorieux là-bas de « serkin-doâki », le seigneur des chevaux. Celui-ci le conduisit à son tour sur les marchés de Bello et d'Agadès dans l'oasis d'Asben. D'Agadès, il avait été emmené à Gh'at, dont nous avons déjà parlé, et vendu à un maître plus barbare que les autres, qui le maltraitait à propos de rien. Un jour, par exemple, le pauvre enfant fut accusé à tort d'avoir volé des haricots au jardin; aussitôt, il est saisi, garrotté, lié à un arbre et frappé si cruellement qu'il tombe évanoui. L'avarice fit taire la cruauté : l'esclave fut soigné, et, à peine guéri, il fut conduit à In-Salah, et enfin, à Ouargla, où il eut le bonheur de tomber entre nos mains. »

« Moudon, jeune Fellatat, est né vers 1868, aux environs de Tombouctou, d'où il a été enlevé vers l'âge de cinq à six ans, pour se voir emmené captif, à travers le Sahara, jusqu'à Ouargla, où, après deux ans d'esclavage, il fut rendu à la liberté par les missionnaires d'Alger.

Il se souvient toujours de son père, vénérable vieillard à barbe blanche, et des promenades qu'il faisait avec lui

« dans leur grande barque », « sur le grand fleuve », où ils allaient « au clair de la lune » faire la guerre aux poissons, qui y sont très abondants.

Voici comment il raconte sa captivité.

« Un matin que je jouais près de notre maison, j'entends un grand bruit, et je vois s'élever un nuage de poussière ; c'étaient de grands hommes qui accouraient à cheval, tous armés de lances, de sabres et de fusils. C'était le moment où les hommes étaient aux champs. On prit les femmes et les enfants, et on tua ceux qui résistaient. Une femme s'était enfermée avec ses enfants dans sa maison et refusait d'en sortir. Un de ces brigands prit sa pierre à feu pour l'y brûler ; la pauvre mère, affolée par la peur, criait : Brûlez-nous, brûlez-nous, nous ne voulons pas être esclaves. »

Quoi qu'on puisse dire ou écrire sur la prétendue douceur de l'esclavage, au moins, voilà un trait qui nous montre, ce semble, ce qu'il en faut penser.

Il est possible à la rigueur que, dans les provinces de la Turquie et dans certains États de l'Asie ou de l'Afrique, l'esclavage ne soit qu'une sorte de servage : mais ne fût-il que cela, songe-t-on à la manière dont on réduit en servitude ces milliers, ou mieux ces millions de créatures humaines ? Car, ne l'oublions pas, la moitié du peuple africain est esclave ; du Cap à l'Algérie, du Congo à l'Egypte, l'Afrique, on peut le dire, n'est qu'un vaste marché d'esclaves.

Et pour ses maîtres l'esclave n'est pas même un animal ou une chose, il n'est rien : « malade, on l'abandonne ; usé, on le laisse mourir de faim ; estropié, on le tue ; mort, on le jette aux chacals et aux hyènes. » Après cette digression, nous revenons à Moudou.

» Le soir venu, continue-t-il, ceux qui nous avaient pris s'arrêtèrent sous de grands arbres pour y passer la nuit. Ils nous menacèrent, sous peine de coups, de garder le plus profond silence, parce qu'ils avaient peur d'être découverts. Nous au contraire, nous espérions toujours que les hommes de notre village viendraient nous délivrer. »

La nuit entière s'écoula, hélas ! et le secours tant désiré ne parut pas.

Au matin on fit le partage du butin; Moudou échut à un mulâtre qui ne le maltraita pas trop, paraît-il, le laissant même durant le trajet courir çà et là sans être enchaîné comme les autres; il était si jeune; où se serait-il enfui?

A quelques jours de là, pendant une halte, l'enfant vit entrer sous la tente de son maître trois étrangers parmi lesquels il reconnut son vieux père. Celui-ci apportait une rançon pour acheter son fils unique. Le prix débattu et convenu, comme la nuit était arrivée, le voyageur fut invité à se reposer. Accablé de fatigue et d'émotions, il finit par s'endormir d'un profond sommeil.... Le lendemain à son réveil son hôte avait disparu, emmenant avec lui le jeune captif dont il avait touché la rançon ! Qui dira la douleur du père ? Pour l'enfant, on l'avait pris endormi, et il ne reconnut que plus tard qu'il était de nouveau orphelin.

Son maître le vendit à un Targui (1) qui l'emmena avec lui à In-Salah, d'où il fut de nouveau entraîné à la suite d'une caravane qui se dirigeait vers le M'zab, porté, dit-il, à cause de son jeune âge, tantôt sur le dos d'un chameau, tantôt sur les épaules d'une vieille négresse esclave comme lui. Le voyage en effet doit être bien pénible pour de petites jambes de sept ans.

Arrivé à Métlili, il fut rencontré sur le marché public par un missionnaire qui le racheta. Puis bientôt il fut ramené à Alger où il trouva quelques jeunes Soudaniens, ses compatriotes, rachetés comme lui de l'esclavage.

(1) Targui est le singulier de Touaregs. On sait que les Touaregs sont particulièrement féroces et ont souvent massacré des Européens eux-mêmes, parfois en grand nombre.

Vers le même temps, le Cardinal Lavigerie réunissait tous ces chers petits négrillons à Saint-Louis-de-Carthage pour y être élevés par ses missionnaires. Plus tard l'Institut était transféré à Malte, où il est demeuré jusqu'à ce jour.

C'est là que le jeune Fellatat se prépare avec les autres à se rendre digne de devenir un jour, lui aussi, « Apôtre de l'Afrique ».

Laurent Hamdou ne fut pas vendu pour de l'argent, mais échangé contre un sac de sel. Le sel, fort rare, on le sait, dans l'intérieur de l'Afrique, y est l'objet d'un commerce important; et nos missionnaires, les jours de fête, donnent à leurs orphelins une pincée de sel en guise de bonbons.

Hamdou était tout jeune quand il fut pris, probablement dans un combat, autant qu'il s'en peut souvenir. Le type auquel il appartient ne saurait que difficilement être défini; est-il Fellatat, Mandingue, Djoloff? Nous n'osons répondre. Il a malheureusement oublié jusqu'à sa langue maternelle, et, quand il fut racheté par les missionnaires, il savait à peine se faire entendre dans un langage impossible, mêlé de targui, de nègre et d'arabe.

Il se souvient toutefois exactement qu'une fois enlevé à sa famille, il se trouva un beau jour, il ne sait où ni comment, transporté sur un marché où il y avait beaucoup d'esclaves et beaucoup de sacs de sel : il fut échangé par celui qui l'avait volé contre un sac de cette utile denrée, qu'il aime plus que jamais depuis ce jour, ayant pu, par un terme de comparaison personnelle, en apprécier la haute valeur.

Son nouveau propriétaire le chargea, dans un sac, sur son chameau, il était beaucoup trop petit pour pouvoir marcher, et c'est ainsi qu'il arriva au Touât. De là, il fut peu après emmené à Tuggurt où il fit, heureusement pour lui, la rencontre d'un missionnaire qui le délivra.

Un trait peint bien la nature mobile de ces pauvres noirs si dignes d'intérêt à tous égards. A peine Hamdou se vit-il des souliers aux pieds et un burnous neuf sur les épaules, qu'il se mit à chanter « dani dan » jusqu'au soir de cet heureux jour !...

VII

Les deux villages créés par Mgr Lavigerie : Saint-Cyprien et Sainte-Monique.

Les deux villages d'Arabes chrétiens sont bien connus des lecteurs qui s'intéressent aux progrès de l'Église. Nous que la Providence a envoyés au milieu de ces populations, nous ne nous bornons pas à exercer les fonctions de pasteur comme cela se pratique dans toutes les paroisses de la colonie et de la mère patrie. Deux écoles, l'une tenue par les Sœurs de la Mission, et l'autre par nous, sont destinées à donner aux enfants des deux sexes, avec l'instruction, une éducation solidement chrétienne. En outre, une petite pharmacie, composée des remèdes les plus communs, est mise à la disposition du village, qui est ainsi l'objet de nos soins dans les cas les plus ordinaires.

Le village de Sainte-Monique compte près de cinquante enfants qui fréquentent les écoles ; vingt-deux garçons suivent la nôtre, et je puis dire en toute vérité qu'en général ils répondent bien aux soins que nous leur donnons : ils sont presque tous très dociles, appliqués au travail, et pleins de bonne volonté. Quant au niveau intellectuel, il atteint, j'ose l'affirmer, celui de beaucoup d'écoles de hameau en France (1). Toutefois les efforts que nous faisons ont cela de particulier qu'ils tendent plutôt à faire de nos enfants de bons chrétiens que des savants. Sans négliger l'instruction dont ils auront besoin plus tard lorsqu'ils devront se suffire à eux-mêmes, nous tâchons de leur donner une éducation religieuse aussi soignée que possible. Autrement notre mission auprès d'eux manquerait son but et n'aurait plus sa raison d'être. La classe est aimée, pleine d'animation, et très bien suivie. Je ne sache pas qu'il y ait des enfants qui s'en dispensent pour d'autre motif que celui de la maladie, ou le cas d'indispensable nécessité. Le système de bons points que nous employons ne contribue pas peu, je l'avoue, à entretenir cette émulation si nécessaire à l'enfance, et à faire obtenir des résultats auxquels nous étions loin de nous attendre de la part de pareilles natures.

Ils voient que nous les aimons ; aussi viennent-ils à nous sans crainte et sans gêne aucune. Du reste, presque toujours nous partageons leurs jeux de balles, de billes ou de barres. Leurs jeux paraîtraient manquer d'entrain, si nous ne nous y mêlions pour les animer.

Outre cet abandon et cette aisance, ce qui nous réjouit le plus, c'est leur exactitude à venir chaque jour à la messe et l'empressement qu'ils mettent à la servir, malgré le froid, la pluie et souvent l'heure matinale à laquelle nous la disons. Après les avoir vus à l'église à l'aube du jour, nous les y retrouvons encore tous ou à peu près à la prière qui se fait chaque soir en commun. Car c'est un usage établi par nos prédécesseurs de sonner la cloche à l'approche de la nuit et de réunir aux pieds de Notre-Seigneur tous ceux que leurs occupations ne retiennent pas à la maison ou aux champs.

(1) Il est surtout supérieur à nombre d'écoles semblables du continent africain : Oran, Constantine, Tunis, La Goulette, etc.

Quant à leurs parents, néophytes d'hier, que Son Éminence le cardinal Lavigerie a arrachés aux horreurs de la famine et enlevés à leur gourbi pour les préserver de la mort, ils nous donnent aussi de véritables consolations.

Ce n'est pas à dire que tout soit parfait dans le meilleur des mondes : on s'aperçoit que le sang chrétien n'a pas commencé par couler dans leurs veines et que l'ordre, l'économie, l'éducation laissent parfois à désirer.

Du reste, ils sont Arabes, et c'est grâce à leur origine qu'ils ont, je dirai, cette passion pour le cheval et l'arme à feu, caractère distinctif de l'homme du désert. A six ans l'enfant sait monter à cheval, et à dix ans il conduira sans broncher le plus fougueux coursier.

Tous en général aiment le jeu. Pour empêcher les abus qui pourraient s'y glisser, nous en prenons la direction. Des boules, des quilles et divers autres jeux que nous gardons en dépôt chez nous, en même temps qu'ils leur ouvrent la porte de notre maison, leur donnent l'occasion de prendre une légitime et inoffensive récréation. Cela nous gêne bien un peu d'entendre chaque dimanche tout ce bruit de joueurs qui remplissent la cour et jusqu'à nos appartements, mais on ne s'en plaint pas trop ; car ce sont comme autant de moyens de leur faire du bien et de nous les attacher davantage.

Malgré ces défauts, qu'ils tiennent surtout de leur race, et qui est-ce qui n'en a pas ? j'ose dire qu'il n'est peut-être pas dans toute la colonie une seule paroisse dont les habitants soient si fidèles à leurs devoirs religieux, et les accomplissent avec moins de respect humain ; je pourrais ajouter, sans être démenti, qu'il en est même un grand nombre dans la mère-patrie qui ne pourraient affronter la comparaison avec nos villages. Chose curieuse ! en France ce sont les femmes qui semblent le mieux douées sous le rapport de la piété. Ici, au contraire, c'est l'homme qui apparaît comme le plus pieux et le plus fidèle à ses devoirs de chrétien.

C'est vraiment bien consolant de les voir s'approcher en masse de la sainte communion, aux grandes fêtes de l'année, hommes et femmes sans distinction. C'est ainsi que la fête de Noël a été, il y a quelques jours, particulièrement consolante pour nous par le grand nombre des communions de la messe de minuit.... »

« Inutile, ajoute un autre témoin oculaire, de parler ici de la prière du soir récitée toujours en commun dans l'église ; ce pieux usage se maintient, et toujours il présente le même caractère d'édification et de ferveur.

Des prêtres, et même des laïques, se sont imposé une journée de marche à travers les montagnes de la petite Kabylie, pour voir les chrétiens d'ici un jour de communion et on les a entendus s'écrier, au sortir de l'église, « que jamais ils n'oublieraient cette scène si imposante dans sa simplicité chrétienne ! »

Les soins à donner aux enfants nous font pratiquer bien des actes de patience, mais aussi comme on est heureux d'offrir à Dieu ces petits sacrifices quotidiens, quand on peut en voir tous les jours les heureux fruits et constater que les progrès de nos enfants répondent à notre sollicitude !

Il est tout particulièrement intéressant de voir tout ce petit monde accourir à l'église, au premier son de la cloche, le matin, pour y entendre la sainte messe que les plus âgés des garçons se disputent l'honneur de servir, et le soir, pour la prière en commun. Notre-Seigneur, qui aimait tant les petits enfants pendant sa vie mortelle, doit regarder avec une singulière complaisance cette troupe enfantine réunie aux pieds de son tabernacle et accueillir bien favorablement la prière qui sort de ces lèvres encore pures.

J'ai été moi-même témoin d'un fait qui m'a singulièrement réjoui et qui dénote une foi bien vive dans l'âme de ces jeunes enfants.

Un des hommes du village, conduisant un chariot chargé de bois, est malencontreusement tombé sous les roues du lourd véhicule qui lui ont passé sur le corps. Averti de l'accident, j'accours auprès du pauvre blessé qu'on avait déjà relevé et transporté dans sa maison. En y arrivant, je trouve le plus grand des enfants penché sur le lit du malade et, les larmes aux yeux, récitant avec ferveur son chapelet pour obtenir la prompte guérison de son père. »

« A l'orphelinat de Saint-Cyprien, les enfants ont pour nourriture un morceau de pain trois fois par jour, pendant les travaux de la moisson quatre et même cinq fois. Ce pain est fait à la maison par le frère boulanger : il se compose de deux tiers de farine et d'un tiers de son. A dîner et à souper, ils ont un plat de légumes (petits pois, lentilles, haricots). L'eau du puits est leur boisson ordinaire. Les repas, excepté quand le temps ne le permet pas, se prennent en plein air. Chaque groupe de dix a son plat où ils puisent avec une cuiller dont ils sont tous armés. Et il faut voir avec quelle avidité ces plats sont vidés, et si bien qu'il serait à peine nécessaire de les laver.

La nuit, ils couchent dans de vastes salles sur une simple natte, enveloppés d'une couverture de laine. Depuis le commencement des moissons, dès quatre heures ils sont debout. Ils déjeunent, puis se disposent à aller aux champs, soit pour moissonner, soit pour glaner. Ces travaux sont fatigants, surtout pour de jeunes enfants ; cependant ils s'en acquittent d'une manière satisfaisante, et malgré ce rude travail, tous sont en bonne santé. En dehors du temps de la moisson, nous les employons, durant cinq ou six heures, à des travaux plus ou moins considérables, proportionnés à leur âge. A eux aussi d'arroser, d'entretenir la propreté des cours, des salles et des objets servant à leur usage. Nous exigeons que tout soit bien exécuté et nous faisons impitoyablement la guerre aux paresseux. L'amour de l'ordre, de la propreté, du travail, voilà ce que nous voudrions communiquer à nos enfants. Ce sera difficile, car ce sont ces qualités qui leur font surtout défaut. Quand ils nous arrivent, leurs habits sont si sales et couverts de tant de vermine, que nous sommes souvent obligés de les faire jeter au loin. Mais malgré nos soins, nos salles sont remplies d'insectes parasites qui nous dévorent. Cependant, nous pouvons déjà constater que, même sous ce rapport, nos enfants ont fait des progrès bien sensibles ; ce qui nous donne bon espoir pour l'avenir.

Nos enfants suivent avec un très vif intérêt les classes de religion. Le P. Roch leur apprend le Pater et l'acte de contrition, il leur explique les commandements de Dieu, leur raconte les plus beaux traits de l'Ancien Testament, et leur parle de notre divin Sauveur. C'est ainsi qu'il dépose en leurs jeunes cœurs, que le venin de l'islamisme n'a pas encore dépravés, la connaissance, l'amour et la crainte du Dieu créateur et rédempteur.

Quand de nouveaux venus nous arrivent, le Père ne peut pour eux recommencer chaque jour son petit cours. Mais les plus avancés se chargent eux-mêmes d'être les professeurs, ou plutôt les apôtres de leur frères. Et il est intéressant de les entendre, durant les récréations et les promenades, prononcer devant un auditoire attentif, chaque mot du Pater, lequel est immédiatement répété par tous.

Ils récitent des prières le matin et le soir, et avant chaque action principale nous leur faisons dire le Pater. En entendant ces pauvres enfants, encore infidèles, prier avec tant d'ensemble, je dirais presque de piété, et honorer de si bon cœur leur divin Maître, on ne peut s'empêcher d'éprouver une vive et profonde émotion. Il en est de même quand on voit leur entrain à chanter soit dans les promenades, soit au travail manuel le cantique populaire : « Bénissons à jamais le Seigneur dans ses bienfaits. » Sans doute le chant n'est pas parfait : toutes les voix se mêlent, s'enchevêtrent, et donnent à la fois tous les tons et les demi-tons de la gamme. Qu'importe après tout ? Les passants sourient ; mais les anges de nos enfants doivent être heureux, et nous le sommes aussi.

L'impression produite sur les orphelins pendant leur séjour à Saint-Cyprien est si profonde que ceux d'entre eux qui ont été réclamés par leurs parents persévèrent dans leurs bons sentiments.

Ainsi, dans une excursion à Zoug-gara, nous rencontrâmes sur notre route un jeune berger de onze ans environ, qui avait passé plusieurs semaines au milieu de nous. Dès qu'il nous aperçoit, il s'élance vers nous et nous baise les mains avec respect. Après quelques questions sur son état actuel, nous lui demandons s'il a oublié ses prières. Pour toute réponse, il se met à réciter aussitôt le Pater et l'acte de contrition sans la moindre hésitation, puis il ajoute que, chaque jour, il les répète le matin et le soir, comme il nous l'avait promis.

C'est qu'en effet, quand ils nous quittent, réclamés par leurs parents, nous leur faisons dire, avant leur départ, ces deux prières pour remercier le bon Dieu et nous les invitons à les réciter chaque jour. Y sont-ils fidèles ? Beaucoup, soit par respect humain, soit par oubli et indifférence, n'accomplissent pas leur promesse, mais quelques-uns la tiennent fidèlement.

En avril, un jeune enfant, qui nous avait quittés quinze jours auparavant, nous revenait avec son frère moins âgé que lui. L'heure de la classe arrive et, comme leurs camarades, ils récitent le Pater. Surpris de voir ce petit nouveau, qu'il n'avait pas instruit, dire sa prière, le Père l'interroge et apprend que pendant son séjour dans sa tribu, l'aîné s'était fait apôtre et avait enseigné à ses frères et sœurs ces prières qu'ils récitaient ensemble chaque jour.

Le trait suivant est encore plus touchant. L'enfant dont il s'agit est non seulement apôtre, mais même un peu confesseur de la foi. Pressé par les instances de son tuteur, il avait dû s'éloigner de nous. Le soir venu, il veut, comme d'habitude, faire sa prière avant de s'endormir. Il s'agenouille donc, et dit d'une voix distincte le Pater. Son oncle l'entend, et par ses menaces, oblige l'enfant à ne le réciter qu'au fond de son cœur. Le lendemain, au lever, nouvelle tentative, mais cette fois l'homme, furieux, ne se contente pas de menaces, il frappe l'enfant à coups redoublés jusqu'à ce qu'enfin celui-ci réussisse à s'échapper. Maintenant il est de nouveau rentré. Que le bon Dieu bénisse son courage et sa générosité ! »

VIII

Les péripéties d'une caravane. — Dangers, souffrances et privations; la torture de la soif.

Au mois de mars et d'avril 1878, sont partis d'Alger, pour fonder deux Missions dans l'Afrique Équatoriale, dix membres de la Société des Missionnaires, créée par Mgr l'Archevêque d'Alger. Ils avaient reçu du Saint-Siège, par l'entremise de leur fondateur, la mission de pénétrer, en partant de Zanzibar, les uns, jusqu'aux régions qui s'étendent entre les lacs Victoria et Albert Nyanza où les explorations récentes des voyageurs anglais et allemands ont définitivement placé les sources du Nil, les autres, sur les bords du lac Tanganyka, non loin duquel est mort Livingstone.

Ces dix missionnaires se trouvèrent réunis à Zanzibar, à la fin du mois de mai suivant, et c'est de là qu'ils se sont mis en route le 9 juin. Ils avaient organisé, pour leur long et périlleux voyage, une caravane qui comptait près de cinq cents porteurs ou soldats d'escorte. Ces courageux Apôtres étaient les premiers prêtres catholiques, *et aussi les premiers Français*, qui eussent pénétré dans ces régions de l'Afrique Équatoriale. D'après les instructions précises qu'ils avaient reçues de leurs Supérieurs, ils devaient relever exactement, chaque jour, dans un Journal, toutes les circonstances de leur voyage, tant celles qui intéressaient spécialement les incidents divers de leur route et de leur mission, que celles qui pouvaient offrir quelque intérêt au point de vue de la science. On lira avec intérêt la première partie de ce journal, rédigée par le P. Charmetant, dont le nom est bien connu de tous ceux qui ne sont pas indifférents aux affaires d'Orient.

« Aujourd'hui, 16 juin, est le dernier jour que nos Missionnaires vont passer avec des Européens : demain, après avoir quitté successivement Zanzibar et Bagamoyo, ils vont traverser le Kingani, et s'avancer avec leurs noirs compagnons de route vers les tribus de l'intérieur.

Le soir, je me rends au camp de Chambâ pour faire la distribution des munitions à l'escorte armée et donner les dernières instructions, afin que, dès le matin, la caravane s'ébranle et se mette en marche vers la première étape au-delà du fleuve. J'envoie aussi le capitaine de la troupe pour traiter le passage de ce fleuve. A l'aide d'énormes pirogues taillées dans un tronc d'arbre par des nègres qui se sont réservé ainsi le monopole du passage, on arrive sur la rive opposée du fleuve.

Je reviens à Bagamoyo, harassé de fatigue, après avoir assigné à chaque Missionnaire la place qu'il devra occuper pendant la marche de la caravane.

Pour la bonne surveillance d'une caravane aussi considérable, on décida que deux Missionnaires, le P. Dromaux et le F. Amance, seraient à l'avant-garde, que les PP. Deniaud et Delaunay surveilleraient le centre de la colonne, et enfin que les deux Supérieurs de mission, les PP. Livinhac et Pascal, fermeraient la marche avec les autres Pères ; ce serait l'état-major.

Dès le matin, vers six heures, je quitte la Mission de Bagamoyo avec le P. Baur et le F. Oscar qui ont bien voulu m'accompagner. L'Arabe Saïd Makran a désiré voyager avec nous.

Chaque Missionnaire a pris ses longues bottes de voyage, car au delà de Chambâ, pour arriver au Kingani, il y a bien des marais à traverser. J'aimais à les voir dans leur accoutrement de voyage, le fusil sur l'épaule, la gourde au côté, coiffés de leurs larges chapeaux de liège, et montés sur un âne, la seule bête domestique qui résiste un peu à la terrible mouche venimeuse, la *tsétsé corum*. Je n'avais pas de bottes ; on me fit prendre à Bagamoyo une paire de guêtres bien précieuses, celles de l'illustre Livingstone ; il s'en servait, quand la mort est venue le surprendre, dans ses excursions africaines. Tout ce qui lui appartenait avait été religieusement apporté à la côte par ses deux fidèles serviteurs, les nègres Souzi et Chouma, en même temps que son corps. Chose inexplicable, tous ces objets furent mis à l'encan.

Notre petite caravane cheminait paisiblement, depuis quelque temps, le long des étroits sentiers qui serpentent à travers les champs de cannes à sucre, de manioc et de sorgho qui entourent Bagamoyo.

Nos ânes, portant un bât pour la première fois de leur vie, grâce à l'industrie du P. Barbot, s'avançaient mélancoliquement les uns à la suite des autres, tandis que leurs cavaliers animaient la route de leurs joyeux propos, comme des soldats en marche vers la frontière ennemie. Tout à coup les éclats de joie redoublèrent : le meilleur cavalier, le P. Delaunay, venait d'être jeté à terre par sa méchante monture, avec armes et bagages. Le bât, encore neuf, n'avait pas été suffisamment sanglé ; et le rusé animal, sentant sa charge pencher à droite, donna une adroite secousse de ce côté et renversa son cavalier. On le rechargea et on continua la route. Au bout de dix minutes, nouvel accident et nouvelle halte : encore le P. Delaunay par terre, mais cette fois du côté opposé à la première fois.

Nous arrivâmes enfin, sans autre encombre, au camp de Chambâ que nous trouvâmes en déménagement pour se rendre à la halte suivante, selon les instructions que j'étais venu donner la veille. Dès le matin, deux cents *pagazis* (1) ayant à leur tête le P. Dromaux et le F. Amance, avaient pris la route du fleuve. Douze soldats de l'escorte, conduisant neuf ânes porteurs des provisions, les accompagnaient.

Nous arrivâmes au camp vers neuf heures ; il offrait un coup d'œil intéressant et animé : tout le monde semblait prêt à partir. Les ballots étaient dressés près d'un arbre, sur leurs supports réunis en forme d'éperon, et attendant les épaules des porteurs. Les caisses sont ficelées à chaque bout des bâtons qui doivent aider à les porter. Des pagazis sont assis par dessus et semblent attendre le signal du départ ; quelques-uns, groupés en cercle, achèvent de prendre leur frugal repas composé de racines de ma-

(1) Porteurs.

nioc cuites sous la cendre et de grains de sorgho pilés. Un plus grand nombre, accroupis autour du foyer en plein vent, qui a fait cuire leurs aliments, fument leurs narguilés formés d'une calebasse au long col, servant de tuyau, et d'un fourreau, en forme de grosse pipe, fixé à un roseau que l'on plonge dans la calebasse où se trouve l'eau à travers laquelle passe la fumée.

Au milieu de cette troupe, les Missionnaires plient leurs tentes, fixent leurs lits enroulés, clouent des caisses; et, par-dessus tout ce monde, le drapeau du Sacré-Cœur flotte au vent : c'est là notre signe de ralliement. Tout cela donne un spectacle grandiose et peu usité. Le P. Baur veut le prendre en photographie; mais l'ensemble original et le mouvement ne peuvent être reproduits. La photographie demeurera bien au-dessous de la réalité.

A notre arrivée, je fais partir encore une cinquantaine de pagazis dans la direction du fleuve. Il m'est impossible de faire partir les autres : leurs Kirangozis (chefs de groupe), n'ont pas encore reçu leur *djoho* ou morceau d'étoffe rouge dont ils se servent comme d'un manteau et quelquefois de coiffure, en le roulant comme un turban autour de la tête. Ils tiennent à cette marque de distinction et ne veulent pas partir avant de l'avoir reçue. Il faut envoyer immédiatement un exprès au Hindi à Bagamoyo. C'est vers deux heures que l'étoffe arrive. La distribution faite, le camp se lève, et tout ce monde se met en marche derrière la bannière du Sacré-Cœur; le précieux drapeau est confié au principal Kirangozi. Nos porteurs me demandent, comme dernière faveur, de passer encore la nuit là, promettant de partir le lendemain aux premières lueurs du jour. Je m'y oppose, persuadé que les deux tiers retourneraient à Bagamoyo pour y passer cette dernière nuit.

Les PP. Deniaud et Delaunay partent avec eux, ainsi que le F. Oscar. Mais une centaine seulement sont là pour partir. Les autres, malgré notre défense et la vigilance de quelques soldats de notre escorte, ont trouvé le moyen de reprendre le chemin de la ville. Nous nous décidons donc à passer la nuit là pour les attendre, et en revanche leur imposer demain double marche.

Dans l'après-midi, le lieutenant Wautier, un des trois membres de l'expédition belge, nous arrive au camp avec des habits trempés d'eau et de boue. L'explorateur était allé au Kingani, afin de jouir du coup d'œil et de juger de quelle manière il fallait s'organiser pour faire passer sa caravane quand le moment du départ arriverait. L'expérience a toujours été la meilleure des leçons. En revenant, son âne l'a jeté dans les marais. Il se restaure un peu et reprend la route de Bagamoyo avec le P. Baur, qui fait ses adieux à mes confrères.

Les retardataires arrivent le soir, les uns après les autres, les derniers arrivent pendant la nuit. La dernière soirée que j'ai passée avec mes confrères, laissera dans mon souvenir des traces bien profondes. Nous avons préparé nous-mêmes notre souper, en creusant dans la terre un foyer à la façon des Wouiryá-Mouëzi ; par-dessus est la marmite où cuit le riz ; à la flamme qui s'échappe tout autour, nous faisons rôtir une poule embrochée à une baguette fixée en terre ; sous la cendre du brasier cuisent nos racines de manioc. Ce sera désormais là le fond de la nourriture des Missionnaires. Le pain, il n'en goûteront plus, et pour vin ils auront l'eau des fleuves, et quand celle-ci fera défaut, l'eau fangeuse des fondrières.

Ce repas fut pris en plein air. La soirée était délicieuse. Dans l'enceinte du camp, nos pagazis, séparés par groupes autour de leurs feux, fumaient leurs narguilés rustiques. Le bruit de leurs conversations cessa peu à peu avec les lueurs de leur feu. Ils s'endormaient à terre sur leurs peaux de bœuf.

Nous contemplions ce spectacle nouveau pour nous, mais qui, pour les Pères partant, allait devenir celui de chaque soir; et nous prolongeâmes bien avant dans la nuit les

LAMORICIÈRE (Page 93).

douces causeries du dernier entretien que nous avions ensemble.

Il est recommandé à l'Européen de ne jamais s'exposer à

coucher à la belle étoile (ce que nous faisions si facilement en Algérie), s'il veut éviter, dans ces contrées extrêmement humides, les plus sérieux accidents. Nous allâmes donc prendre notre sommeil dans une hutte de nègre, bâtie en torchis et recouverte en feuilles de cocotier.

18 juin. — Le lendemain, nous trouvons à notre réveil la plupart de nos retardataires prêts à partir. Nous levâmes le camp vers six heures, après avoir pris un peu de café fait à la hâte. Il restait encore cinq ballots sans porteurs; ces derniers n'étaient pas encore arrivés de Bagamoyo.

Nous laissons un soldat de confiance pour les attendre et les accompagner pour nous rejoindre. Nous nous mettions en route, quand un exprès, envoyé par le P. Baur, me remit quelques lettres d'Europe qu'un courrier extraordinaire avait apportées d'Aden à Zanzibar. La lecture de ces lettres inattendues me fit du bien.

Notre marche vers le fleuve s'engage d'abord à travers des champs de hauts maniocs, de moutama (sorgho sucré), et de rizières à perte de vue. A une demi-heure du camp, nous descendons une espèce de rampe du haut de laquelle la vue s'étend sur d'immenses marais qui ont plus d'une lieue de largeur.

A vue d'œil, c'est une grande prairie, aux herbes hautes de trois à quatre pieds, où les hippopotames viennent, chaque nuit, en toute sécurité, prendre leur pâture, car les nègres leur abandonnent complètement cette immense et riche plaine que quelques travaux d'assainissement, drainage et canaux, transformeraient en un sol éminemment propre à la culture du riz et de la canne à sucre.

Derrière ces hautes herbes, notre œil ne découvrait pas les fondrières boueuses à travers lesquelles nous allions nous engager.

Nos ânes avaient à peine fait quelques pas qu'ils s'embourbèrent dans une vase noire et tenace. Il fallut descendre de nos montures pour les retirer de ce mauvais pas. Vingt minutes plus loin, nouvel obstacle, mais cette fois plus sérieux : nous étions en face d'une crique, sorte de ruisseau au liquide fangeux, d'un mètre au moins de profondeur, avec deux berges taillées à pic, à trois mètres l'une de l'autre. Le cas était, je l'avoue, très embarrassant, sinon pour les missionnaires, du moins pour leurs ânes qui montraient une répugnance invincible pour la bourbe, depuis l'expérience qu'ils venaient de faire.

Il fallut ôter brides et bâts, transporter le tout sur l'autre rive, en passant sur quelques arbustes flexibles et vermoulus, jetés là en guise de ponceau par Stanley lui-même, il y a sept ans; puis le halage à la façon des nègres commença pour ces pauvres bêtes. On attacha une corde à leur cou et malgré leur recul récalcitrant, nos noirs les jetèrent du haut de la berge dans cette eau bourbeuse ; nous, tirant sur la corde, nous les amenions à l'autre rive, de manière à pouvoir les prendre là par les oreilles, tandis que les nègres les soulevaient par derrière pour nous aider à les tirer de notre côté.

C'était un spectacle pittoresque, que de voir tout ce monde blanc et noir occupé à une telle besogne, et l'air piteusement philosophique que prenait maître Aliboron, quand transbordé de l'autre rive, il regardait d'un œil rêveur la manœuvre de cette opération se continuer pour ses frères, tandis qu'il faisait sécher aux rayons du soleil la boue qui le couvrait.

Trois ou quatre passèrent après mille efforts, mais sans encombre, quand l'un d'eux, réputé le plus lourd, tomba si maladroitement du haut de la berge que sa tête s'enfonça dans la vase et y resta plongée. Il eût bientôt perdu la vie, si le P. Lourdel ne fût venu à son secours.

L'exemple du naufragé devint contagieux : l'âne, à peine

tiré de ce mauvais pas, trouvait un maladroit imitateur. Il n'était pas seul coupable; les nègres, impatients d'en finir avec tous ces baudets rétifs, venaient de lancer celui-ci dans le bourbier sans précaution aucune. Il fallut de nouveau aller au secours de la pauvre victime. Nous perdîmes ainsi plus d'une heure à cette opération en plein soleil, et dans un air vicié par les émanations de gaz acide carbonique qui s'échappaient de cette vase nauséabonde. Le sauveteur de l'âne, le bon père Lourdel, sortit bientôt du bourbier dans un costume qui laissait beaucoup à désirer sous le rapport de la propreté. Après avoir fait la toilette de nos pauvres ânes et leur avoir remis leur bât, nous poursuivîmes notre route, mais cette fois à pied, car les marais fangeux se multipliaient à mesure que nous nous approchions du Kingani.

Les guêtres que je portais au-dessus de mes modestes souliers n'empêchaient point l'eau de pénétrer dans mes chaussures. Je n'avançais donc qu'avec peine à certains moments, au milieu d'un marais qui semblait surpasser en profondeur tous ceux que nous avions déjà traversés. Un nègre, prenant en pitié mon embarras, vint s'accroupir devant moi, et, tendant son dos luisant, m'invita à m'y asseoir, promettant de me faire passer la noullah à pieds secs.

Je me plaçais aussi commodément que possible sur ce siège vivant. Mais notre double poids ainsi superposé eut pour seul effet d'embourber mon homme : il fit un effort pour avancer et s'abattit lourdement dans la boue, la tête la première, ce qui me lança moi-même deux pas plus loin, en pleine mare ; je plongeai, les bras en avant, en les enfonçant dans la vase jusqu'aux épaules. Quand nous nous relevâmes l'un et l'autre, il était difficile de distinguer le blanc du nègre, et mes confrères de rire.

Enfin, vers dix heures du matin, nous arrivions sur la

rive droite du Kingani, fleuve dont les eaux, toutes jaunes de limon, coulent majestueusement dans un lit très profond, d'une largeur d'environ quatre-vingts mètres.

De grands et beaux arbres, aux essences variées, croissent sur ses rives; les crocodiles et les hippopotames y pullulent. Ces derniers suivaient en nageant le fil de l'eau et montraient à la surface leurs énormes têtes rondes dont les petites oreilles de cheval étaient dressées en avant, ce qui leur donnait un air très étonné de nous rencontrer là. Nous laissâmes passer paisiblement ces masses, inoffensives quand elles ne sont pas attaquées; mais nous nous procurâmes le plaisir d'envoyer quelques balles à d'énormes crocodiles longs de dix à douze pieds, qui, immobiles sur le sable, se chauffaient au soleil, à peu de distance de l'eau où ils se précipitaient d'un bond pour s'enfoncer dans la vase.

Après une marche de quelques instants à travers les futaies couvertes de lianes qui longent le Kingani, nous arrivâmes à l'endroit où passaient nos pagazis, d'une rive à l'autre, dans deux énormes pirogues qui me parurent très curieuses : elles étaient d'une seule pièce, bien que mesurant huit à dix mètres de long sur deux de large. On les avait creusées tout entières, assez grossièrement, dans un énorme tronc d'arbre.

Le Frère Oscar présidait depuis la veille à l'opération du passage qui ne se faisait que fort lentement et très péniblement dans ces deux embarcations primitives, d'autant plus que chacune n'avait pour tout équipage que deux esclaves nègres, l'un ramant à l'arrière, et l'autre armé d'une pagaie pour diriger les mouvements de la pirogue et la faire accoster. L'une transbordait les ballots, et l'autre leurs porteurs.

Sur le bord où nous étions, il y avait encore une centaine de Nouamamouëzis au moins, groupés autour de la bannière du Sacré-Cœur, plantée là et flottant au-dessus de leur tête ; ils étaient assis sur leurs colis, attendant paisiblement leur tour. Je donnai aux pauvres esclaves passeurs une gratification qu'ils avaient bien méritée depuis deux jours. L'opération du passage en fut accélérée. Cependant midi approchait : nos estomacs, légèrement chargés d'une tasse de café prise à la hâte à Chambâ, à six heures du matin, avaient depuis longtemps fait la digestion, surtout après une pareille route, et réclamaient impérieusement de la nourriture. Hélas ! pour comble de malheur, toutes les provisions marchaient à l'avant avec la tête de la caravane, qui, sous la direction du P. Dromaux, s'était mise en mouvement dès le matin, précédée de la première bannière. Le Frère Oscar qui avait passé la nuit avec les Pères de l'avant-garde, me disait combien il avait été émerveillé de voir l'entrain de tout ce monde au moment de lever le camp, et l'ordre parfait avec lequel chacun reconnaissait son fardeau, et suivait la caravane que le Kirangazi faisait s'ébranler dès le point du jour.

Heureusement, il nous restait encore quelques poules achetées la veille comme provisions de route ; un de nos soldats reçut l'ordre d'en tuer deux ou trois que nous embrochâmes à une baguette et que nous fîmes rôtir en plein vent. Bien que la cuisson ne fût pas à point, qu'il n'y eût pas d'assaisonnement, que tout sentît la fumée, j'avoue que ce repas d'adieu, sous les longues lianes du fleuve, me parut succulent. Nous n'avions ni pain, ni vin : notre boisson nous fut apportée par un nègre qui la puisa à l'aide d'une calebasse dans l'eau limoneuse du Kingani où se baignent crocodiles et hippopotames. Je ne sais à quoi l'attribuer, mais elle me parut délicieuse ; au Sahara, j'avais dû me contenter souvent de breuvages bien plus répugnants.

Vers deux heures de l'après-midi, tout notre monde était

sur la rive gauche; il ne restait plus que les Pères et leurs montures, avec quelques soldats de l'escorte. Chaque âne fut attaché fortement par le cou et poussé vers la pirogue où deux noirs le tenaient fixé le long des parois, en soutenant sa tête hors de l'eau, et c'est ainsi qu'il passait d'un bord à l'autre, moitié soutenu, moitié à la nage. A l'autre rive on le tirait jusque sur le bord, à l'aide de la corde qu'il avait au cou. Ce dernier transbordement s'effectua lentement, mais sans accident, ce qui est rare; car souvent le crocodile saisit par la jambe un de ces baudets, au moment de son passage, et l'entraîne au fond de l'eau. Aussi, a-t-on toujours la précaution de tirer quelques coups de feu dans l'eau, et de pousser des clameurs pour éloigner ce dangereux animal.

Enfin le moment d'une séparation pénible était arrivé. Il ne restait plus à passer que le capitaine de l'escorte avec quelques soldats et les missionnaires restés avec moi. Ils m'invitèrent à faire encore avec eux la longueur d'une étape. Je n'eus la force de rien répondre; mais j'avoue que j'ai eu une tentation bien forte à ce moment et si j'eusse passé le fleuve, je crois que j'y aurais succombé. C'était d'aller avec eux jusqu'au bout, de les accompagner au Nyanza, et une fois là, de revenir par le Soudan égyptien, le haut Nil et l'Égypte, en me faisant conduire à Gordon-Pacha, qui m'a assuré à Aden de tout son concours, quand nous voudrions, pour le retour, prendre la route du Nord au lieu de celle de Zanzibar.

J'ignore si mes confrères devinèrent ce qui en ce moment se passait en moi de pénible et d'étrange; mais voyant que je gardais le silence, et que des larmes roulaient sur mes joues, ils me donnèrent chacun à leur tour le baiser fraternel des adieux. Je les serrai tous étroitement dans mes bras, au nom de Monseigneur, de nos missionnaires, au nom de leurs familles et de leurs amis, car j'avais conscience qu'à ce moment suprême où ils s'éloignaient, quelques-uns pour toujours, de la vie civilisée, je représentais tout cela pour eux.

Je les regardais partir, armés de la foi, de l'amour et de la force de Dieu ! Leurs têtes ne se retournaient point vers ce monde qu'ils quittaient, à jamais peut-être, et dont les échos ne leur parviendraient plus que de loin en loin, à peine d'année en année. Où marchaient-ils donc ainsi, joyeux et forts ? Quelques-uns, sans doute, au martyre ; tous certainement à une mort prématurée, à l'existence misérable du nègre de cette Afrique équatoriale, au rude labeur d'une entreprise gigantesque.

Je m'inclinai malgré moi devant ces dix apôtres allant représenter l'Église de Jésus-Christ au centre de l'Afrique, les seules vastes régions de l'univers où la Croix n'ait pas encore été arborée, et je priai Dieu de les garder, comme il sait garder ce qui est à lui, de consoler leurs familles, et de fortifier le cœur de leurs mères que quelques-uns de ces jeunes prêtres possédaient encore.

Ils me jetèrent de loin un dernier adieu en agitant leurs mouchoirs, et le cœur plein de tristesse, je repris la route de Bagamoyo. La nuit était profonde quand j'entrai dans la ville.

La suite du journal a été rédigée par les missionnaires de la caravane. En voici les principaux épisodes.

Dimanche 27 octobre. — Nous engageons les premiers pagazis; le 10 novembre, la liste est presque complète. Nous décidons que le surlendemain, le P. Barbot et moi, nous quitterons Kouihara, avec nos pagazis et quelques soldats, pour aller camper sur la route du Nyanza, dans un village appelé Kouikourou, résidence d'un sultan Ounyamouézi.

Mardi 12 novembre. — Vers trois heures du soir, tout est

prêt pour le départ. Nous disons adieu à nos confrères de la mission d'Oujiji, et nous prenons le chemin de Kouikourou. Nos *askaris* (1) déchargent leurs fusils pour célébrer le départ. Pour moi, je place ce nouveau voyage sous la protection de l'adorable Trinité, en faisant le signe de la croix.

Nos pagazis marchent d'un bon pas. Nous nous dirigeons vers le nord, pendant une demi-heure; inclinant ensuite vers le nord-est, nous laissons à gauche Tabora, et arrivons à Kouikourou vers cinq heures. C'est un grand village, fortifié à la manière du pays, par une haie d'une sorte de plante grasse, et par une palissade de longues perches. Le sultan, nous avait fait réserver deux compartiments du tembé (enceinte); mais aucun d'eux n'est assez grand pour contenir nos bagages. Nous mettons dans le plus convenable nos ballots d'étoffes, et nous y faisons dresser nos lits. Dans l'autre, nous empilons nos caisses et installons notre cuisine.

Mercredi 13. — Le P. Girault envoie au camp une quinzaine de porteurs et nous pouvons nous procurer facilement du lait de bonne qualité.

Mardi 19. — Dès quatre heures nous sommes sur pied. A cinq heures et demie, le tambour donne le signal du départ. La caravane se met en marche. Nous nous dirigeons vers le nord-nord-est, à travers une immense forêt; de grands arbres ombragent le sentier; les pagazis pressent le pas, car l'étape est longue. Ce n'est que vers une heure, que nous entrons dans les terrains cultivés de la tribu d'Ouyouy. A deux heures et quart, nous sommes devant le grand village, où habite le chef de la tribu.

Mercredi 20. — La journée d'hier a été si fatigante, que nous sommes obligés de donner un jour de repos à nos porteurs.

(1) Soldats de l'escorte.

Mougni-Pembé nous dit qu'il vient d'apprendre qu'il nous sera impossible, en sortant de l'Ounyaniembé, de traverser une grande forêt qui se trouve à cinq ou six jours de marche, si nous n'avons avec nous un homme de Saïd-ben-Sélim. Trois sultans, qui habitent en deçà de cette forêt, sont, dit-il, ennemis des Arabes, et font la guerre aux caravanes qui viennent de Tabora. Saïd ben Sélim, seul, est connu et respecté sur le chemin d'Ouyouy au Nyanza. Il ajoute qu'une caravane, partie depuis plusieurs semaines de Tabora, est arrêtée à l'entrée de la forêt, et attend notre arrivée pour la passer avec nous. Ce sont quelques hommes, venus de cette caravane au-devant de nous, qui lui ont donné ces détails. Nous nous rendons le P. Lourdel et moi chez Saïd-ben-Sélim. Il nous dit qu'il est vrai que nous trouverons des ennemis sur notre route ; que pour lui, il ne peut nous être utile que si nous prenons le chemin de Métinguégnan.

Qu'il existe des dangers ou non sur notre route, nous sommes obligés de prendre le parti le plus sûr, et de prier Saïd-ben-Sélim de nous donner un homme de confiance ; car, sans cette précaution, nos Wouangouanas refuseraient de nous suivre. Il nous promet cet homme et nous prenons congé de lui.

Samedi 23. — Trois pagazis se sont sauvés pendant la nuit ; nous les remplaçons et donnons le signal du départ. Nous cheminons une demi-heure dans une plaine découverte ; nous nous engageons ensuite dans une forêt ; au bout de trois heures apparaissent les terres cultivées.

Nous faisons halte. Tandis que, assis sur des ballots, à l'ombre des grands arbres, nous nous délassons un peu, les pagazis se groupent avec tumulte. Rouga-Rouga ! Rouga-Rouga ! les voleurs, les voleurs ! crie-t-on de tous côtés. Je cours vers le groupe, pour savoir la cause de l'alerte. On me montre un homme qui avait au bras une large blessure que nous pansons. C'était un de nos pagazis, qui, se trouvant malade le matin, avait payé un homme pour porter sa charge jusqu'au camp. Il suivait derrière la caravane, un peu loin. Un voleur, caché dans les broussailles, s'était jeté sur ce pauvre diable, pour lui enlever un peu d'étoffe qu'il portait.

On se remet en marche, et après une heure de chemin, à travers un pays découvert et cultivé, nous arrivons à Toumbi, vers onze heures. Le temps est très chaud : 28° centigrades à l'ombre. Toumbi se trouve au nord de Mdala.

Dimanche 24. — Nos porteurs, dispersés dans les huttes, se font attendre, et notre caravane ne peut s'ébranler avant sept heures. Nous nous dirigeons toujours vers le nord-nord-est, à travers une plaine généralement découverte. Après quatre heures de marche, nous arrivons à M'Kinga, petit village, où nous sommes cependant assez au large.

Lundi 25. — Dès le matin, je me rends avec quelques askaris, chez le mtémi (chef). Après avoir passé plusieurs portes basses et étroites, et avoir suivi les zigzags de ruelles fangeuses, j'arrive devant la cabane qui sert de palais au chef de la tribu. Il me fait entrer dans une case en construction et je lui offre plusieurs mètres d'étoffe, qui paraissent lui faire beaucoup de plaisir. Je le prie ensuite de me fournir soixante-deux porteurs, jusqu'à Machimba. Il me les promet, et je reviens au camp. Vers une heure, on vient nous dire que le mtémi nous attend sous un grand arbre, à quelques pas du village. Nous nous rendons auprès de lui. Il est assis au milieu des hommes qui veulent s'engager comme porteurs. Nous débattons le prix de leur engagement, et nous convenons de deux dotis; ils nous accompagneront jusqu'à Métinguégnan.

Mercredi 27. — Nous députons trois de nos askaris vers

le sultan de Métinguégnan, pour lui annoncer notre arrivée et le prier de nous envoyer un ou deux de ses hommes, afin que leur présence apprenne à tous les brigands de la forêt que nous sommes ses amis. Nos soldats rentrent le soir avec quatre hommes de Métinguégnan. Ce mtémi est heureux de se dire notre ami, et voit avec plaisir que nous avons pris la route qui traverse ses États. Il nous promet sa protection jusqu'à Machimba. Que le Bon Dieu soit béni!

Jeudi 28. — Une bande de Watatourous, brigands de profession, croise la caravane. Ils conduisent des ânes chargés d'une grande besace de peau de bœuf. Leur visage sec et farouche est loin d'inspirer la confiance; probablement la vue de nos armes leur a fait juger prudent de nous laisser passer en paix. Les Watatourous ne cultivent pas la terre; ils viennent chez les Wouaniamouezi faire leur provision de moutama, qu'ils achètent, je crois, avec des flèches qu'ils savent très bien fabriquer.

La forêt fait enfin place aux terres cultivées, parsemées de villages, qui paraissent très peuplés. Hommes, femmes et enfants sortent de leurs habitations et nous examinent des pieds à la tête, avec la plus grande curiosité. On dirait qu'ils n'ont jamais vu de blanc. Rien de plus amusant que leur naïveté. Tout les étonne : notre teint, nos cheveux, nos habits, nos armes. Ils se tordent de rire, en voyant la manière dont nous nous mouchons.

Vendredi 29. — Les terres cultivées font bientôt place à la forêt la plus sauvage que nous ayons traversée jusqu'ici. Les caravanes passent rarement dans ces parages; car, en bien des endroits, l'herbe a envahi l'étroit sentier. Une nombreuse bande de nègres, armés de lances et de flèches, cherche à se mêler à la caravane. Le P. Girault et moi, qui marchons à l'arrière-garde, avons besoin de recourir aux menaces, pour les obliger à rester derrière nous. Le soldat qui conduisait mon âne, se trouvant fatigué, se couche dans la broussaille, et mon roussin de prendre le large et de disparaître dans la profondeur de la forêt. J'aurais fait assez volontiers le sacrifice de ma monture, qui n'avait plus la force de me porter; mais elle avait sur son dos toutes mes chaussures, auxquelles je tenais d'autant plus qu'il est impossible de s'en procurer dans ces contrées primitives. Des soldats, envoyés à la poursuite de mon fugitif, finissent par le rejoindre, non sans beaucoup de peine. A midi et demi nous arrivons à Métinguégnan, résidence habituelle du mtémi de ce nom.

A quatre heures, le P. Lourdel et moi, nous nous rendons chez lui avec quelques soldats. Son habitation est relativement belle; une figure humaine, grossièrement sculptée, en orne la porte d'entrée. Dans la cour intérieure s'élèvent plusieurs petits greniers, remplis de moutama, de maïs et d'arachides. L'ordre et la propreté règnent partout. Nous offrons au mtémi un cadeau digne de lui : fusil à pierre, miroir, collier de perles, deux bracelets de cuivre, et trois dotis d'étoffe. Il nous remercie gracieusement, et promet de nous fournir des porteurs pour après-demain.

Dimanche, 1ᵉʳ décembre. — Nous disons la Sainte Messe de très bonne heure. Les porteurs ne se font pas attendre. Avant de sortir de son petit royaume, je vais faire mes adieux à Métinguégnan. Il nous apprend que les sultans de l'Ougougou, de Gambaëta et de Machimba doivent envoyer leurs soldats nous attaquer dans la forêt.

Nous nous mettons en marche néanmoins, continuant de nous diriger vers le nord. Vers midi nous arrivons à Ngourou, petit village où nous devons camper. Notre nouvel hôte est loin d'être aussi gracieux que Métinguégnan; ses dents limées en pointe, son visage sec que ne vient jamais épanouir le moindre sourire, nous disent clairement que nous avons affaire à un sauvage de la pire espèce. A la garde de Dieu !

Ce que Métinguégnan nous a dit des dispositions malveillantes des trois sultans qui habitent près de la forêt paraît bien vraisemblable. Les nègres de la caravane arabe, qui ont voyagé avec nous depuis Youyoug, nous annoncent pour demain la visite des chefs de cette caravane : ils viendront nous trouver afin de décider, de concert avec nous, ce que nous avons à faire en présence du danger qui nous menace.

Lundi 2. — Les chefs de la caravane arabe viennent nous trouver. Il est décidé que nous enverrons un cadeau de sept dotis à deux des sultans ennemis, auxquels les Arabes n'ont encore rien offert. Ces derniers joindront à chaque cadeau trois dotis, en signe d'amitié. Ils prétendent avoir déjà gagné deux autres sultans par leurs présents, et ils nous disent qu'il nous suffira de leur envoyer trois dotis à chacun, comme témoignage de notre amitié à leur égard. Ces divers cadeaux seront portés par les hommes de Saïd-ben-Selim, connu et respecté dans le pays. Nous avons toute la peine du monde à trouver, parmi nos quinze askaris, un homme assez courageux pour les accompagner.

Dans la soirée, les Watatouros s'emparent d'un de nos ânes qui s'était un peu trop écarté. Nos soldats se mettent à leur poursuite et ramènent notre imprudent coursier.

Mardi 3. — Nous commençons une neuvaine pour nous mettre sous la protection de nos anges gardiens. Ce n'est pas sans quelque inquiétude que nous attendons le retour des hommes envoyés aux sultans ennemis. Ils reviennent dans la soirée. Leur mission a parfaitement réussi ; ceux qui devaient nous faire la guerre sont devenus nos amis, et ont donné l'ordre à leurs soldats de quitter la forêt dont ils gardaient les sentiers. Gambaëta nous a promis quelques hommes de confiance pour nous escorter, à la condition que nous lui donnerions un fusil en cadeau.

Nous nous occupons sans retard de l'engagement des porteurs. Le sultan de Ngourou ne veut nous donner des hommes qu'au prix exorbitant de quatre dotis pour deux jours de marche.

Mercredi 4. — L'homme de Saïd-ben-Selim est chargé d'apporter à Gambaëta le fusil que ce dernier désire; puis nous faisons demander au sultan de Ngourou son dernier mot au sujet des porteurs. Après beaucoup de pourparlers, le mtémi nous fait dire que, pour un pendé, il nous donnera des porteurs jusqu'à Machimba. Que Dieu soit béni! Nous organisons en toute hâte la caravane, et à midi moins un quart nous donnons le signal du départ. Nous nous dirigeons vers le N.-N.-O. Le pays est accidenté. Au loin, devant nous, l'horizon est borné par une chaîne de montagnes boisées, s'étendant de l'est à l'ouest. Le fils du mtémi de Machimba est venu au-devant de nous jusqu'à Ngourou. C'est un petit espiègle de douze à quinze ans, qui est tout fier de porter le fusil du P. Girault.

Vers trois heures, nous arrivons à Machimba. Les chefs de la caravane arabe, campés dans ce village, viennent nous souhaiter la bienvenue. La population a l'air simple et bon. Nous sommes logés dans un étroit compartiment du tembé, en compagnie d'une couvée de petits poussins, que nous craignons sans cesse d'écraser sous nos pieds.

Vendredi 6. — Il y a eu dans la nuit un violent orage. Nos bagages, abrités par notre mauvaise tente, n'ont pas trop souffert. Les nuages qui couvrent le ciel semblent encore présager de nouvelles averses. Nous organisons quand même notre caravane, et, à sept heures et demie, le signal du départ est donné. La caravane arabe se met en marche à notre suite. La pluie commence bientôt à tomber, et le temps devient de plus en plus sombre.

Entreprendre un voyage de deux jours, à travers une forêt, par un temps pareil, serait exposer grandement nos bagages. Nous nous arrêtons donc à Poliachimba, village situé à l'entrée de la forêt. Nous n'avons fait qu'une demi-heure de marche vers le nord. Nos bagages sont empilés avec soin sur des branches d'arbres, et abrités contre la pluie au moyen des toiles de nos deux tentes.

On nous donne pour logement un compartiment du tembé assez spacieux, mais très malpropre. Le village où nous campons appartient à la tribu de Machimba. Il se fait remarquer par une sorte de tour assez élevée, grossièrement construite avec des pièces de bois liées ensemble, au moyen de cordes d'écorce d'arbres.

Samedi 7 décembre. — Tandis que nous étions occupés à la pénible besogne de lier et délier des *mitounbas* (charges des nègres porteurs), toutes les voix se taisent soudain dans la caravane. Les Wanyamouézi prêtent l'oreille, puis poussant le cri de *Vita! vita!* (la guerre! la guerre!) ils laissent là nos ballots, et se dirigent en toute hâte vers l'endroit où leur oreille fine a distingué le bruit de la fusillade. Le Mouézi est toujours sur le pied de guerre; il ne sort jamais de sa cabane sans être armé de deux lances, et sans avoir dans sa main son arc et ses flèches. Aussi nos pagazis n'ont pas besoin de repasser dans leur village, ils peuvent aller droit sur le champ de bataille.

Nous faisons rentrer nos bagages dans l'intérieur du tembé, par nos askaris et ceux de nos pagazis engagés à Kouihara qui nous restent encore.

C'est la première fois que nous nous trouvons en pays de guerre, et nous nous demandons, non sans anxiété, quel va être le dénouement de la terrible tragédie qui vient de commencer.

Dans la journée, nous apprenons que c'est le frère de Mirambo qui est venu attaquer les tembés voisins. Déjà plusieurs villages ont été la proie des flammes. Nous ne pouvons plus compter sur les habitants de Machimba pour

Arbres gigantesques, guirlandes capricieuses, côteaux charmants.... (Page 164.)

porter les bagages, et nous nous hâtons de députer des hommes avec des présents au sultan de Samouï, pour le prier de nous envoyer quatre-vingt-dix pagazis.

Le soir, éclate un violent orage.

Dimanche 8. Fête de l'Immaculée-Conception. — Cette belle fête ne pouvait venir plus à propos. Nous avons besoin, au milieu des peines et des difficultés, de nous souvenir que, du haut du ciel, veille sur nous la meilleure des mères. Que la Vierge immaculée nous obtienne la grâce d'arriver bientôt dans les régions que nous devons conquérir à son divin Fils !

La sainte Messe est célébrée de grand matin dans notre pauvre demeure. Quand donc, ô Marie, s'élèveront ici des temples moins indignes de vous et de nos saints mystères?

Mardi 10. — Vers quatre heures du matin, un coup de fusil retentit dans l'enceinte du tembé. Les askaris envoyés à Samouï annoncent leur retour par cette décharge véritablement folle, en ce moment où tout le monde est ici sur le qui-vive. Ils n'amènent pas de porteurs. A Samouï aussi, on craint la guerre, et les habitants de cette tribu ne veulent consentir à s'éloigner de leurs foyers pour venir chercher nos bagages qu'au prix exorbitant de cinq dotis. Nos hommes n'ont osé prendre sur eux de les engager à de telles conditions.

Nous décidons alors que le P. Barbot, Le P. Lourdel et le F. Amance vont partir pour Samouï avec nos anciens porteurs et les quelques Ounyamouézis qui pourront se présenter. Le P. Girault et moi resterons ici avec quelques soldats pour garder le reste de nos bagages, que viendront chercher les mêmes porteurs.

De leur côté, les Arabes se hâtent de mettre leur caravane sur pied, et se joignent à nos hommes, ne laissant ici que sept charges avec un Mgouana pour les garder.

Dans la journée, le grand silence qui règne dans le village consterné n'est interrompu que par le chant lugubre des femmes et des enfants, qui font une sorte de procession autour du tembé, probablement pour rendre les génies favorables à leurs guerriers, dont on n'a pas encore de nouvelles, quoiqu'on soit tout près du champ de bataille.

Mercredi 11. — Un Nyampara (lieutenant) des pagazis qui nous ont quittés samedi pour aller à la guerre, vient nous rendre visite. Sa tête est hérissée d'un fatras de plumes de divers oiseaux et de poils de bêtes fauves. En temps de guerre, les Ounyamouézis cherchent à se donner l'air le plus fantastique possible. Notre guerrier nous apprend que tandis que le frère de Mirambo mettait à feu et à sang les villages amis de Machimba, Métinguégnan avait fondu sur la tribu même de Machimba. Il ajoute, pour nous donner une idée des combats qui se sont livrés, que Métinguégnan a brûlé cinq tonneaux de poudre (trente livres).

La guerre a cessé pour quelques jours seulement, les vaincus se préparant déjà à aller attaquer les vainqueurs dans leurs foyers. Tous les tambours du village se mettent en branle pour fêter le retour des combattants.

Vendredi 13. — Hier, vers huit heures du soir, sont arrivés nos porteurs. Ce sont, pour la plupart, des hommes de la tribu de Samouï, engagés par le P. Lourdel, au prix de deux dotis. Le voyage a été heureux.

Nous dirigeant vers le N.-N.-E., nous marchons longtemps à travers une forêt épaisse. Les branches qui se croisent sur l'étroit sentier nous obligent souvent à nous incliner profondément, ce qui nous fatigue beaucoup et nous rend insensibles au spectacle des beautés qui nous environnent : arbres gigantesques, guirlandes capricieuses de lianes, coteaux charmants. Nous arrivons dans un fourré où nous cheminons entre deux petites haies de broussailles. Tout à coup des cris menaçants retentissent à quelques pas derrière nous. Nous courons vers l'endroit d'où partent ces cris, et nous voyons une bande de nègres, bien armés, sur le point d'en venir aux mains avec les trois ou quatre askaris qui marchaient à l'arrière-garde. Me recommandant intérieurement à Marie et à mon ange gardien, je vais droit à celui qu'on me dit être le chef des brigands, et me mets à crier que les Wasoungous sont les amis du sultan de Samouï, que nous voulons la paix et non la guerre.

A l'instant, déposant leur air féroce, ils crient qu'ils n'attaqueront pas la caravane des Wasoungous, et qu'ils vont rester derrière nous pour nous défendre. J'avoue que tout en ne me méfiant pas trop de leurs bonnes paroles, je me passerais volontiers d'une pareille escorte.

A quatre heures et demie, nous arrivons au bord d'un fleuve coulant de l'ouest à l'est. Nous le passons sur le dos de nos hommes, qui ont de l'eau jusqu'à la ceinture, et établissons notre camp à quelques pas de la rive.

Samedi 14. — Nous levons le camp à six heures moins un quart, et, nous dirigeant vers le N.-N.-E., à travers une plaine découverte, nous arrivons à neuf heures aux villages de la tribu de Samouï. Le village où nous campons n'est pas le chef-lieu de la tribu. A sa tête se trouve un manangoua, fils du mtémi. Ce dernier réside à quelque distance de la route que nous devons suivre.

Dimanche 15. — Dans la matinée, je me rends avec quelques askaris chez le mtémi. Nos nègres m'avaient assuré qu'il demeurait tout près. Ce qui ne nous empêche pas de marcher plus d'une heure, avant d'arriver à son village. Des crânes humains, fixés au bout de longues perches, sont les seules sentinelles qui en gardent l'entrée.

Nous sommes introduits dans le palais du monarque, cabane étroite et obscure. Il est absent, et je suis obligé de l'attendre plus d'une heure. Il arrive enfin. C'est un homme à la figure bouffie ; son obésité, peu commune, nous dit clairement que le prince sait noyer, dans les cruches de pembé (1), les soucis de l'administration. Je le prie de nous donner des porteurs jusqu'à Oussia, et lui offre, comme prix de l'impôt, un fusil à pierre et quatre dotis. Il fait alors apporter deux grands pots de lait, que mes soldats ont vidés en un clin d'œil.

Il est plus de midi, je regagne le camp sous un soleil de plomb. Les porteurs arrivent en nombre ; le P. Girault en inscrit les noms.

Mercredi 18. — Nous nous mettons en marche à travers une plaine découverte et inhabitée. Deux rivières assez considérables, courant de l'est à l'ouest, coupent le sentier. Le P. Barbot réussit à les passer sur son âne. Le F. Amance veut les passer de même ; mais sa monture glisse en sortant de la seconde, le renverse, et le pauvre Frère disparaît tout entier dans l'eau.

Vendredi 20. — La caravane organisée, non sans difficulté, nous nous dirigeons vers le nord. Derrière nous se presse une multitude de nègres. On nous assure que nous n'avons rien à craindre d'eux : leur seul désir est de gagner quelques coudées d'étoffe, en remplaçant en route les porteurs fatigués. Nous traversons plusieurs villages très peuplés, si l'on en juge par la foule des curieux qui se tiennent aux portes pour nous voir passer.

Après deux heures de marche nous entrons dans une vaste forêt au sortir de laquelle nous payons nos porteurs pour ne pas rester seuls avec nos bagages. Nous traversons ensuite une plaine inhabitée, qui, au bout de trois heures, fait place à des campagnes bien cultivées. Nous nous arrêtons dans un endroit appelé Kissoundo.

Le manangoua nous cède sa grande hutte, dans laquelle nous pouvons assez commodément dresser nos lits. Les ballots d'étoffes et de perles sont mis en sûreté sous la véranda qui entoure l'habitation.

(1) Boisson fermentée de ce pays.

Lundi 23. — Nous continuons de marcher vers le nord. A midi nous arrivons à un petit village que je suis heureux d'entendre désigner sous le magnifique nom de *Maria!* On nous donne pour logement une grande hutte abandonnée, où nous abritons nos bagages contre la pluie.

Les nègres accourent de tous les villages voisins, et assiègent continuellement notre porte, pour jouir du spectacle de ces êtres curieux qui viennent d'apparaître parmi eux. Tout ce qu'ils voient les étonne, excite leur envie ; les petits morceaux de papiers abandonnés sont recherchés avec soin, et ornent les oreilles de ceux qui ont le bonheur de les trouver.

Mardi 24. — Parmi nos porteurs, ceux de Kissoundo, ayant déposé leurs charges et pris la fuite, pour ne pas perdre les autres, qui ont déjà la tête passablement montée, nous nous décidons à les faire partir de suite. Le P. Girault et moi, restons avec quelques askaris pour garder les bagages, jusqu'à ce que le P. Lourdel nous ait envoyé des hommes de la tribu voisine, les habitants de Maria refusant de se mettre à notre service.

Mercredi 25. — Noël!! Fête si touchante, si pompeusement célébrée en France, au séminaire... que de souvenirs! J'ai eu le bonheur de dire la messe à minuit, dans notre misérable hutte, qui rappelle trop bien l'étable de Bethléem. Pourquoi les anges n'ont-ils pas annoncé aux peuples pasteurs qui nous entourent le grand mystère qui se passait au milieu d'eux? Mon Dieu! souvenez-vous que vous êtes né pour ces malheureuses populations, et ne permettez pas qu'elles restent plus longtemps étrangères aux faveurs de votre miséricorde.

Les habitants de Maria, qui n'ont pas osé hier se charger de nos bagages, viennent le matin nous offrir leurs services. Nous les engageons au prix d'un pendé et dix chapelets de perles, et nous prenons le chemin de Perro, premier village de la tribu de Semao, où nos confrères doivent nous attendre. La marche est fatigante, et nous avons beaucoup de peine à pousser les traînards. Nous entrons dans le village vers trois heures du soir.

Nos confrères ne sont arrivés que depuis quelques heures; leurs pagazis ayant refusé hier de fournir toute l'étape.

Jeudi 26. — Nous payons les hommes de Maria; ils se sauvent dès qu'ils tiennent leurs étoffes. D'autres porteurs sont engagés pour une étape, au prix d'un demi-dotis, et la caravane se remet en marche à huit heures et demie.

Après avoir suivi quelque temps un sentier boueux, nous arrivons à un gros ruisseau qui coule de l'ouest à l'est. Les berges glissantes entre lesquelles il est encaissé en rendent le passage long et difficile pour nos porteurs. J'ai l'imprudence de me servir de mon âne pour gagner la rive opposée; le coursier y arrive seul, le bât et le cavalier ont coulé dans l'eau. Nous continuons à marcher à travers un pays tout ruisselant d'eau; à côté du sentier s'élèvent de nombreux villages.

Après quatre heures de marche vers le nord, nous arrivons au lieu du campement, petit village situé à quelque distance de la demeure du mtémi de la grande tribu de Semao. Le mtémi nous fait dire que nous ne pourrons pas partir demain.

Vendredi 27. — Nous passons quatre grandes heures à discuter l'impôt, tant avec le manangua du village qu'avec le mtémi de la tribu, et nous sommes obligés de donner en tout sept dotis et demi et un fusil à pierre.

A midi, tandis que, assis sur les bâts de nos ânes, nous commençons notre frugal repas, servi sur la terre nue, notre table habituelle, des cris sauvages retentissent de tous côtés. Nous sortons de la tente, et voyons un grand nombre de nègres courir vers le village voisin où campe la caravane arabe. Nous demandons à nos askaris la cause du tumulte : « Les gens de la tribu, nous répondent-ils, veulent s'emparer des richesses des Arabes. »

Possédant, nous aussi, quelques étoffes, nous pourrions bien être attaqués à notre tour ! Nous rentrons donc dans la tente, et récitons tous ensemble une courte prière pour nous recommander à Dieu et à Marie, et nous prenons ensuite tranquillement notre repas.

Au bout d'une heure, les voleurs, chassés par le manangua qui avait pris la défense des Arabes, courent vers notre camp; mais une femme, armée d'un grand bâton, les empêche de s'en approcher et les repousse bien loin. Nous demandons quelle est cette femme terrible. On nous répond que c'est l'épouse du chef; contente des présents que nous avons faits à son mari, elle a combattu pour nous. Les nègres, qui craignent beaucoup leurs chefs, n'ont pas osé lui résister. Dans la soirée, le manangua nous promet de bons porteurs pour demain, et il ajoute que son frère nous accompagnera pour nous protéger contre les brigands.

Samedi 28. — La caravane organisée, nous donnons le signal du départ, et, descendant la petite hauteur sur laquelle est bâti le village où nous avons campé, nous entrons dans une grande plaine où nous cheminons à travers champs. Vers midi, nous arrivons au Semao-a-Perro, gros village de la tribu de ce nom. Il est bâti sur le penchant d'une petite élévation de terrain, du haut de laquelle nous avons la joie de contempler pour la première fois l'onde azurée du Victoria-Nyanza.

Dimanche 29. — Nous nous mettons en route vers les sept heures et nous nous dirigeons vers le N.-N.-O. Vers deux heures nous arrivons à Sima, localité située sur un petit plateau de granit. Nous logeons dans un compartiment de la grande hutte du manangua. Ce village appartient à la tribu de Semao. C'est la plus considérable que nous ayons rencontrée sur notre route. Elle est aussi l'une des plus riches. Nous faisons appeler le chef de la caravane arabe et lui manifestons notre désir d'arriver au Nyanza. Sans perdre de temps, nous cherchons des porteurs capables d'aller d'un seul trait de Sima à Kadouma, et les engageons au prix d'un doti.

La caravane se remet en marche, et laissant à gauche d'énormes roches de granit, au sommet desquelles nous contemplons de grands oiseaux de proie, elle arrive vers onze heures devant un large marais couvert de plantes aquatiques. Nous le traversons avec beaucoup de peine, ayant de la boue jusqu'aux genoux. Montant ensuite une pente douce, nous parvenons par un sentier rocailleux au sommet de petites collines du haut desquelles la vue se perd au loin, sur les ondes du lac.

A peine nos askaris ont-ils aperçu Kadouma, terme de cette première partie de notre voyage, qu'ils se mettent à exprimer leur joie par des décharges répétées de mousqueterie. Ces pauvres nègres semblent nés pour le vacarme, et ils ne cessent de tirer que quand leur petite provision de poudre est épuisée. A trois heures nous sommes à Kadouma, village composé de huttes éparses, qui s'élèvent parmi des bouquets de grands arbres, sur les bords du Victoria-Nyanza.

Nous sommes heureux en songeant que nous n'avons plus que le Nyanza à passer, pour arriver dans notre chère mission. « Que le nom du Seigneur soit béni, maintenant et dans tous les siècles des siècles ! »

Comme on vient de le voir, par la lecture de ces pages, ce n'est qu'au prix de grandes souffrances, et à travers des périls de toute sorte que les apôtres de la Bonne-Nouvelle ont pénétré jusqu'au champ de leur mission. Quoi d'étonnant? La croix n'a-t-elle pas toujours été le cachet des œuvres de Dieu, et saint Paul, le grand Apôtre, écrivant aux Corinthiens, ne dit-il pas : « Ma vie a été cent fois en péril, sur terre et sur mer, dans les déserts, de la part de faux frères ou des voleurs ; j'ai sué et peiné, j'ai été accablé maintes et maintes fois par la faim, par la soif, par les veilles, par les jeûnes, par le froid ou la nudité ?... Mais c'est en présence de la faiblesse de l'homme que se manifeste avec plus d'éclat la force de Dieu. Je me glorifierai donc de mes misères pour que la force de Dieu habite en moi. »

Les choses n'ont pas changé depuis saint Paul, et les missionnaires savent qu'ils représentent la bonne terre dans laquelle est tombée la semence : « Ils ne portent du fruit que par la patience. »

* *

Depuis cette première caravane de missionnaires, bien d'autres ont repris la voie douloureuse, sans que les épreuves de leurs devanciers aient pu les arrêter. Leurs relations se ressemblent toutes plus ou moins ; nous nous bornerons à en reproduire encore une (1), qui nous a paru plus émouvante et d'un intérêt plus soutenu.

15 août 1891. — Chose singulière, lorsqu'en caravane il se présente un obstacle à franchir, comme par exemple une rivière, dans l'espace des dernières heures de marche, il n'est généralement pas d'usage de camper en deçà ; en dépit du besoin que chacun ressent de fléchir sous le poids du jour, on donne, comme on dit vulgairement, un dernier coup de collier, et l'on va « manger son étoffe » au delà.

C'est ce que nous faisons à notre arrivée à la Mkata. Il est onze heures ; sur la peau noire de nos porteurs la sueur perle à grosses gouttes ; n'importe ! ils se jettent résolument sur le pont de lianes qui gémit sous leur poids, le

(1) Sauf les premières étapes qui ne sont guère que la répétition de ce qu'on a déjà lu.

passent en titubant, déposent leurs charges et se mettent à l'eau pour se laver, pendant que les soldats s'escriment à faire passer ânes et chèvres.

Les chèvres sont enlevées sur le dos de nos hommes. Quant aux Aliborons, la corde au cou pour les soutenir contre le courant, ils sont saisis par la patte de devant et précipités dans l'eau. A eux le soin de se débrouiller pour atteindre, à l'autre bord, les hommes qui tiennent le bout de la corde.

Tout cela, passage des hommes et des bêtes, est l'affaire de trois heures.

24. — Départ de Kilassa à cinq heures et demie. Arrivée à Kidete à midi.

Au sortir du camp, nous gravissons les pentes abruptes du Kilassa, montagne d'environ deux cents mètres. Nous voilà déjà et en un clin d'œil sur les hauts plateaux. Désormais jusqu'à la hauteur d'Ousia (quatorze cents mètres) nous monterons tous les jours insensiblement et peu à peu, sauf dans les montagnes de Toubougoué et du Kilimantindi, lesquelles nous élèveront d'un coup, la première de cent cinquante, et la seconde de deux cents mètres environ.

Avons-nous sué à Kilassa ! C'est remarquable, les nègres ne connaissent la ligne droite que lorsqu'il faut escalader une montagne ; partout ailleurs, ils vont en zigzaguant comme les Bretons au retour de la foire.

Sur les hauts plateaux, à part la grandiose magnificence des crêtes qui nous entourent, nous ne rencontrons plus rien qui soit bien à souhait pour le plaisir des yeux. C'est la forêt et toujours la forêt. Point de villages, point d'habitants, rien que des singes ; point de culture ; par suite, rien qu'une terre brûlée, des ronces et des épines parsemées de termitières en terre, consistant en buttes de quatre ou cinq mètres de haut. En somme, c'est la terre à son premier état de condamnation.

Çà et là on aperçoit des « laissés abondants » de zèbres, de rhinocéros et de buffles. Ces derniers doivent être frappés du même choléra que les vaches de l'Ougogo. Voici du moins un fait qui semble le persuader.

On était au soleil couchant. Les porteurs, campés autour de nos tentes, cuisaient leur ougali (bouillie) ou écrasaient sur la pierre leur sorgho pour en faire de la farine. Plusieurs fumaient le chanvre et toussaient comme des enragés ; d'autres, saisis par le vague exquis d'une belle soirée africaine, contemplaient du haut de la colline le grand pori (plaine déserte) placé en face et pouvaient dire avec plus de raison encore que les Normands devant les grandes eaux de la Manche : « Que de terrain perdu ! »

Tout à coup, comme des gens qui viennent de méditer un mauvais coup, un groupe se lève et se dirige à pas pressés vers le pori. Où allaient-ils à cette heure ? personne n'en savait mot. Au bout d'une heure seulement, six hommes rentrent au camp, apportant chacun une charge de viande pourrie, distillant par gouttes noires un liquide putride, infect. C'est la clef de l'énigme. Les charognards avaient vu des bandes de vautours voltiger dans les airs, puis, tous ensemble, s'abattre sur un même point : « Il y a de la viande par là, se dirent-ils, courons la chercher. »

Arrivés au camp, ils installent aussitôt une boucherie et vendent leur repoussante trouvaille en telle quantité qu'ils parviennent à en tirer cinq dotis d'étoffe et plusieurs mesures de farine.

Le lendemain, comme nous nous moquions d'eux : « Eh ! s'écrient-ils, vous mangez bien du poisson, vous autres blancs (les Wachirombos ne mangent jamais de poissons). — Sans doute, faisons-nous, mais il n'est pas pourri ! — Notre viande non plus, » répondent-ils d'un air convaincu. Faut-il que les nègres aient du cœur !

31. — Pendant une heure la longue file de la caravane,

partie de Tchonio à neuf heures quarante-cinq, suit à pas inégaux les sentiers tortueux et arides des premières collines qui dominent Tchonio à l'ouest, puis, arrivée sur le plateau dénudé qui la sépare de la forêt où elle rencontre encore deux squelettes blanchis, elle s'arrête et se recueille. Le pori est long et dangereux, et très probablement les fripons qui nous ont volés, la nuit passée, nous attendent dans quelque fourré. Chacun donc charge son arme; défense est faite de sortir à plus d'un pas du chemin; ordre est donné de tirer hardiment sur quiconque se montrerait dans la brousse. Alors seulement nous nous enfonçons dans la forêt, sous la protection de Dieu plus encore que sous la garde de nos armes.

Rien de plus morne que l'aspect d'une caravane en Afrique, au moins après les premières heures de marche. Pendant celles-ci la conversation s'engage un peu sur toute la file; les porteurs, encore tout frais, s'avancent fièrement en se dandinant sous leurs charges et en jetant aux échos de la forêt des cris comme les suivants : « *Kaia!* chez nous! *Kua mayo!* chez notre mère! *Akuburra!* J'en ai souvenance! »

Mais peu à peu la fatigue se fait douloureusement sentir, la marche s'appesantit, la sueur perle sur tous les fronts, la parole s'éteint sur toutes les lèvres. Chacun n'a plus d'autre pensée que celle de se garer des branches qui encombrent la route, d'autre désir que celui d'arriver au plus tôt à la halte du soir.

Le missionnaire lui-même, malgré qu'il ne porte que le doux fardeau du joug de Jésus-Christ, se fatigue comme tout le monde à l'exemple de son divin Maître.

Comme les nègres qui l'entourent, il est accablé sous le poids d'un climat qui n'est pas le sien; comme eux, il blesse ses pieds aux ronces du chemin; comme eux encore, il est exposé aux flèches empoisonnées des sauvages dont il traverse le pays : le motif seul qui le pousse au-devant de la peine le différencie d'avec les autres.

Ce n'est pas le vain appât d'un gain périssable qui l'entraîne; il dédaigne de *vendre* sa peine et sa vie; il veut les *donner*, à l'exemple des Pierre et des Paul, pour le salut des brebis perdues dont il veut être le sauveur. Il chemine donc gaîment au milieu des plus grandes souffrances, en pensant qu'au livre de la vie éternelle une main amie et fidèle inscrit, par le menu, chacune de ses sueurs, chacune de ses peines, chacune de ses angoisses.

Il n'est tiré de ces délicieuses réflexions que par la vue des nombreux cadavres, qui, de loin en loin, jonchent sa route, et ce hideux spectacle, dont il est si souvent le témoin, ne fait encore qu'accroître sa pitié pour les pauvres noirs dont un si grand nombre, loin de leurs parents, loin de l'Église, loin du salut, loin de Dieu, trouvent le terme de leur existence dans la profonde solitude des forêts.

A la route que nous suivons aboutissent, des deux côtés, des centaines de petits sentiers, percés dans les broussailles et s'entrecroisant sur toute l'étendue de la forêt. Ce sont les chemins des maraudeurs. Nous nous y avançons de quelques pas et il nous est facile de découvrir sur le sable rouge des traces encore toutes fraîches de pieds déchaussés. La caravane est espionnée, il n'y a pas à en douter. Aussi comme nos porteurs s'avancent en file serrée!

Cependant le soleil descend sur l'horizon. Il est cinq heures et demie; encore trois quarts d'heure et la nuit nous couvrira de son ombre. Or, au sein des ténèbres, comment en un tel lieu protéger la caravane?

C'est pourquoi le P. Hauttecœur députe un homme de l'arrière-garde au Kirangozi pour lui ordonner de s'arrêter à la première clairière. Nous y arrivons en un instant et nous nous arrêtons. Au moment où l'arrière-garde débouche dans la clairière, tout à coup retentit un coup de feu, puis deux, puis trois, puis quatre. C'est une attaque. Sauter sur nos armes et courir à la défense du P. Hauttecœur que nous croyions engagé n'est pas l'affaire d'une minute. Mais nous n'avons pas fait dix pas quand le Père est devant nous : « Restez au camp, dit-il, toutes nos charges y sont. » Notre métier n'étant pas de tuer, nous obtempérons volontiers à ces ordres et nous laissons nos soldats poursuivre les Rougas-Rougas et dégager les deux petites caravanes qui nous suivent et qui ont été seules aux prises avec les voleurs. Bilan de la bagarre : deux ou trois Mitumbas volés, un Rouga-Rouga blessé grièvement à l'épaule gauche.

Dans toutes les batailles il y a des poltrons, c'est ici comme ailleurs. Un de nos soldats, un nyampara, s'il vous plaît, était resté en arrière pour aider à sa chère moitié, exténuée, à faire parvenir au camp le bien commun, une bonne petite charge d'étoffe. Au premier coup de feu Maléché, c'est son nom, est glacé d'effroi et tremble comme une feuille. Au second coup, le pauvre n'y tient plus, il oublie qu'il porte un fusil Gras et s'enfuit à toutes jambes, laissant aux Rougas-Rougas une petite sacoche appartenant au P. Bréas, et contenant la partie courante de son bréviaire. Sa femme, complètement délassée par la peur s'enfuit après son mari avec non moins de souplesse, mais avec plus de sang-froid, car elle a le bon esprit d'emporter sa charge en arrosant son chemin de ses larmes, de ses sueurs et même du sang de ses pieds déchirés par les ronces.

Le repos de la nuit assuré par deux sentinelles n'est troublé que par les grognements plus ou moins modulés des hyènes.

A cinq heures et demie du matin nous sommes en marche ; à neuf heures nous arrivons à l'eau de Nyagalu.

Ce camp, que nos confrères d'une autre caravane ont

Des hyènes qui errent dans la nuit. (Page 102.)

appelé *Moumi*, confine avec le pays des Massaïs, battus par Emin-Pacha lors de son dernier retour dans la province de Wadelaï. Ces rudes montagnards, une étincelante lance au poing, se permettent de pénétrer dans le camp sous le spécieux prétexte de vendre qui une poule, qui des œufs. Ils comptent trop minutieusement nos cinquante fusils Gras pour nous donner le change sur leurs véritables intentions. Aussi bien, nous les faisons chasser impitoyablement.

Au sortir de Kaparata nous pénétrons dans la partie inhabitée du Mgounda-Mkali. Cette immense « forêt terrible », que nous devons traverser par un chemin non encore suivi par nos caravanes et sur une largeur de trente-cinq lieues environ, justifie parfaitement la dénomination que lui ont donnée les nègres. Elle est vraiment redoutable par ses repaires d'êtres malfaisants, gens et bêtes, par la difficulté de ses sentiers, son manque d'eau et le feu de son soleil. Là, en effet, pas la plus faible brise qui vienne apporter un peu de rafraîchissement à l'atmosphère embrasée.

Pour commencer la longue série de nos peines, nous ne trouvons pas une seule goutte d'eau au premier campement. En vain les porteurs creusent-ils des puits, en vain parcourent-ils tous les alentours en quête de quelques flaques d'eau bourbeuse, nul ne parvient à trouver de liquide ni pour boire ni pour cuire. Et cependant tout le monde a soif, on le comprend sans peine, après une marche de cinq heures et demie au soleil de l'équateur!

Dans ce manque absolu de nourriture et de boisson, un sentiment de tristesse plane sur tout le camp. Adieu les chants joyeux, les conversations animées, les francs rires. Étendus, les uns à côté de leurs marmites vides, les autres sous leurs tentes-abri, nos Wasukumas cherchent dans le sommeil un adoucissement à leur soif.

Devant un tel état de choses, il fallait un homme plus dégourdi que ne l'est le commun des nègres, un homme rompu à la fatigue et prêt à tenter l'impossible pour se tirer d'un mauvais pas. Nous le trouvons dans la personne d'un Zanzibarite, nommé Mariani, au service de la Mission à peu près depuis sa naissance dans ces pays.

« Il y a certainement de l'eau par ici, lui disons-nous. Les pintades y pullulent ; or, il n'est pas admissible que tant d'oiseaux veuillent demeurer dans une région complètement desséchée. Veux-tu prendre avec toi quelques fusils et t'en aller à la découverte de cette eau ? » La proposition est aussitôt acceptée. Mariani se fait escorter de cinq soldats et nous quitte. Il est midi. Nous pensions qu'en une heure au plus il trouverait le trésor caché, mais deux, trois, quatre heures se passent et notre homme n'est pas de retour. Ce n'est qu'à la tombée de la nuit, vers six heures et demie, que nous sommes tirés de nos tentes par les cris joyeux des porteurs. C'est Mariani qui revient triomphant. Il a couru longtemps, fouillé tous les coins et recoins, est allé même jusqu'au premier camp de la route d'Ikungu, à trois heures de nous, sans y avoir trouvé ce qu'il cherchait.

Mais la Providence, qui écoutait la prière de ses missionnaires, le conduit à son retour vers un amas de grands rochers situés au nord-est et à une heure du camp. Plusieurs de nos porteurs avaient déjà visité ces lieux sans y avoir rien découvert. Mariani, plus heureux, y aperçoit sous la pierre une étroite cavité, un semblant de terrier. Pour en explorer la profondeur, il coupe un long bâton et quelle n'est pas sa joie quand il entend l'eau glouglouter sous ses coups ! A peine la nouvelle s'en est-elle répandue dans le camp que plus de 1200 hommes, armés de leurs calebasses, accourent à la fontaine. Que l'on s'imagine une telle foule affluant à l'ouverture du précieux réservoir, et chacun attendant son tour en distribuant de temps en temps quelques bonnes claques à son voisin encombrant, et l'on aura, je pense, un tableau fidèle de ce qui se passait à la piscine probatique. S'il est vrai que la soif est un grand paralysant, ici comme là-bas, plusieurs perclus ont trouvé la guérison.

Pendant la nuit, c'est du camp à l'eau un va-et-vient continuel. Tout le monde parvient à s'en procurer assez pour cuire le souper. Malheureusement, à cause de l'exiguïté de leurs ustensiles, la plupart ne peuvent s'approvisionner pour l'étape suivante, qui est longue et qui peut-être nous conduira encore à un endroit desséché. Les nyamparas disent bien qu'il y a de l'eau; il y en avait, en effet, quand ils y ont passé en allant à la côte, mais aujourd'hui?

Départ de Matongo ia Wataturu à cinq heures et demie. Arrivé à Dyowé ia Mpondo à deux heures et un quart du soir.

Le ravitaillement d'Emin-Pacha ne part pas. La petite vérole est dans son camp et la plupart de ses porteurs n'ont pu avoir de l'eau pendant la nuit.

Quant à nous, nous nous enfonçons de nouveau dans l'immense taillis. Encore une chaude journée pour tout le monde. La soif mal étanchée ne tarde pas à se rallumer. Vers dix heures surtout les souffrances de nos porteurs deviennent intolérables. Le soleil est brûlant, le ciel d'airain, l'atmosphère de feu. Harassés et sans force, plusieurs tombent sur le chemin et ne veulent plus se relever. Les plus forts eux-mêmes s'arrêtent à chaque instant, déposent leurs charges au pied d'un acacia et lui arrachent son écorce pour la mâcher en route. Vaines manœuvres! le travail du ver ne devient que plus cuisant. C'est la figure dont les nègres se servent pour peindre la soif : le ver! *nyota!*

Quand apparaissent devant la caravane les rochers du

camp Dyowé ia Mponda, plusieurs porteurs prennent les devants pour être les premiers à l'eau. Grande est la consternation de tous quand on les voit revenir leurs calebasses entièrement vides. Comment faire ? « Au camp suivant, disent les porteurs, il y a une rivière. Elle est à sec en ce moment, mais en y creusant des trous nous trouverons de l'eau. » Tous ceux qui peuvent marcher se munissent donc de nouveau de leurs marmites et de leurs calebasses et s'en vont à la rivière : soit deux heures de marche pour un homme qui ne porte rien et qui ne laisse pas les coléoptères mourir sous ses pieds.

Les premiers ne nous arrivent que vers onze heures du soir, nous apportant une bonbonne d'eau pour notre souper... « Il y a de l'eau, disent-ils, mais en si petite quantité qu'il faut l'attendre longtemps. » Ce n'est pas de bon augure pour le lendemain ! Malgré tout, nous nous couchons à minuit, pleins de confiance en Dieu et rappelant à Notre-Seigneur la parole qu'il adressa jadis à la Samaritaine : *Da nobis bibere !*

16. — Départ de Dyowé-ia-Mponda, les uns à cinq heures et demie, les autres, ceux qui n'ont pu avoir de l'eau, que de bon matin, à sept heures et demie. — Arrivée à Nyama, les premiers à huit heures et un quart, les seconds à dix heures et un quart.

Naturellement, toute la journée se passe à creuser dans le lit de la rivière. Tous les hommes valides travaillent avec une vraie fureur, qui avec des lances, qui avec des haches, qui avec les mains. « Je meurs de soif, nous dit un nègre, donnez-moi un peu d'eau. — Pourquoi ne creuses-tu pas comme tout le monde ? — Comment voulez-vous que je creuse ? » répond-il, en nous montrant ses mains ensanglantées.

Nous-mêmes, nous creusons un puits. Pendant que d'une main robuste deux nègres et un missionnaire donnent les coups de pioche, autant chargent les marmites pour déblayer le terrain. Tout autour trois chaînes de nègres, chantant en cadence, portent au loin les décombres. En moins d'une heure et demie, arrivés à la couche imperméable, nous avons creusé un puits de trois mètres de profondeur sur deux de large. Mais la terre elle-même en ce lieu a affreusement soif, l'eau ne suinte que par gouttelettes avec une lenteur et une parcimonie désespérantes. Les deux ou trois premières marmites, qu'on ne parvient à recueillir qu'après plusieurs heures d'attente, sont distribuées aux enfants et à tous ceux qui n'ont plus la force de travailler pour s'en procurer. Les nyamparas, placés ensuite autour du puits pour empêcher leurs hommes de se battre, sont chargés de partager le peu d'eau qui suintera pendant la nuit entre tous les leurs, de façon à ce que chacun ait au moins de quoi s'humecter le gosier. Quant à avoir de l'eau pour cuire, il ne faut pas y songer. Chacun se contente de rôtir son sorgho et son maïs.

Au milieu de tous ces tracas, nous sommes surpris d'entendre dans notre camp les cris répétés d'un nouveau-né. Sa mère lui a donné le jour, hier soir, après la marche de dix heures. Le mousseron est tout blanc. Tous les nègres naissent en robe blanche et ceux que la mort laisse arriver à la décrépitude finissent de même, au moins quant aux cheveux. Ce qui revient à dire, si la vie, comme l'a dit quelqu'un, est un soupir entre deux larmes, que le nègre pleure en blanc et soupire en noir !

17-18. — Départ de Nyama à trois heures et demie du soir. Halte en pleine forêt à minuit. Lever à cinq heures et demie du matin. Arrivée à l'eau de Mtoni à neuf heures et un quart.

Le 17 au matin, sur huit cents hommes qui se trouvent au camp, plus de deux cents n'ont pas encore pu avoir de l'eau. Nos porteurs cependant ont pu en avoir suffisamment pour ne pas mourir. Mais comme le camp suivant est à sec, nous décidons de ne pas partir avant trois heures et demie du soir, de marcher la nuit si longtemps que nous tiendrons debout, afin d'arriver le lendemain de bonne heure à l'eau. Depuis six heures du matin jusqu'à midi, nous ne cessons donc de chercher des endroits plus humides dans le lit de la rivière et de creuser.

Peines inutiles ! nous n'arrivons à aucun résultat. Nous voyons alors les pauvres noirs qui n'ont pas bu depuis deux jours se rouler dans le gravier qu'ils ont tiré des puits, y coller leurs lèvres et en sucer la fraîcheur ! En vérité, il est impossible d'avoir une juste idée des tortures de la soif, tant que l'on n'a pas passé dans les pays du soleil.

A trois heures et demie, la trompette sonne le départ. A défaut d'eau, nos porteurs font provision d'écorce d'arbres, puis se mettent en route en ayant soin, dès les premiers pas, de se rendre favorable leur génie. Pour cela, un sorcier ramasse en un petit tas quelques pierres et quelques branchages, jette dessus un peu de poussière et s'en va. Son suivant, du bout du pied, en jette autant, et tous les autres, au fur et à mesure qu'ils passent, en font de même.

Jusqu'au coucher du soleil, la caravane marche pesamment, mais quand arrive la fraîcheur du soir, éclairés dans leur route par les clartés de la lune dans son plein, nos porteurs courent plutôt qu'ils ne marchent. Rien ne les arrête, ni les épines, ni les branches en travers, ni les ravins. C'est un effort suprême que l'instinct de la conservation leur fait faire à tout prix. Rencontrent-ils un cadavre sur le chemin : « Fuyons la mort ! » s'écrient-ils, et, sous l'empire de l'effroi que leur inspire un tel spectacle, leur marche s'accélère de plus en plus.

Vers minuit, il nous faut nous arrêter. Tout le monde est sur les dents. Après quatre heures de repos, nous sommes de nouveau en route ; à neuf heures, nous sommes à l'eau.

Il était temps. Plusieurs n'ont plus la force de camper leurs charges, ils tombent à côté et y restent comme morts, sans se soucier s'il y a de l'eau ou pas. Vite nous remplissons nos bidons et nous donnons à boire à ces malheureux, qui ne se relèvent même pas pour se désaltérer. Comme les petits oiseaux devant leur mère, ils ouvrent une grande bouche enflammée, et nous versons dedans tout ce que nous pouvons. Peu à peu, nos hommes se ravigotent et deviennent assez gais, vers le soir, pour improviser un chant sur les terreurs du Mgounda-Mkali. Trois seulement manquent à l'appel, ils sont morts de soif. (R. P.***.)

IX

L'aurore d'une Mission. — Premiers commencements du poste de l'Immaculée-Conception. — Les merveilles de la grâce.

C'est le 10 mars 1891 que le P. Gâcon, le F. Victor et moi, écrit un missionnaire, avons pris le chemin du Buddu. Les privations, l'insuffisance de l'installation, la saison des pluies ont été pour nous l'occasion de plus d'un sacrifice à offrir pour nos chers infidèles. Mais les épines que la Providence met sur notre route, s'épanouissent au milieu des roses, et le missionnaire trouve ici, au poste de l'Immaculée-Conception, tout ce qu'il ambitionne : pour lui, la croix, gage de son salut ; pour Jésus, des âmes !

Dès notre venue à Kasozi, on accourut de toutes parts ;

du nord et du sud, du levant et du couchant, de la terre ferme et des îles, nous arrivèrent des députations. Les néophytes du Buddu, au nombre d'une quarantaine environ, dont plusieurs habitent à quatre, cinq jours de marche sur les frontières du Kiziba, du Karagwe, de l'Ussagara, vinrent nous saluer et nous apporter des présents, chèvres, moutons, bananes et patates ; les bananes en particulier formaient, après la première semaine, un monceau de cent régimes. Les plus pauvres eux-mêmes tenaient à faire leur offrande.

« Je veux te parler seul, me dit un jour mystérieusement un vieillard, au moment où je me trouvais entouré de plus de deux cents nègres. » Croyant à une révélation, je l'introduisis dans ma chambrette. « Je suis un pauvre diable, me dit-il en s'agenouillant, je n'ai pas de chèvres et peu de bananes, mais, pour cadeau d'arrivée, je t'offre ceci, » Et, sortant de dessous son *lubugo* (vêtement d'écorces) un paquet artistement ficelé avec des feuilles de bananier, il le découvre légèrement et me laisse voir tout un essaim de fourmis ailées. « C'est excellent, dit-il, à manger pour ton repas. — Merci, lui dis-je, en souriant, merci de ton présent, je te le redonne en te priant de le manger à ma santé. » Le pauvre homme serra précieusement et remit le paquet sur sa poitrine, tandis qu'il multipliait ses remerciements et sortait ; la joie qui rayonnait sur son visage laissait voir à tous combien il était heureux d'avoir fait à l'Européen un cadeau qui lui coûtait si peu ! (1).

Au lendemain de notre venue, nous commençons à catéchiser nos ouailles, mais, par malheur pour elles, notre résidence est bâtie solitaire sur le sommet d'une haute colline, et les villages les plus proches sont situés à plus d'une heure de marche. L'absence d'église nous oblige à les

(1) Les missionnaires du reste mangent fréquemment de ces fourmis à leurs repas, suivant l'usage du pays.

instruire à ciel ouvert; malgré la distance et les pluies qui chaque jour détrempent la terre, tous les matins, cinquante à cent auditeurs sont là assis dans la boue, serrant autour de leur corps leur lubugo trempé.

Le dimanche, dès quatre heures du matin, ils arrivent; et, à huit heures et demie, ils sont toujours plusieurs centaines réunis. Ces jours-là, dès que le catéchisme est fini, il se produit un désordre indescriptible. Chacun veut voir le missionnaire, beaucoup s'imaginent avoir un secret à lui confier; d'autres ont un conseil à lui demander, leurs peines et leurs projets à lui soumettre; tous, sans exception, ont une faveur à solliciter, ne serait-ce qu'une médaille, ou une épingle. Chacun veut donc voir le missionnaire, et, pour l'approcher, on se pousse, on crie, on s'injurie, on se distribue de grands coups de poing. Un matin, le tumulte fut tel, que dans ma chambre un enfant faillit être étouffé. Pour éviter moi-même le même danger, je n'eus d'autre ressource, ma chambre n'ayant pas de porte, que de me réfugier dans la cellule qui me sert de chambre à coucher, et dont je fermai la porte. Quelques minutes après, la cloison de roseaux cédait sous la pression de la foule, et ma porte était enfoncée.

En nous envoyant dans notre Mission, Monseigneur nous avait donné mille médailles. Un mois ne s'était pas écoulé, qu'elles étaient épuisées, et cependant, on n'en a pas distribué une seule à moins que le sollicitant ne sût parfaitement toutes ses prières et les trois premiers chapitres du catéchisme.

Le premier de nos soins, en arrivant ici, fut d'établir le catéchuménat, choix difficile et délicat, l'étroitesse de notre chapelle nous contraignant à limiter à trente ou trente-cinq, au maximum, le chiffre des élus, or le nombre des candidats sachant tout le catéchisme et priant depuis au moins trois ans dépassait deux cents!

« Depuis longtemps nous t'attendons, je t'amène des hommes, ils prient depuis trois, quatre ans, ils te supplient de les choisir. » C'est le langage que nous tiennent chaque jour, l'un ou l'autre *mwami*. Hélas! que ne pouvons-nous exaucer leurs suppliantes prières! La réponse la plus favorable qui pouvait leur être faite était celle-ci : « Tu m'amènes dix candidats, je n'en puis choisir que deux : quand l'église sera achevée, j'en choisirai d'autres. » Et, tandis que l'élection se faisait, je les voyais tous tremblant d'émotion, de crainte et d'espoir. Les élus se prosternaient en remerciant, les mains jointes. Les autres sortaient, quelques-uns pleurant à chaudes larmes. Quelle foi vive chez ces catéchumènes, et quel ardent désir du baptême! Une douzaine d'entre eux, pour assister au catéchisme, font six heures de marche par jour, ordinairement par une pluie battante.

Il y a deux semaines, je trouvai tous les trente-cinq catéchumènes réunis, agenouillés dans ma chambre. Dès qu'ils m'aperçurent : « Père, me dit l'un d'eux, *mwami* le plus influent du pays, Père, nous te supplions de nous donner le baptême, nous le désirons vivement et nous ne voulons pas rester plus longtemps les enfants de Satan. — Mes amis, leur répondis-je, le temps n'est pas encore venu, attendez un peu, nous verrons.... » Celui qui, une fois déjà, avait pris la parole, repartit : « Quand un enfant mourant de faim demande à son père du *méré*, si ce père lui répond : Attends, attends, l'enfant ne mourra-t-il pas d'inanition? Or nous avons faim du baptême, et nous sommes sur le point de tomber en enfer. Toi, tu es notre père, et tu nous dis : Attendez, attendez.... »

A ces accents de foi vive, je m'arrêtai interdit, mais le premier moment d'admiration et de joie passé, je réponds à mon interlocuteur : « Si l'enfant dont tu me parles est encore à la mamelle, un père sage lui refusera le *méré* qu'il demande, dans la crainte que cette nourriture trop forte étouffe l'enfant qu'il aime, mais il l'enverra auprès de sa mère pour qu'il continue quelque temps encore à boire le lait qui convient à son âge. Or vous êtes encore de petits enfants dans la famille du Bon Dieu, vous ne faites que bégayer sa doctrine, et c'est pourquoi je vous invite à assister encore une dizaine de semaines au catéchisme. — Nous ne sommes plus de petits enfants, nous comprenons toute la religion, nous sommes prêts; d'ailleurs, une fois chrétiens, nous reviendrons t'écouter. » Pendant une heure ils restèrent dans ma chambre, réitérant leurs instances, refusant de bouger; j'étais heureux, mais je demeurais ferme. « Père, tu ne nous aimes pas, disaient-ils tristement en sortant. — Qui donc, leur répondis-je, vous aime autant que moi? » Et à la nuit close, au moment où j'allais me coucher, un jeune catéchumène me répéta de nouveau : « Non, tu ne nous aimes pas; et le congédiant doucement : — Pourquoi mentir? tu sais bien le contraire. »

A d'autres la fumée des honneurs et de l'ambition, à d'autres les plaisirs que procurent la richesse et le bien-être de la vie, à d'autres les joies de la famille! Pour le missionnaire, il préfère à toute autre joie ces pures émotions qui, au milieu de ses croix, viennent si délicieusement remuer son âme, quand il voit la grâce transformer les pauvres sauvages!

*
* *

Des hostilités ayant commencé entre les habitants du Buddu et les Musulmans, ce moment nous a semblé propice pour donner une impulsion vigoureuse à la propagation du catholicisme au Buddu, et pour exciter dans le cœur de tous les chefs catholiques le feu sacré du zèle qui fait les apôtres.

Aux premières ouvertures qui leur furent faites, les chefs

acceptèrent leur rôle de catéchistes avec un empressement qui nous combla de bonheur. Pour nous, nous pouvions donc rester à Kasozi, où nous retenait un ministère chaque jour croissant, tandis que le Buddu se remplirait de missionnaires catholiques improvisés. Il y en aurait autant que de kyalos (hameaux), que dis-je? autant que de familles, autant que de cœurs qui aiment Notre-Seigneur.

Le premier projet efficace de l'évangélisation du nègre par le nègre nous est venu de nos pauvres noirs eux-mêmes, et les deux faits suivants en déterminèrent l'exécution.

Le 25 mai, un jeune noir de dix-huit à vingt ans, que je n'avais pas encore vu, m'arrête au sortir du catéchisme et m'apprend qu'il est cuisinier auprès du ministre : « Tu as un poste bien dangereux, lui dis-je. — Ah! me répondit-il, je l'ai accepté afin de pouvoir instruire les autres. — Et tu as réussi? — Vois plutôt. » Ses yeux de noir brillèrent de fierté et de joie et sa main me désigna une troupe de nègres qui, quand ils virent mes regards fixés sur eux, se jetèrent à genoux, en déclarant qu'ils étaient catholiques et que c'était Galira, le cuisinier, qui les avait convertis et instruits. Ils étaient quarante! la plupart esclaves, se réunissant chaque soir, en secret, pour apprendre les prières et le catéchisme et adorer le Dieu des catholiques.

A quelques jours de là, nous reçumes la visite d'un vieillard aveugle, jadis berger du roi Mwanga. Un jour, il eut le malheur de perdre une chèvre du troupeau royal. Le roi l'apprend et, séance tenante, fait arracher les deux yeux au malheureux gardien. Au récit de sa peine, je lui dis, pour le consoler : « Tu ne vois plus la lumière du soleil, mais au Ciel, il y a un soleil bien plus beau, et celui-là tu le verras. — Mais, répondit l'aveugle, pour le voir, ce beau soleil, il faut recevoir le baptême, et c'est précisément pour le recevoir que je suis venu ; il y a trois ans que je fais le catéchisme ; si tu me refuses, j'irai jusqu'à Kibuya, tout aveugle que je suis. On m'a dit, continua le pauvre vieux, que tu aimais ceux qui enseignent aux autres à prier, et, en venant ici, j'ai amené, pour que tu les voies, tous ceux à qui j'ai appris les prières. — Ils étaient trente-deux. Heureux vieillard ! ces trente-deux âmes lui formeront, j'espère, au Ciel une belle couronne.

Quelle leçon pour nous ! Un pauvre nègre apprend un jour à connaître le vrai Dieu, et aussitôt le zèle le plus ardent s'allume dans son cœur et lui fait opérer des merveilles de conversion. L'œuvre des catéchistes était commencée.

Aujourd'hui, trois mois se sont écoulés depuis que nos premiers catéchistes ont commencé leur œuvre de conversion. Sans doute, ils ont eu bien des échecs et des déceptions. Plusieurs chefs du Buddu n'ont répondu que par des insultes aux cadeaux et aux paroles d'amitié que nous leur avons fait porter ; nos envoyés ont été chassés de Karagwé, la peur les retient encore sur les frontières de Kiziba ; au Koki, ils n'ont glané que quelques âmes, et dans l'Usagara, où plusieurs vont se rendre d'ici quelques jours, les attendent bien des déboires. Mais malgré ces épreuves, ou plutôt à cause d'elles, le Bon Dieu a béni le zèle de nos braves envoyés et a daigné exaucer nos prières au delà de nos espérances.

Des catéchistes disséminés dans la province, cent sept nous ont donné de leurs nouvelles et nous ont rapporté une partie des billets qui leur avaient été distribués. En réunissant les succès de tous, nous trouvons pour bilan de ces trois mois, dix neuf cent vingt-sept conversions. Ces dix neuf cent vingt-sept recrues, nous les avons presque toutes vues ici, à Kasozi, où elles ont accompagné ceux qui leur avaient fait connaître notre sainte religion. Dire la joie de ces pauvres nègres en voyant que le missionnaire les aimait et leur attachait au cou la médaille tant désirée de Marie, dire notre propre bonheur, serait chose bien difficile.

Voici un beau jeune homme d'une vingtaine d'années, fils d'un grand chef. Il y a un mois, il était païen comme son père. Un jour, il entend réciter le *Pater*, cette prière le touche jusqu'aux larmes, et sans retard il va demander à son père la permission de prier. Celui-ci entre en fureur et déclare qu'il le vendra aux musulmans s'il continue à se faire instruire. Le fier jeune homme ne souffle plus mot, mais chaque nuit il s'enfuira secrètement de la maison paternelle, fera deux heures de marche dans la broussaille au risque d'être découvert par un des serviteurs de son père ou surpris par le tigre, et il passera le reste de la nuit à prier avec un de ses amis, fervent catholique. Finalement la piété héroïque de ce jeune homme triomphe de l'obstination du vieux païen. Informé des visites nocturnes de son enfant, le vieillard n'osa blâmer son courage et se déclara vaincu. Lui-même aujourd'hui est à la veille de se convertir. — Voilà un chef de Kitongôle, il est entouré de quatre-vingt-dix hommes, païens il y a quelques semaines, aujourd'hui catéchumènes fervents : ce chef pénétrait chaque jour sous les huttes enfumées des Bakopis et apprenait à ces abandonnés les prières du catéchisme. Le nombre des prosélytes qu'il a faits s'élève à cent-trente-cinq ! Une foule d'autres, n'ayant d'autre avoir qu'une natte usée et un cœur d'apôtre, allaient de kyalos en kyalos, instruisant le jour, instruisant la nuit, aujourd'hui un chef, demain un esclave.

Chères brebis ! elles nous sont d'autant plus précieuses qu'elles sont venues dans des temps plus tourmentés. Ce sont des fleurs épanouies en plein hiver au milieu des épines.

La veille d'un combat, trente-deux catéchumènes viennent s'agenouiller devant ma porte, me conjurant de ne pas les laisser mourir païens, mais de leur donner enfin le baptême tant désiré !... Les moins avancés avaient au moins trois mois de catéchuménat, tous savaient parfaitement

C'étaient des hommes qui accouraient à cheval, armés de lances et de fusils. (Page 129.)

tout le catéchisme ; peut-être, pensais-je dans mon cœur, est-ce aujourd'hui la veille de leur martyre. Cette dernière réflexion acheva de me décider : « Demain, de très bon matin, vous recevrez le baptême. » Un cri de joie unanime et spontané accueillit ces paroles. Heureux élus ! Ils ne parlèrent plus que du bonheur du lendemain, et pour ne pas manquer à l'appel, plantant leurs lances devant la porte de la chapelle, ils dormirent tous autour d'elles, sur le seuil. C'était leur veillée d'armes.

Toute la nuit, on entend le roulement du tambourin, d'heure en heure des messagers arrivent, porteurs de nouvelles contradictoires. Dès le point du jour, nos trente-deux catéchumènes reçurent le baptême et firent leur première communion avec une angélique ferveur. Leur joie n'avait d'égale que la nôtre.

* * *

La station de l'Immaculée-Conception, qui avant la guerre était à Kasozi, a été transférée un peu plus au nord, à deux heures de Mazaka, capitale du Buddu. Elle s'élève sur un mamelon dominé de tous côtés par des collines, parsemées de vertes bananeraies ; au pied, à cinq minutes de la résidence, coule un ruisseau limpide et abondant.

Avant notre arrivée, ce mamelon s'appelait « Lubalé, » nom des divinités païennes. Je proposai à Mgr Hirth de le changer contre celui de Villa-Maria. Sa Grandeur y consentit et nos chrétiens ne connaissent plus la Mission de l'Immaculée-Conception que sous le nom de Villa-Maria.

Ce qui frappe le plus l'étranger qui arrive ici, c'est la croix monumentale qui se dresse dans la première cour. Voici son histoire. C'est un arbre de vingt-trois mètres, d'un bois très dur et incorruptible. Nos chrétiens sont allés le couper à quatre jours d'ici et l'ont apporté et traîné comme ils ont pu, marchant pieds nus à travers les épines et dans la vase gluante des marais où ils pataugèrent plusieurs heures.

Le jour de la plantation a été l'occasion d'une grande fête. Les néophytes avaient sollicité et obtenu l'honneur d'être seuls à planter la croix, sans qu'un seul catéchumène y mît la main. Ils sont là plus d'un millier de baptisés, tous munis de bâtons et d'arbres fourchus. Une première fois, la croix se dresse, mais retombe avec un grand fracas, heureusement sans causer d'accident. Nos chrétiens réussissent mieux la deuxième fois, et, après beaucoup d'efforts, l'étendard de notre salut se dresse enfin dans les airs au milieu des acclamations de la foule. L'enthousiasme et la joie étaient à leur comble.

Nos chrétiens se montraient fiers de leur croix, et, du reste, nous ne leur ménagions pas les félicitations.

« Cependant, insinuons-nous doucement, si elle reposait sur un piédestal garni de palmiers, elle serait encore plus belle. »

A l'instant, plusieurs centaines de nos Baganda courent à la forêt et, cinq heures après, apportent quarante palmiers, sur leurs épaules ruisselantes de sueur. Pokino, le premier chef du Buddu, s'adresse alors à la foule : « Mes enfants, leur dit-il, il faut aujourd'hui travailler pour le Bon Dieu. Jésus-Christ est mort pour nous sur la croix. A la place de son sang, donnons-lui aujourd'hui nos sueurs. » Et se tournant vers Gabriel, le général en chef : « Gabriel, lui dit-il en riant, aujourd'hui, il n'y a plus de grand personnage. Allons porter de la terre ! »

Une immense acclamation accueille cette courte harangue. Pokino, Gabriel, les chefs, grands et petits, la foule des hommes et des femmes, tous tressent à la hâte des paniers de feuilles sèches de bananiers et transportent de la terre avec des cris de joie indescriptibles. Le soir, nous avons un magnifique piédestal de sept marches, haut de deux mètres, et dont la base mesure dix mètres de côté.

Ceux qui connaissent l'horreur des chefs Baganda pour le travail et surtout pour un travail de ce genre, comprendront la générosité de cet élan. Les catéchumènes sont stupéfaits en voyant les grands chefs du pays, d'ordinaire si fièrement drapés dans leurs étoffes, aujourd'hui la tête chargée d'un panier de terre! J'allais encourager les travailleurs quand je vis la femme de Pokino, le visage tout souillé de poussière et de sueur. Une de ses esclaves veut la soulager; elle la repousse en disant : « Va-t'en, tu veux donc m'empêcher de servir le Bon Dieu! »

Ce généreux exemple des néophytes porta ses fruits. Quelques jours après, les catéchumènes, animés d'une pareille ardeur après une instruction du P. Houssin sur le culte des morts, tombent sur la broussaille à grands coups de pioche et de hachette, et, après deux jours de travail, nous avions un carré uni de cent cinquante mètres de côté qui, entouré d'une clôture de roseaux, servira désormais de cimetière à nos chrétiens et à nous peut-être.

Le jeudi saint, 28 mars, Mgr Hirth, assisté de cinq missionnaires, et en présence d'un immense concours de chrétiens, bénissait solennellement la croix de Villa-Maria.

Pour le matériel, nous avons le nécessaire, grâce à la générosité des chrétiens qui sont venus à notre secours. La persécution nous avait réduits à la dernière misère. En revenant au Buddu, en mars 1892, nous avions à peine de quoi nous habiller. Notre-Seigneur était aussi pauvre que nous : pas de tabernacle, pas de chandeliers, une seule nappe, des canons d'autel, écrits de la main du P. Lévesque; plusieurs fois, nous fûmes privés de la Sainte Messe, tantôt faute d'hosties, tantôt par manque de vin. Pour la bénédiction du Très Saint Sacrement, nous n'avions ni chape ni ostensoir ; pour encens, nous prenions la résine du térébinthe, et pour encensoir une boîte en fer battu découverte au milieu des décombres. Nous n'en sommes plus, heureusement, réduits à cette extrémité. La case qui sert d'église est encore bien pauvre, bien nue ; mais elle est convenable.

Notre table, on se doute comment elle est servie : rien

d'européen n'y figure, cela va sans dire; les bananes en font les principaux frais. Quelquefois une pièce de gibier et les poissons du lac viennent aussi en varier le menu. Avec cela, nos santés sont assez bonnes, grâce au climat si tempéré du Buganda. Ce qui nous épuise surtout, c'est le travail, car nous sommes un là où nous devrions être dix.

Nos catéchumènes se préparent au baptême par une double épreuve : le catéchisme du matin et celui du soir. Pour être admis au premier, il faut d'abord s'être fait instruire depuis trois ans, être présenté par son chef hiérarchique et répondre parfaitement à toutes les questions du catéchisme. Au bout de trois mois, le candidat subit un nouvel examen sur les explications du catéchisme, et ses réponses décident de son admission au catéchuménat du soir qui, comme le premier, dure au moins trois mois. Le catéchumène est enfin admis au baptême, s'il en est jugé digne après un troisième examen.

Impossible de décrire l'émotion qui règne à ces examens. Les candidats entrent dix par dix, à mesure qu'on les appelle, se prosternent, et adressent, pas assez bas pour qu'on ne puisse les entendre, une invocation à la Sainte Vierge. Ils font alors à Marie, dans l'ardeur de leur prière, des promesses et des vœux, parfois un peu téméraires. Les interrogations terminées, il se passe sous nos yeux les scènes les plus émouvantes. Ceux qui sont ajournés pleurent à chaudes larmes, embrassent nos pieds, espérant exciter notre compassion.

« Aie pitié de moi, je suis mort. — Donne-moi un mois de travail et cent coups de bâton; mais ne me refuse pas. — Le diable est dans mon cœur, et tu n'as pas compassion de moi ! »

Il y a quelques jours, un pauvre vieux, lui aussi ajourné, me disait en pleurant : « Père, vois mes joues, comme elles sont ridées ! Vois ma poitrine, comme elle est maigre !

Est-ce que tu n'en comptes pas tous les os ? Je vois bien que tu me laisseras mourir sans baptême. »

Je n'y pus résister ; le pauvre vieux fut baptisé. Quinze jours après, il était mort.

La veille d'un examen, à une heure assez avancée de la nuit, j'étais seul dans ma chambre occupé à écrire. Deux catéchumènes, qui devaient subir leur examen, viennent s'asseoir contre ma cloison de roseaux, et j'entendis la conversation suivante : « Mon ami, est-ce que tu dors ? — Moi, dormir ! comment dormirais-je ? — Combien y a-t-il de nuits que tu ne dors pas ? — Trois ! — Et moi, il y en a quatre que je ne ferme pas l'œil, tant j'ai peur. Si je passe à l'examen, j'ai promis à la Sainte Vierge de jeûner huit jours. — Et moi aussi, je jeûnerai huit jours. »

Ceux dont les réponses ont été trouvées suffisantes deviennent comme fous de joie. Hommes et femmes, jeunes et vieux, se précipitent au dehors, courent à perdre haleine jusqu'au fond de la plaine, en battant des mains et en poussant de grands cris, puis reviennent vers leurs amis qui les embrassent et les félicitent par des compliments comme ceux-ci : « Tu l'as échappé belle ! — Le Bon Dieu t'a aidé ! — Te voilà sauvé ! » et l'heureux catéchumène de répondre : « Oui, le Bon Dieu m'a sauvé ! »

Au dernier examen, le P. Marcou avait examiné une vieille toute courbée sous le poids des années. La pauvre femme ouvrait une grande bouche, de grands yeux et n'osait croire qu'elle allait enfin être baptisée. Et, levant vers le ciel ses longs bras décharnés, elle s'écrie (1) :

« J'étais vieille, me voilà rajeunie ! J'étais malade, me voilà guérie ! J'étais pauvre, me voilà devenue riche. Hé !

---

(1) Ce trait, dans sa simplicité, est vraiment sublime : sublime de foi, de grandeur d'âme, sublime aussi d'expression dans la bouche d'une pauvre négresse. Comme de telles paroles devraient nous faire rougir, nous, catholiques, si généralement oublieux de notre baptême !

mes amis, faites-moi place, moi aussi, je veux sauter. »

Et l'heureuse vieille de retrouver la souplesse de ses quinze ans et d'imiter David devant l'arche.

Inutile d'ajouter combien cette soif du baptême et ces bonnes dispositions de nos catéchumènes nous édifient, nous consolent et nous paient largement des fatigues que nous nous imposons pour eux. Mais je dois dire combien les missionnaires de Villa-Maria ont été peinés ces jours-ci, à la suite d'une mesure qu'a dû prendre notre vénéré vicaire apostolique. Mgr Hirth, en arrivant à Villa-Maria, au mois de janvier dernier, y trouva *cinq cent soixante-dix* catéchumènes admis au catéchuménat du soir et se préparant au baptême, et *dix-neuf cents* inscrits pour le catéchisme du matin qu'ils suivaient régulièrement. Monseigneur constata d'autre part que nous étions écrasés par le travail des confessions. Prévoyant que, si les baptêmes en masse continuaient ainsi, nous serions débordés, Sa Grandeur nous dit : « Mes chers confrères, vous êtes trop chargés; vous ne tarderez pas à succomber par le surcroît de travail qu'entraîne la préparation de groupes si nombreux de catéchumènes et plus tard par les confessions de tout ce monde devenu chrétien. »

Et le vénéré prélat décida :

1° Que toutes les six semaines le chiffre des baptêmes ne dépasserait pas cent ;

2° Que les inscriptions au catéchisme du matin seraient limitées à trois cents, dont, toutes les six semaines, cent seraient admis au catéchuménat du soir ;

3° Que le catéchuménat du soir ne compterait que trois cents candidats, dont, toutes les six semaines, cent recevraient le baptême.

Il fallait notifier cette décision à nos pauvres catéchumènes. Il fallait en congédier seize cents en leur disant pour toute consolation que leurs noms n'étaient pas oubliés et que peu à peu on les inviterait à suivre régulièrement le catéchisme du matin.

Monseigneur partit pour la capitale en nous laissant le soin de publier cette décision. Ce fut une explosion de douleur et de plaintes. Pauvres et chers catéchumènes ! Notre cœur saignait autant que le leur. Mais impossible de leur faire comprendre la sagesse de cette mesure. Ah ! que ne peut-on avoir un plus grand nombre de missionnaires !

X

Les périls de la vie de missionnaire.

La lettre suivante du P. Chevalier pourra donner quelque idée de ces périls et de l'héroïsme des missionnaires.

Sans parler des difficultés de notre ministère, nous avons à subir toutes sortes de vexations de la part du sultan Siké. A chaque instant, sous mille prétextes inventés à plaisir, il nous réclame de nouveaux et forts tributs. On défend aux habitants de se laisser enrôler pour former une caravane, ou, si nous réussissons à trouver des porteurs qui s'engagent à aller ravitailler les postes de Tanganika, on nous oblige aussitôt à des impôts que nous ne pouvions accepter.

On répand sur nous les accusations les plus absurdes. En voici une, et les autres sont tout aussi vraisemblables.

Un jour deux noirs, envoyés de Siké, entrent brutalement chez nous, et d'un air indigné nous accusent d'avoir creusé une mine qui part de notre maison et va aboutir à Kuikuru, à trois kilomètres d'ici. C'est là que nous avons entassé la poudre ; c'est là que nous devons prochainement nous réfugier avec tous nos enfants, et, quand nous y serons renfermés, nous mettrons le feu aux poudres pour faire sauter avec nous Siké et toute sa capitale. Si nous n'avions affaire à d'impudents menteurs, nous nous croirions en présence de deux fous. Il faut leur répondre cependant et leur faire toucher du doigt leur impudence. « Où avez-vous vu la terre que nous avons dû sortir de cette mine? leur répond le R. P. Hauttecœur ; où sont les ouvriers que nous employons à cet ouvrage? Nous n'avons aucun homme à la maison, tout le monde le sait. » Nos accusateurs ne se déconcertent pas et s'écrient que nous cachons tout dans nos demeures : terre et ouvriers. Siké lui-même, dans une visite que lui fait le lendemain le P. Hauttecœur, réclame pour lui la paternité de cette accusation.

A toutes ces tracasseries viennent s'ajouter les menaces les plus terribles, et nous apprenons d'une manière certaine que, pour peu que s'aggravent les événements de la côte, alors en mésintelligence avec Siké, nous devons tous, enfants et missionnaires, tomber sous les coups des Arabes, et être massacrés.

Dans de telles circonstances, nous croyons que le mieux pour nous est de partir avec nos enfants pour aller rejoindre les confrères du Nyanza. Nous devons, pour exécuter notre projet, nous diviser en deux sections.

Le 29 juin, le P. Schynse, que sa nationalité expose davantage, part, accompagné du F. Pierre et de nos plus jeunes enfants, avec une petite caravane qui emporte tout ce qu'elle peut des divers objets qui composent notre pauvre ameublement. Siké croira que cette caravane est destinée, comme les précédentes, à ravitailler les missions du Nyanza. Dans la crainte d'éveiller le moindre soupçon et pour donner aux confrères et aux enfants qui partent les premiers le temps de sortir du territoire de l'Ounyanyembé, le R. P. Hauttecœur, les plus grands de nos rachetés et moi nous ne quitterons Kipalapala que dans quatre jours, pendant la nuit, et nous tâcherons de rejoindre la caravane à marches forcées. Au jour fixé pour le départ, les deux principaux guides ne paraissent pas. Le lendemain soir seulement, enfants, porteurs et guides sont réunis. Nous quittons Kipalapala à neuf heures et demie de la nuit.

Après une marche accélérée d'environ cinq heures, les guides nous avertissent qu'ils ont perdu la route. « Avancez toujours, il nous faut à tout prix sortir cette nuit même du royaume de Siké, » fut notre réponse. Nous ignorions, hélas! qu'au lieu de nous éloigner nous ne faisions que revenir sur nos pas et nous égarer dans le pays que nous voulions quitter. Nous étions trahis. Bientôt l'arrière de la caravane que je conduisais perd de vue la tête où se trouve le P. Hauttecœur, et s'engage dans un chemin écarté. Nous ne tardons pas à reconnaître notre erreur, et, pour ne pas nous éloigner davantage, nous nous arrêtons.

Que faire pourtant dans cette situation critique? Pas un enfant, ni un porteur n'ose ouvrir la bouche, de peur de révéler notre présence aux Rougas-Rougas. Nous revenons sur nos pas jusqu'à l'endroit où nous avons dû quitter le sentier suivi par le P. Hauttecœur pour prendre celui dans lequel nous nous sommes égarés. Je me hasarde alors à tirer deux coups de fusil. Les échos seuls y répondent. Effrayés, enfants et porteurs veulent avancer à tout prix. Je m'y oppose et ordonne d'attendre là le jour qui nous permettra de reconnaître le lieu où nous nous trouvons et de prendre notre direction vers le point que nous voulons atteindre. Le jour arrive, nos guides ont fui, et je m'aperçois que nous avons suivi, toute la nuit, une direction opposée à celle que nous devions prendre. Il faut partir, et, pour rejoindre au plus vite le R. P. Hauttecœur, ou du moins pour trouver bientôt notre route, nous nous engageons entre deux montagnes. Nous ne tardons pas à rencontrer un homme, puis deux, puis trois. Nous leur demandons des nouvelles de la première partie de la caravane, et le chemin à suivre pour la rejoindre promptement à tel endroit. Pour toute réponse, ils s'enfuient à toutes jambes en déchargeant leurs fusils et en se précipitant dans les broussailles.

Effrayés de cette manière d'agir, les porteurs ne veulent plus avancer. Ils déposent leurs bagages, gravissent le flanc de la montagne pour reconnaître le pays. N'ayant jamais passé dans ces parages, ils redescendent découragés. « Il faut rejoindre le P. Hauttecœur, leur dis-je, et le reste de la caravane. Nous les trouverons au lieu désigné pour le campement. »

Il était sept heures du matin. Nous avions marché toute la nuit, et il ne nous fallait pas moins de neuf ou dix heures pour arriver à l'endroit fixé. Nous n'avions aucune nourriture, ni l'espoir d'en trouver sur notre route. A neuf heures, nous retrouvons enfin le bon chemin. Bientôt nous avons atteint un des derniers villages de l'Ounyanyembé. Malheureusement, le chef de ce village est un fils de Siké. Nous apercevons à l'entrée une réunion nombreuse. Les enfants ont peur et me supplient de ne pas traverser le village. Nous le contournons; mais à peine l'avions-nous dépassé, qu'un porteur jette sa charge et s'enfuit. Je l'appelle et le force à reprendre sa charge. « Ils nous poursuivent, » s'écrient les enfants. Les hommes que nous avions aperçus à l'entrée du village s'étaient, en effet, mis à notre poursuite. Que va-t-il advenir? Pour en imposer à nos ennemis, nous reprenons notre marche sans paraître faire cas de leur présence. Aussitôt ils fondent sur nous avec leurs fusils, leurs lances et leurs flèches et courent se placer en tête de la caravane. Nos trois porteurs déposent alors leurs charges; deux jettent même leurs fusils et s'enfuient avec trois de nos enfants. Mais nos ennemis les visent et vont faire feu.

« Arrêtez, leur criai-je, ce sont mes enfants ; gardez-vous de leur faire du mal ! » Au même instant, j'aperçois deux autres hommes qui me tiennent moi-même en joue. Ils me somment de m'éloigner des bagages et d'avoir à entrer aussitôt dans leur village. L'un d'eux en est le chef. C'est le fils du sultan de l'Unyanyembé. Je veux leur faire des observations, mais tout est inutile ; ils vont faire feu si je ne me retire. A peine suis-je éloigné de quelques pas, qu'ils se précipitent sur nos bagages et se les disputent sous nos yeux avec un acharnement inouï ; ceux qui ne peuvent rien avoir se lancent à la poursuite des porteurs et des enfants qui ont fui. Qu'allons-nous devenir ? Je suis seul avec quatre enfants.

Il ne nous reste que nos fusils et nos habits. Où se trouve maintenant le P. Hauttecœur, que lui est-il arrivé ? Nous faisons à Dieu le sacrifice de notre vie et nous nous abandonnons aux mains de sa Providence. Tout à coup les enfants s'écrient : « Père, voyez, ils emmènent un de nos frères dans leur village. » Aussitôt je cours réclamer cet enfant, mais à l'entrée du village se tient un conseil. On me fait signe de m'arrêter. Plusieurs individus, armés jusqu'aux dents, se détachent du groupe, s'avancent vers nous et exigent que nous leur donnions deux de nos fusils. Ils sont aussitôt obéis, et ils nous arrachent les deux qui nous restent. Nous n'avons plus rien, et nos ennemis ne sont pas encore satisfaits. Ils se jettent alors sur les quatre enfants qui m'accompagnent, avec une fureur qui n'a pas de nom.

J'attendais mon tour ; je le croyais arrivé, car je voyais d'un côté neuf hommes accourir vers moi à toute vitesse. « Mon Dieu, m'écriai-je avec toute la foi et toute la charité dont j'étais capable, mon Dieu, ayez pitié de moi ; je remets mon âme entre vos mains. *Fiat voluntas tua !* » O surprise, ceux que je croyais devoir être mes bourreaux sont mes sauveurs. Mon Dieu, soyez béni !

« Ne craignez plus, » s'écrient ces hommes en m'abordant; et aussitôt ils arrachent les enfants des mains des furieux qui les avaient saisis. « Ne craignez plus, nous sommes envoyés par le Bwana pour vous chercher et vous reconduire chez vous. Ah! comme la divine Providence veille attentivement sur ses enfants et sait les arracher aux mains des méchants les plus rusés et les plus audacieux !

Ces hommes ayant reçu l'ordre de nous ramener à Tabora, où s'était déjà réfugié le P. Hauttecœur, nous revenons aussitôt sur nos pas. A peine étions-nous retournés que nous avons à subir un second assaut de la part de nos ennemis. De nouveau, ils se précipitent au-devant de nous, nous ferment la route et veulent nous obliger à continuer notre marche sans revenir en arrière. Malgré leurs vociférations et leurs menaces, nous essayons d'avancer. Ils se jettent alors sur moi, m'arrachent chapeau, ceinture et tout ce qu'ils peuvent. Ma soutane allait rester entre leurs mains lorsque les envoyés du Bwana, à force de lutter, finissent par me dégager. Aux enfants qui n'ont pas fui, il ne reste plus que des lambeaux de leurs vêtements; à moi, une partie de mes habits et un bâton.

Enfin, Dieu aidant, nous rentrons dans cet état à Tabora, où nous rencontrons le P. Hauttecœur, qui a été lui-même complètement dépouillé.

Des trois enfants qui avaient fui avec les porteurs, deux nous reviennent; le troisième, plus jeune, mais bon chrétien, n'est pas encore de retour, et nous ne recevons de lui aucune nouvelle. Missionnaires et enfants chrétiens, nous nous jetons à genoux pour remercier le bon Dieu de nous avoir conservé la vie, et nous lui demandons le courage de supporter les nouvelles épreuves que l'avenir nous réserve.

Nous sommes réfugiés chez l'Arabe qui nous a fourni, jusqu'au moment de notre départ, les choses dont nous avions besoin. Il consent encore, aux mêmes conditions, à nous céder ce qui nous est nécessaire pour nous remettre en route. Nous quittons une seconde fois Tabora, et cette fois nous arrivons sans encombre à destination le 31 juillet. « J'ai espéré dans le Seigneur, et il m'a délivré ! »

XI

En visite chez les grands personnages des régions équatoriales. — Curieux incidents des réceptions.

Depuis longtemps, raconte le P. Couland dans une très intéressante relation, je désirais voir le roi ou grand chef des Mouéri, Rouama. Mon confrère, le P. Girault, avait contracté avec lui une sorte d'alliance et m'avait parlé souvent, en termes chaleureux, de ce puissant ami. Il fut convenu que nous irions le voir ensemble. Le principal motif de cette visite était de demander à Rouama un emplacement sur ses États pour établir nos orphelins mariés. Nous devions alors avec sa permission chercher cet emplacement d'après les renseignements qu'il nous donnerait. Mais, comme je le dirai dans la suite, nous ne pûmes, à cause des pluies, réaliser ce second but de notre voyage.

Le dernier jour d'avril (1) nous fîmes nos préparatifs; il nous fallut prendre tous les objets nécessaires pour un voyage d'une quinzaine de jours, tente, lits, quelques provisions de route, etc., et même nos ânes qui nous furent d'une si grande utilité. Je dus aussi emballer mon stéréos-

(1) 1888.

cope et mon orgue de Barbarie que Rouama avait demandé à voir et à entendre. Pour porter ces différents objets, il nous fallut une dizaine d'hommes. Nous n'eûmes qu'à choisir parmi ceux qui se présentèrent, car tous nos Bakumbis sont toujours contents de voyager avec nous. Avec les quatre enfants qui nous accompagnèrent, notre petite caravane se composait d'une quinzaine de personnes.

Le mardi, premier jour du beau mois de mai, nous offrîmes le saint sacrifice pour recommander à Dieu ce petit voyage, et nous priâmes notre bonne Mère du ciel de veiller sur nous particulièrement pendant ces jours d'absence. Dans l'après-midi, après une de ces pluies torrentielles qui ne sont pas rares sous l'Équateur pendant la mazika, nous pûmes traverser la crique avec notre grande barque venue de l'Ouganda, et nous couchâmes à Bousisi sur la côte de Mouéri.

2 mai. — Le lendemain, mercredi, dès six heures, après une mauvaise nuit passée presque sans fermer l'œil, à cause des myriades de moustiques, notre petite caravane est en marche. Tout annonce une belle journée, et la joie règne sur tous les visages. Pour aller à Bushiosa deux routes sont à notre choix : l'une plus courte traverse la forêt, et l'autre, un peu plus longue, longe à peu près la crique et le lac. Nous préférons cette dernière, parce que nous devions trouver des villages, où nous pourrions camper et obtenir des vivres. Tantôt nous contournons les nombreuses découpures de la crique, formant autant de petites baies, quelquefois assez profondes, toutes bordées de hauts papyrus traversés et sillonnés en tous sens par les hippopotames, qui pendant la nuit viennent à terre chercher leur pâture. Tantôt, par de petits sentiers creusés par les pluies, nous escaladons les collines qui se succèdent les unes aux autres, et nous nous trouvons encore en face d'une nouvelle baie, que nous longeons comme les précédentes.

À cette époque, plaines et collines sont couvertes de hautes herbes dans lesquelles nous disparaissons souvent ; parfois le chemin est bordé de fleurs dont les unes ressemblent fort aux iris et les autres aux pétunias aux couleurs les plus variées. Dans quelques mois, de toutes ces beautés de la nature, il ne restera plus aucune trace ; la pluie cessera de tomber durant plusieurs mois et le soleil aura bientôt fait disparaître toute trace de verdure ; les indigènes mettront le feu aux herbes sèches, et la forêt ne sera plus qu'un vaste incendie.

Vers trois heures de l'après-midi, notre guide Mangoulougou, homme de Luikama, jeune fils de Rouama, nous fait camper sur le cap de Kalobi, second cap sur le grand lac après l'embouchure de la crique. Nous dressons la tente dans un petit village complètement caché au milieu de magnifiques plantations de manioc. Mangoulougou nous fait donner une belle chèvre grasse, et les indigènes, qui nous connaissent comme les amis de Rouama, nous apportent en quantité de magnifiques racines de manioc. Nos Bakumbis qui en sont très friands s'en tirent à belles dents, et lient sur leurs bagages ce qui ne peut trouver place dans leur estomac.

Jeudi, 3. — Nous longeons encore les différents contours du lac, où nous remarquons plusieurs sites magnifiques et très favorables pour une mission. Les collines qui bordent le lac sont très élevées et offriraient un emplacement salubre pour les missionnaires. Ici point de marécages ni de papyrus malsains comme sur la crique ; mais le lac vient en pente douce mourir sur une belle plage de sable blanc.

Nous laissons bientôt le lac derrière nous pour marcher directement vers l'ouest. Nous coupons l'immense cap de Bouingo pour arriver au fond d'un golfe profond. Pendant trois heures environ, nous voyageons dans une immense plaine basse, couverte de hautes herbes et de broussailles.

AU PAYS DES TOUAREGS. (Page 190.)

et sillonnée en tous sens par de nombreuses pistes d'animaux sauvages. De temps en temps quelques clairières nous laissent apercevoir des troupeaux d'antilopes, qui prennent le galop à notre approche, en voyant, au milieu de leur solitude, des visages aussi inaccoutumés, et leur fuite si précipitée ne permet pas de leur loger quelques balles dans le corps. Au loin nous apercevons aussi, par-dessus la cime des arbres, la tête altière de superbes girafes, aux couleurs tachetées de jaune et gris-fauve. Le R. P. Girault les met en joue ; mais son malheureux fusil Gras refuse de faire feu ; et elles de s'enfuir à toutes jambes.

Vers une heure de l'après-midi, nous sommes en face du Bushiosa, au bord du golfe que nous devons traverser. Il est peu large, mais nous n'avons pas même un méchant tronc d'arbre pour nous porter sur l'autre rive. Comment faire ? Les gens qui sont sur l'autre bord ne connaissent pas notre arrivée. Tirer des coups de fusil, peut-être ces pauvres gens seront-ils épouvantés, et, croyant à une nouvelle invasion des Baganda, prendront-ils la fuite ? Nous nous demandions quel parti prendre, quand la divine Providence vint nous tirer d'embarras. Nous aperçûmes alors une barque qui partait de l'autre rive. Au bout d'une bonne demi-heure elle fut auprès de nous. Les deux hommes qui la montaient n'eurent pas de peine à nous reconnaître pour les amis de Rouama. Après nous avoir souhaité la bienvenue dans leur langage avec force « sula, sula, Kuzima », ils retournèrent chez eux tout joyeux et emmenant quelques bagages ; puis ils revinrent sans tarder avec toutes les barques de l'endroit.

Nous passâmes d'abord sur la barque qui nous semblait la moins mauvaise : c'était tout simplement un gros tronc d'arbre creusé. Une fois arrivés, nous la renvoyâmes avec ses rameurs pour faire passer nos ânes. Les indigènes firent d'abord quelques difficultés de passer ces pauvres quadrupèdes qu'ils n'avaient pas coutume de voir, et qu'ils ne se lassaient pas de regarder en poussant force cris d'admiration. Enfin, sur la menace qu'on leur fit de les dénoncer à Rouama, ils se résignèrent, non sans quelque peur, à atteler à leurs barques nos coursiers aux longues oreilles, non moins peureux que nos rameurs, le mien surtout. Il fallut le pousser dans l'eau jusqu'à ce qu'il eut perdu pied, et alors les rameurs ayant réussi à gagner le large, le piteux animal cessa toute résistance, se résigna à son sort, et se laissa traîner comme une masse inerte.

Ce passage nous ayant beaucoup retardé, nous ne pûmes pas nous rendre le jour même à la résidence de Rouama; nous dressâmes donc notre tente dans un petit village tout près du port.

Ce pays a été complètement ravagé par les Baganda; c'est pourquoi, ne pouvant trouver des vivres, nous dûmes nous contenter de ce qui nous restait. Nos porteurs étaient un peu fatigués de la forte étape que nous avions faite; mais, dans l'attente de la viande du lendemain, ils firent contre mauvaise fortune bon cœur, et chantèrent une grande partie de la nuit pour tromper la faim. Pour nous, notre sommeil ne fut troublé que par la voix rauque et pénétrante des hippopotames, qui sont en troupes dans ces parages.

Vendredi, 4. — Après deux heures de marche nous arrivons au Kikali (résidence) du grand berger (c'est ainsi que nous appelons souvent Rouama, car les Mouéri sont surtout pasteurs). Il vient assez loin au-devant de nous à la tête d'une troupe d'hommes qui l'accompagnent, et qu'il surpasse tous de la tête. Il est appuyé sur un bâton aussi long que lui. Rien en lui qui dénote sa dignité royale; son costume est on ne peut plus négligé; pour se couvrir, il n'a qu'une vieille étoffe qui avait été rouge, mais qui a bien perdu de son ancienne fraîcheur. Les sandales qu'il porte sont peu compliquées. C'est tout simplement un cuir de bœuf taillé d'après la plante des pieds, et retenu par quelques petites lanières. Voilà tout le costume du roi nègre notre ami, que nous allons voir; c'est un négligé à nul autre semblable.

Par contre, Rouama est fortement charpenté, et l'on voit peu de nègres de sa taille; son nez est proéminent et fortement aquilin, sa figure osseuse et ses traits réguliers. Du reste, tous les descendants de cette race, qui est la race conquérante de l'immense pays de Mouéri, sont sous ce rapport bien supérieurs aux autres nègres, et ne leur ressemblent nullement. Leur teint est d'un jaune cuivre qui se rapproche beaucoup de celui des Arabes de Mascate. Leurs manières sont aussi plus polies et plus distinguées, ce qui est particulièrement frappant lorsqu'on les compare aux Wanyamouézis. Cette race qui vient du nord, du côté de l'Égypte, pourrait bien avoir un peu de sang juif dans les veines.

A l'approche de notre ami, nous descendons de nos montures, et nous le saluons selon l'usage : *Sula, sultani, sula, Kuzima;* il nous répond : « Sula, mes amis, sula, mes frères, soyez les bienvenus, mes frères. » Nous accompagnons notre salut de chaudes poignées de mains, ce qui n'est permis qu'à nous seuls. Les gens pour le saluer ont bien soin auparavant de déposer tout ce qu'ils ont, puis se mettent à genoux, et, joignant les deux mains, ils lui disent d'un ton très respectueux : « Salut, notre maître. » Les salutations finies, il ne remarque plus ce que lui dit le R. P. Girault, son attention est toute captivée par nos ânes. Il n'en avait pas encore vu (les rois ici ne sortent pas de leur pays), aussi son étonnement est impossible à décrire; appuyé sur son bâton, il les regarde longtemps de la queue à la tête. Nous l'invitons à en monter un, mais il n'est pas né brave ; du reste, ses grandes jambes traîneraient à terre. Sur son désir, nous enjambons nos coursiers, et nous piquons un galop jusqu'à sa demeure. Les gens, peu habitués à pareille cavalcade, sortent de leurs huttes en poussant des cris et invitant ceux qui restaient à venir voir non les Wazungus (blancs), mais les sikiri (ânes). Hommes, femmes, enfants, tout le monde est sur pied, les femmes surtout ne sont pas les moins curieuses, elles veulent suivre nos ânes à la course, mais, toutes haletantes et ne pouvant plus y tenir, elles restent bien loin derrière.

Nous dressons notre tente à côté de la hutte principale de Rouama, en qualité d'amis et de frères ; nul autre n'oserait prendre cette liberté. Les spectateurs ne manquent pas, qui nous regardent avec étonnement (nous sommes pour eux des êtres si extraordinaires !) ; mais ce qui les frappe le plus, ce sont nos ânes. Pauvres bêtes ! elles ne se doutent pas qu'elles sont l'admiration de tout un peuple ! Sur un désir de notre part de rester un peu tranquilles, Rouama par un geste congédie tout son monde, et personne ne se fait prier, car on connaît la signification de ce geste. Grâce à cet écoulement de la foule, nous pouvons parler tranquillement avec notre ami, et lui exposer le motif de notre voyage. Nous l'avertissons que nous apportons le stéréoscope et l'orgue de Barbarie. A cette nouvelle, il n'y a plus de conversation sérieuse qui tienne, Rouama est un grand enfant quand il s'agit des choses de l'Oulaya (Europe). Il me faut sur-le-champ exhiber ces différents objets, car il est impatient et il lui tarde de voir toutes ces choses, dont lui ont tant parlé ses gens qui sont venus chez nous au Boukoumbi.

Nous le faisons donc asseoir sur un pliant au milieu de notre tente, et, pendant que j'ouvre mes caisses, le bruit s'en répand à l'entour, et dans un instant notre tente est comme prise d'assaut. Cette fois notre ami a peine à maintenir la foule avide de voir et d'entendre, et, pour contenter tous ces curieux, nous ouvrons en grand les portes de la tente.

Je commence par jouer quelques airs de l'orgue de Barbarie, tous ouvrent de grandes oreilles et surtout de grands yeux, étonnés d'entendre des sons, sans pouvoir voir ce qui les produisait, si ce n'est la manivelle que je tournais.

A l'orgue de Barbarie succède l'accordéon. En m'accompagnant, je chante sur l'air : *Ave, ave, ave Maria, Sula, sula, sula, Rouama,* etc.; grande surprise, éclats de rire prolongés dans toute la foule. Un air de satisfaction paraît sur le visage de Rouama en s'entendant ainsi chanté, et il m'invite à recommencer. Pendant tout ce temps, le grand berger regardait bien attentivement et cherchait à se rendre compte de la manière de toucher cet instrument, puis, le prenant entre ses mains, il en tire quelques sons sans trop de difficulté. Il est presque surpris de se voir musicien à si peu de frais ; mais il est encore plus content de montrer son savoir-faire à ses gens qui l'applaudissent à l'envi. Nous croyions qu'après cette première séance musicale notre ami nous laisserait quelque repos ; mais il n'est pas encore satisfait, et il veut voir les vues. J'exhibe donc le stéréoscope qui contient vingt-quatre sujets des mystères de Notre-Seigneur. La première vue qu'il aperçoit est l'entrée de Jésus à Jérusalem au milieu de toute une foule. A peine a-t-il jeté un coup d'œil qu'il s'écrie soudainement : *mawé ! mawé !* (c'est leur grand cri d'admiration), puis, se prenant le menton avec la main droite, selon son habitude, il reste muet, les yeux fixés sur ses gens. Regardant une deuxième fois avec plus d'attention, il parle, parle sans cesse avec une volubilité incroyable, expliquant à ses gens, qui sont là, assis sur les talons, les lèvres béantes, toutes les choses qu'il voit par les deux trous du stéréoscope.

Puis tout à coup, avec vivacité, cessant de regarder, il s'écrie : « Nous autres noirs, que sommes-nous ? que des wakopis (gens de rien); — avons-nous de belles choses comme celle-là ! (montrant le stéréoscope); — et si ces blancs, mes amis, mes frères, que vous voyez aujourd'hui, ont de si belles choses lorsqu'ils voyagent, qu'ont-ils donc chez eux en Europe ? et leurs rois, quelles richesses ont-ils donc ? Aurais-je pu croire que mes amis m'aimaient de la sorte, puisqu'ils ne craignent pas de me montrer ce qu'ils ont chez eux ? Non, certes, ce ne sont pas les Arabes, pas même les Anglais qui me sont attachés de cette façon. Non, ceux-là que vous voyez ne m'ont jamais trompé, et aujourd'hui ils m'en donnent une nouvelle preuve. » Quand il a fini de parler, je veux lui montrer d'autres vues, mais il me saisit la main et m'empêche de tourner. « Attends, attends ! » dit-il. Il veut se rendre compte de tout ce qu'il voit ; alors le R. P. Girault lui explique que celui qu'il voit assis sur un âne, la tête entourée d'une auréole, c'est Notre-Seigneur, dont il lui a parlé jadis. « Comment, reprit-il, avec vivacité, c'est Notre-Seigneur, le fils de Dieu ? — Oui, » lui répond le P. Girault, frappé de ce souvenir que Rouama avait gardé de son catéchisme du temps passé ; puis il répond à toutes les autres questions qu'il lui fait, entre autres, l'âne que monte Notre-Seigneur, les branches d'arbres que les gens tiennent à la main, et les vêtements qu'ils étendent sur son passage. Ce qui attire surtout son attention, c'est l'auréole qui entoure la tête de Notre-Seigneur. « C'est, lui dit le P. Girault, le signe de la royauté de notre Maître qui nous a sauvés tous, et les blancs et les noirs. — Oh ! qu'il est beau ! s'écrie Rouama. Que je voudrais bien aller avec lui, pour avoir un soleil semblable autour de la tête ! — Cela ne tient qu'à toi, » lui dit le Père, et il lui en donna la raison, en quelques mots pour le moment.

Toute la soirée, le grand berger la passa à regarder le stéréoscope; en connaître le maniement fut pour lui l'affaire d'un instant; et, pour nous laisser tranquilles, et aussi pour le montrer à ses femmes impatientes, il l'emporta dans sa hutte royale. Quand celles-ci furent rassasiés, il s'installa au milieu de ses gens devant sa demeure, et là, assis par terre, sans plus de façon, il montra aux plus importants toutes les vues, les unes après les autres, leur répétant les explications du R. P. Girault et en ajoutant une foule d'autres à sa manière. Tous voudraient satisfaire leur curiosité et voir par eux-mêmes, mais la foule de curieux est trop considérable, et le soleil touche à la fin de sa course. Les plus heureux racontent à leurs voisins toutes les merveilles qu'ils ont vues, accompagnant leur récit de force gestes, singeant tous les personnages qui les ont le plus frappés.

Enfin, la nuit vint clore cette curieuse séance, dont il est difficile de se faire une idée sans l'avoir vue, et la foule s'écoula comme à regret. Mais tous emportent du stéréoscope un souvenir ineffaçable; ce sera pour eux la boîte magique, dont l'on parlera longtemps dans tout le pays.

Pendant cette scène tout indigène, nos enfants, aidés de quelques porteurs, ont tué le bœuf gras que nous a donné notre ami. Dans ce pays, tout le monde est naturellement boucher; c'est pourquoi dépouiller et dépecer une bête quelconque est l'affaire d'un instant. Quand la viande fut partagée entre qui de droit, sans compter quelques petits cadeaux faits à des connaissances du P. Girault, nous profitons de quelques minutes de repos et de tranquillité pour faire notre lecture spirituelle.

Notre souper fut suivi de la visite de Rouama qui vint dans notre tente. Elle dura plusieurs heures, durant lesquelles la conversation ne languit pas un instant. Quand il eut fini de parler de choses et d'autres, et surtout de l'arrangement du vaste royaume de ses ancêtres, qu'il a tant à cœur, le R. P. Girault l'entretint du but de notre voyage. Il écouta avec une attention mêlée d'un visible contentement, et répondit d'abord que, pour le moment, il ne fallait pas songer à parcourir le pays, à cause de la saison des pluies; même avec vos ânes, dit-il, vous ne pourriez traverser ni forêts, ni plaines; les hautes herbes ont fait disparaître toute trace de chemin et les ruisseaux sont débordés. « Tu ne peux donc pas, mon frère (s'adressant au P. Girault), faire en ce moment la tournée que tu désirais, tu vas passer ici quelques jours, puis tu retourneras au Boukoumbi. Enfin, la mazika finie, lorsque tu partiras pour l'Ounyanyembé, fais-moi avertir; je te donnerai des hommes, et tu choisiras dans tout mon royaume l'endroit que tu jugeras le plus favorable. Alors j'enverrai mes gens qui couperont tous les matériaux nécessaires, et qui te bâtiront une maison provisoire avec une forte palissade. A ton retour tu trouveras toutes choses prêtes, et tu pourras venir t'installer avec tes frères et tous les enfants dont tu disposeras. » De plus, ajouta-t-il d'un ton convaincu et convaincant, « je veux que tout le pays que tu choisiras soit à toi, et que tu y sois le maître absolu, comme moi ici. »

Telles sont, en résumé, les paroles de Rouama. Certes, il est difficile de trouver dans un roi nègre de meilleures dispositions pour les missionnaires.

Le R. P. Girault, touché de tant de bienveillance à notre égard, voulut l'en remercier, mais il refusa en disant que c'était encore bien peu de chose pour tous les services qu'il lui avait rendus par ses bons et sages conseils lors de la dernière guerre. Le Père termina en lui promettant notre fidélité et l'engageant à arranger au plus vite le royaume du grand Louinda, son ancêtre.

Pendant ce long entretien, les heures passèrent rapidement; nous étions si touchés de la franchise de notre ami que nous oubliions le sommeil. Il s'en retourna chez lui joyeux et content, revenant sans cesse sur le stéréoscope. Avant de nous coucher, nous fîmes notre mois de Marie avec nos chrétiens, et nous recommandâmes notre repos à cette bonne Mère et à son divin Fils.

Durant les quatre jours de notre séjour chez Rouama, il nous fallu être à la disposition des indigènes, qui voulaient les uns voir le stéréoscope, les autres entendre la musique. Ces pauvres gens sont si primitifs et si simples qu'on se prête volontiers à leur désir, trouvant par là un moyen de leur inspirer la confiance, et de leur dire quelques mots du Bon Dieu. De plus, la pluie, qui tomba presque sans interruption, nous obligea de garder la tente une grande partie des matinées. Nous en sortions cependant pour aller dans la hutte de notre ami, afin de le réveiller, car, selon son habitude, il était loin d'être matinal. Tant que Rouama n'est pas éveillé, personne n'ose entrer chez lui ; mais, pour nous, nous le pouvons à toute heure du jour et même de la nuit, ce qui n'étonne pas peu ses gens. Alors le P. Girault le plaisantait, et lui disait même de grosses vérités, que nul n'aurait osé lui dire. Son ami lui répondait sur le même ton, peu embarrassé de lancer quelques mots plaisants soit en kiswahili, soit en kisukuma et même en français, comme par exemple : « Je fais la pluie aujourd'hui, aujourd'hui pluie et tonnerre, etc. »

Sa grande occupation, après son réveil, est de regarder le stéréoscope, ou dans notre tente ou dans sa hutte. Avec une certaine dextérité, il enlève lui-même les vues pour les remplacer par d'autres et remettre les premières.

Dans nos moments libres, nous allons faire quelques promenades sur le bord du lac au milieu de grandes bananeraies qui, bien que coupées par la racine par les Bagandas lors de la guerre, repoussent en ce moment en tiges fortes et vigoureuses. La résidence de Bouama touche le lac; les vagues viennent tranquillement expirer sur une belle plage de sable fin, ou se perdre au milieu des petits rochers couverts de coquillages. Nous en avons ramassé un certain nombre qui ressemblent fort aux huîtres de nos pays, et que nous envoyons à la Maison-Mère. Les savants pourront exercer leur patience et contenter leur amour de la science. Nous pouvons en toute sûreté, sans craindre les crocodiles, prendre quelques bons bains, qui nous sont aussi salutaires qu'agréables.

Un autre jour, nous allons jusqu'à la pointe d'un petit cap en face de l'île de Komé. A l'aide de la jumelle, nous pouvons avoir une idée de sa grande fertilité ; les collines elles-mêmes sont couvertes de vigoureuses bananeraies, qui font de cette île tout entière un immense bouquet de verdure. C'est là que se sont retranchés les derniers rebelles que n'ont pu exterminer les Baganda, et qui ne veulent pas reconnaître l'autorité de Rouama. J'ai pris une vue de cette magnifique île, que j'envoie à notre Père procureur; mais la faiblesse de mon appareil et la distance ne m'ont pas permis d'avoir une grande netteté. Dans cet envoi, il y a aussi quelques autres vues et types de l'endroit; j'aurais voulu prendre une photographie de Rouama, mais, malgré les instances du P. Girault, il a été impossible de le faire consentir à poser devant l'appareil.

Après trois jours de séjour chez Rouama, nous songeâmes à notre retour et nous avertîmes notre ami que nous partirions le lendemain ; mais il ne voulut pas, et sur ses instances si pressantes nous dûmes lui accorder un quatrième jour. Comme la journée ne lui suffisait pas pour regarder le stéréoscope, il passa plusieurs heures de cette dernière nuit à satisfaire sa curiosité, et, trouvant avec raison que l'effet produit par une simple bougie surpassait de beaucoup celui de la lumière du jour, il ne pouvait se séparer des belles choses qu'il voyait.

Mardi 8. — Nous ne pûmes partir de bonne heure, car, selon son habitude, Rouama ne fut pas matinal, et il fallut les menaces tout amicales du P. Girault pour le faire lever. Il vint nous conduire et nous accompagna assez loin, ne s'apercevant pas de la distance dans la chaleur de la conversation; après de chaudes poignées de main il prit congé de nous en nous rappelant une dernière fois que tout son pays était le nôtre, et nous invitant à venir bâtir au plus tôt. Puis, sur son désir, nous faisons galoper nos montures qui sont impatientes de partir. Dans un instant nous laissons loin derrière nous notre ami et toute la foule qui l'accompagne.

Ce même golfe dont j'ai parlé à l'aller, nous le passâmes une seconde fois, et à deux heures de l'après-midi nous étions en marche. Mais cette immense plaine, qui quelques jours auparavant était à peu près aride, à part quelques mares d'eau çà et là, avait été transformée par les pluies en un vaste marais, où nos ânes pataugèrent durant quatre heures. Aussi l'étape fut longue et difficile, surtout pour nos porteurs, et ce ne fut que bien avant dans la nuit que nous arrivâmes à l'extrémité du fameux cap de Bouingo, chez Kisuaruka, sœur de Rouama. Nous pensions y trouver plusieurs de nos porteurs qui nous avaient devancés; mais ceux-ci s'étaient égarés et étaient allés camper dans un autre village, en sorte que nous n'eûmes ni lits, ni tente pour passer la nuit.

Kisuaruka, qui n'avait pas été prévenue de notre arrivée, ne fut pas peu surprise en voyant deux blancs arriver chez elle à cette heure de la nuit; cependant elle se rassura en reconnaissant le P. Girault. Regrettant bien vivement de n'avoir pas été avertie, et de n'avoir pas pu préparer notre bugeni (repas des hôtes), elle nous apporta un pot de lait frais et quelques patates : ce fut notre souper. Elle nous fit donner une hutte pour passer la nuit; mais, obligés de coucher à l'indigène par terre sur l'herbe sèche, nous ne pûmes fermer l'œil à cause des *papazi* (1).

Le lendemain Kisuaruka, heureuse de nous avoir chez elle, veut nous recevoir non seulement comme amis, mais comme membres de sa famille ; elle envoie ses gens nous chercher des vivres et choisit elle-même dans son superbe troupeau un beau bœuf qu'elle nous donne. Pour nous obligés d'attendre nos porteurs égarés, nous dûmes passer la journée dans son village. Comme le R. P. Girault me l'avait déjà dit, je fus étonné de trouver dans une femme nègre tant de noblesse dans les manières, jointe à une excessive délicatesse, une grande simplicité et une entière franchise ; si ce n'était son costume indigène et le teint de son visage, elle aurait toutes les manières d'une femme européenne. Rouama a une grande confiance en elle et ne dédaigne pas de la consulter ; du reste, connue et respectée de tous, elle a une grande autorité dans le pays.

Avant de dîner, comme apéritif, nous montons sur une colline voisine. De là on a une vue unique. A nos pieds s'étend le grand lac, calme et poli comme une glace ; au premier plan, à peu de distance de Bouingo, c'est la grande île de Vjouma, couverte jadis de nombreuses et magnifiques bananeraies, qui ont été ravagées par les Baganda ; aujourd'hui elle est déserte et inhabitée, mais non dépourvue d'arbres gigantesques ; à gauche, c'est Komé et au milieu Kavalangira et une multitude de petits îlots qui sont comme autant de bouquets de verdure ; enfin, au loin, à l'arrière-plan, c'est l'immense île d'Oukérévé, avec les nombreuses îles qui en dépendent, et qui forment le royaume de Lukougé.

La soirée se passe à faire de la musique et à montrer à Kisuaruka et à ses gens le stéréoscope, dont la nouvelle avait précédé notre arrivée.

(1) Sorte de tiques qui ne sont pas rares dans l'Afrique équatoriale et dont la morsure est assez douloureuse.

Le lendemain jeudi, jour de l'Ascension de Notre-Seigneur, nous tâchons de célébrer de notre mieux cette grande fête, en disant la sainte messe à laquelle assistent nos chrétiens. Puis, après avoir pris congé de la sœur de Rouama, nous nous mettons en route avec un beau soleil, pour nous rendre à Murenda, ancienne résidence de notre ami. Nous contournons encore le lac et nous entrons dans une plaine basse, que nous avions traversée à pied sec la première fois ; mais aujourd'hui nos hommes ont de l'eau jusqu'à la ceinture, et nos ânes perdent pied souvent. Celui du P. Girault, intrépide comme toujours, passe sans broncher ; mais le mien, qui n'aime pas l'eau, est tout tremblant et tombe sur les genoux, faisant ainsi prendre à son cavalier un bon bain de pieds, malgré ses longues bottes. L'eau augmentant à chaque pas, nous sommes obligés de revenir en arrière et de prendre un chemin détourné où nous en trouvons un peu moins. Quant à nos porteurs, qui ne sont pas gênés par les étoffes, ils préfèrent ne pas nous suivre et arrivent, non sans effort, pour tenir l'équilibre, de l'autre côté du marais. Nous rejoignons bientôt nos porteurs et nous continuons notre route en trompant la faim avec quelques racines de manioc, mises en réserve dans nos sacs de voyage.

Vendredi 11. — Nous partons de bon matin pour Busisi. Une foule de curieux, hommes et femmes, nous accompagne et forme comme une escorte de chaque côté du chemin. Ce qui les intéresse surtout, ce sont nos montures ; les uns font de naïves réflexions, les autres sont tout absorbés dans la vue de cet animal si nouveau pour eux.

A notre passage près du village de Luikama, des gens qu'il a envoyés nous invitent à aller chez lui. Ils insistent tellement que nous nous rendons à leurs désirs. A l'entrée de son village le grand Luikama vient au-devant de nous, suivi d'une nombreuse escorte, et d'un air un peu froid il nous serre la main à chacun en disant : « Bonjour, mon Père. » Étonnés de nous voir saluer à la française, nous lui demandons qui l'a instruit : « Nantinda, dit-il. C'est un zélé chrétien de l'Ouganda. Luikama ressemble entièrement à son père : même taille, mêmes manières, mêmes gestes, même timbre de voix. Il a profité de ses bonnes leçons.

Pour nous bien recevoir, il a envoyé chercher au loin du vin de bananes, liqueur indigène à laquelle nous n'avions pas goûté dans tout notre voyage. Nous fîmes honneur à ses cruches, nous, nos chrétiens et nos porteurs; mais, pour lui, il ne voulut pas déroger à cette coutume invariable qu'ont les membres de la race royale, de ne boire l'*amarua* qu'au coucher du soleil, dussent-ils par contre boire toute la nuit.

Le bruit de l'orgue de Barbarie et du stéréoscope est déjà parvenu jusqu'à lui; aussi faut-il sur-le-champ mettre fin à son impatience et satisfaire sa curiosité. Il examine toutes les vues les unes après les autres, veut se rendre compte de tout; il regarde, regarde toujours et ne peut se rassasier de regarder.

Cette courte visite fit grand plaisir à Luikama et nous gagna toutes ses sympathies. Il regretta vivement de ne nous avoir rien donné jusqu'à ce jour et nous dit de lui demander tout ce que nous voudrions : tout ce qu'il a nous appartient. En attendant, il nous donne immédiatement, outre le bœuf gras que nous avons tué, une vache à lait et son veau, une chèvre grasse, dix pioches.

Le lendemain samedi, il voulait nous retenir encore, mais, comme nous tenions à rentrer à la mission pour le saint jour du dimanche, nous ne pûmes y consentir et nous nous mîmes en route pour Busisi. Nous y trouvons le P. Lombard, venu dès le matin avec les enfants et une de nos barques, et, bien que la crique fût un peu mauvaise, nous passons immédiatement à l'autre bord, et nous arrivons à la mission vers onze heures. Tout va bien ; le P. Hirth et le F. Raymond sont en bonne santé. Nous nous rendons à la chapelle pour remercier Notre-Seigneur et notre bonne Mère de notre heureux voyage.

*
* *

Voici, du R. P. Charbonnier, le récit d'une visite analogue, remplie de détails non moins curieux :

« Je suis parti, raconte le zélé missionnaire, vers la fin du mois d'août (1886) pour aller prendre à Kirando tout le personnel d'un village de Wasombwas, qui avait demandé à venir s'installer sur notre territoire de Karéma et suivre nos lois et coutumes. Arrivé à Kirando, après deux jours de navigation, le chef Kiziara vint au-devant de moi et m'invita à descendre aussitôt chez lui, disant qu'il ne permettrait pas que je demandasse, en cette circonstance, l'hospitalité à un étranger. Je le suivis donc, et, après une demi-heure, nous entrons dans ce village.

Kiziara m'avait fait savoir que je le trouverais prêt à partir, dès le lendemain de mon arrivée, avec tout son monde et tous ses effets, et il n'y avait rien de préparé pour le départ ; il me demanda trois ou quatre jours pour emballer son grain de maïs ou de mtama dans de l'écorce d'arbre ou des herbes qu'il irait chercher dans la forêt voisine ; j'étais bien tenté de me fâcher un peu contre ce chef si insouciant, mais cela n'aurait guère avancé notre rentrée à Karéma ; je pris donc le parti de la patience.

J'utilisai mes loisirs, en tâchant d'attirer autour de moi et d'instruire des premières vérités un grand nombre d'infidèles, moyennant les vues si attrayantes pour eux du stéréoscope.

Ce fut à cette occasion que je fis connaissance avec plusieurs fils ou ministres de Kapoufi, roi de l'Oufipa, et que, par leur intermédiaire, je commençai à nouer des relations avec ce monarque.

Quelques jours après, arrivèrent trois envoyés de Kapoufi qui, avec deux jeunes esclaves, m'offrirent quelques bonnes pioches, un pot de beurre et un *Sosso*, joli bâton qui a la forme d'une véritable houlette pastorale d'un mètre quarante de long et qui, entre les mains du roi comme dans celles de ses ministres, est l'emblème de l'autorité et tient lieu de sceptre. En Europe ou autres contrées civilisées, les souverains envoient des décorations aux personnes qu'elles veulent honorer ; le roi de l'Oufipa, ne connaissant pas les décorations, envoie un sceptre semblable au sien à ceux dont il veut rehausser la distinction aux yeux de ses sujets.

En m'envoyant ces quelques présents, ce bon prince me faisait dire que c'était bien peu à côté du cadeau que nous lui avions adressé, mais qu'il attendait ma visite sans retard pour me témoigner plus royalement sa satisfaction et sa reconnaissance. Il me faisait recommander de ne pas oublier de lui apporter ces yeux en verre (lunettes du stéréoscope) à travers lesquels ses enfants avaient vu à Kirando, chez Kiziara, les choses si merveilleuses de l'*Oulaya*.

Je me disposai donc à prendre le chemin de l'intérieur de l'Oufipa. Deux fils et deux des principaux ministres de Kapoufi avec leur suite étaient venus au-devant de moi, par ordre de leur maître, pour m'accompagner durant ce voyage et me faire rendre des honneurs auxquels je ne m'attendais pas dans ce pays sauvage. Pendant les quinze étapes qui nous séparaient de Kisaki ou Kouïkourou (résidence du roi), je n'ai eu à me préoccuper ni du transport de mes quelques bagages, ni de mon logement, ni de ma nourriture ; le principal ministre envoyé par le roi faisait porter mes effets d'un village à l'autre par ses gens, puis, dans ces mêmes villages, me choisissait la plus belle hutte et m'amenait, peu après mon arrivée dans l'endroit où nous devions nous arrêter à la fin de l'étape, le chef ou préfet du village, pour me rendre visite et m'offrir ordinairement des poules, une chèvre et de la farine de millet ou du maïs pour moi et tous mes compagnons de voyage.

Au lieu de me faire suivre le chemin le plus court, ces braves gens, par excès de zèle, pour me faire éviter une forêt où les terribles Rougas-Rougas faisaient de loin en loin quelques apparitions, — chemin cependant par lequel tous les voyageurs indigènes passent habituellement pour se rendre à Kouïkourou, — m'entraînèrent presque malgré moi dans une autre voie sur laquelle il n'y avait pas de montagnes à gravir, mais un grand nombre de villages pour nous y reposer à volonté. Bien que me méfiant un peu de leurs belles paroles, je les suivis, et je ne tardai pas à m'apercevoir que mes défiances étaient fondées.

En barque ou à pied, nous longeons la côte de l'Oufipa toute bordée de montagnes et de roches comme d'un fort rempart, contre l'envahissement des eaux du Tanganyka, et, au bout de six jours, nous arrivons jusqu'à l'Ouroungou sans avoir pu trouver la porte du bon chemin qu'on m'avait tant vanté. Souvent sur les bords du lac, et quelquefois à une demi-heure ou une heure de distance, ce ne sont que des montagnes qui se dressent devant nous comme pour nous fermer le passage.

Nous prenons notre parti de grimper en quelque sorte le long des flancs de ces hautes montagnes très boisées, superposées les unes sur les autres en forme d'amphithéâtre, ou rattachées par quelque plateau de terre cultivable ou par de profonds ravins.

Après trois jours de cette marche pénible, nous escaladons une dernière mais très haute montagne qui nous met bien à deux mille mètres au-dessus du niveau de la mer; puis nous parvenons sur de hauts plateaux d'une étendue immense, entourés au loin par de nouvelles montagnes comme d'autant de châteaux d'eau qui les arrosent et les fertilisent sans cesse ; les sources et les rivières intarissables d'une eau très limpide et très fraîche, y sont très nombreuses. Parfois, en une seule étape de cinq ou six lieues, nous en rencontrions trois ou quatre qui serpentaient sur un long parcours dans toute la plaine. Nous avons remarqué l'emplacement de nombreux villages aujourd'hui abandonnés par suite des ravages de plusieurs bandes de lions qui venaient enlever les gens dans leurs champs même en plein midi, ou de la famine extrême qui, ces dernières années, a décimé les habitants et a poussé les survivants vers des centres moins exposés à la férocité et à la rapacité des bêtes sauvages. C'est à peine si à chaque étape nous pouvions rencontrer un village pour y passer la nuit.

Ce beau pays, où il y aurait les sites les plus avantageux pour fonder des orphelinats et des centres chrétiens, est surtout occupé aujourd'hui par de nombreux troupeaux de grandes et belles antilopes, de buffles, de zèbres et autres gros gibier, ainsi que nous l'avons constaté sur notre chemin en maintes occasions.

Malgré un grand surcroît de fatigue que j'aurais évité en suivant le chemin ordinaire, je me réjouis d'avoir ainsi parcouru cette grande et magnifique contrée. Parti le 25 octobre de Karéma, nous n'arrivâmes chez Kapoufi que le 14 novembre. La plupart des habitants de la ville étaient sur pied en double rangée pour nous saluer par des coups de fusil ou pour nous voir passer. La plupart n'avaient pas encore vu de blancs. Selon la loi du pays au sujet des étrangers, le roi ne me reçut pas le jour de mon arrivée et ne m'envoya pas autre chose qu'un salut cordial.

On me dit cependant qu'il brûlait du désir de me voir et que le lendemain de très grand matin il serait à ma disposition avec tous les princes, toutes les princesses et autres grands de sa cour. A six heures, en effet, il me fit dire qu'il m'attendait. La réception fut simple, mais sympathique. Dès mon entrée dans la salle de réception, il me fit donner un siège semblable au sien et me fit placer en face de lui. A sa droite étaient assis, sur des tabourets à trois pieds comme le nôtre, Kimaouyaga, cousin et héritier désigné du trône, Nondé, prince héritier après Kimaouyaga, et ensuite cinq ou six fils ou ministres du roi ; à gauche, près du roi, siégeait la reine actuelle entourée de ses trois jeunes enfants. Il me les présenta tous, puis me demanda des nouvelles de Karéma ; il voulait savoir aussi ce que je mangeais ; je le lui dis, il partit d'un éclat de rire en disant : « Je ne m'attendais pas à cela d'un grand homme comme toi venu de l'Oulaya ; tu es un vrai Mfipa, nous nous entendrons bien. »

Je lui remis une partie du cadeau que je lui apportais, quelques belles perles, deux morceaux de savon, deux paquets d'aiguilles et un rasoir, il en fut enchanté. J'avais plusieurs autres objets plus précieux à lui donner, mais je voulais ménager l'intérêt et l'augmenter progressivement ; chaque jour, à la visite que je lui faisais, je lui apportais quelque nouveau présent auquel il ne s'attendait pas, et cela produisait le meilleur effet. Ici nous suivons une coutume opposée à celle de l'Europe où l'on se plaît à étaler d'un seul coup tous les présents que l'on veut offrir à une personne amie pour l'impressionner davantage. Chez nos nègres, ce serait une maladresse : si vous leur remettez tout à la fois, ils ne seront pas satisfaits, quand même le cadeau serait très riche et vous serez importuné par de nouvelles demandes.

Quand j'eus pris congé du roi, à peine étais-je rentré chez moi, que je vis arriver de sa part, avec un bœuf gras, du lait, du beurre, du fromage et du pombé. Le soir, les deux princes héritiers viennent me faire visite et me manifestent le désir de voir les belles choses d'Europe (les vues du stéréoscope). Ils sont ravis et comme hors d'eux-mêmes de contempler ces grands édifices, ces villes, ces bateaux; mais ce qui est au-dessus de tout pour eux, ce sont les portraits du Sacré-Cœur de Jésus et du Cœur Immaculé de Marie, Notre-Seigneur Jésus-Christ bénissant les petits enfants, marchant sur les eaux, assistant à la pêche miraculeuse de ses apôtres, montant au ciel. Le bon Kimaouyaga surtout, après les explications que je lui donnais, ne se lassait pas de les admirer. « Salut, salut, Seigneur Jésus, salut, disent-ils avec une figure tout épanouie de contentement, et tout en battant des mains, salut aussi à vous, Sainte Marie, mère du Seigneur Jésus; sur la terre il n'y a personne d'aussi beau, d'aussi bon que vous; le Père blanc qui est là nous dit que vous nous aimez et que vous voulez nous faire grand bien ; nous aussi, nous voulons apprendre à vous mieux connaître et à vous aimer. » Ensuite, s'adressant à son entourage : « Allons, mes enfants, saluez avec moi le Seigneur Jésus et sa Mère Sainte Marie. »

J'étais touché jusqu'aux larmes de trouver d'aussi beaux sentiments chez un prince encore infidèle.

Le lendemain Kapoufi voulut voir toutes ces merveilles de concert avec la reine, ses enfants et le reste de son entourage. Il ne fut pas moins ravi que son cousin et futur successeur Kimaouyaga : « Bonjour, Seigneur Jésus; bonjour, Sainte Marie ; » puis il ajoutait : « Oh ! ces Européens, ils savent tout faire et tout ce qu'ils font est bien ! » Vers le soir, il voulut savoir si j'étais venu chez lui seulement le voir et me promener, ou bien si j'avais des affaires plus sérieuses à traiter ; mon nyampara, à qui il s'adressait et qui connaissait un peu mes intentions, lui répondit qu'il me le demanderait, mais qu'il ne pensait pas qu'un homme de mon rang eût entrepris un voyage si long et si pénible pour avoir simplement le plaisir de se promener à travers un si grand pays et pour l'agrément de voir un roi nègre. Alors il m'informa qu'il viendrait chez moi le lendemain de bonne heure, pour écouter mes paroles et me faire entendre les siennes. Je l'attendis en vain : pendant la nuit il avait changé d'idée ; néanmoins il m'envoya les deux princes héritiers et deux de ses principaux ministres à sa place avec plein pouvoir. En présence de mon homme je leur dis que je suis venu pour de grandes choses, savoir : pour faire amitié avec le grand Kapoufi, non point en vue d'attirer à moi ses biens ou de m'emparer de son royaume, mais pour l'aider et en être aidé au besoin, surtout pour obtenir la liberté de faire connaître à son peuple *Bwana Isa*, le Seigneur Jésus, le chemin qui conduit à Lui et le grand bonheur qu'il réserve à ceux qui auront écouté sa parole et mis en pratique ses commandements. C'est en cela que consiste la principale différence entre nous et les Arabes ou les autres blancs qui viennent, soit pour leur commerce, soit pour se promener, ou, comme le Wangouana, pour faire des esclaves que nous tâchons de libérer aux dépens de nos biens.

« D'ailleurs, ajoutai-je, interrogez mes hommes qui sont là, ils vous diront si mes paroles sont vraies ou mensongères ; plusieurs des vôtres qui nous ont fait visite à Karéma savent aussi combien nos œuvres et notre conduite diffèrent des œuvres et de la conduite des Arabes et de leurs Wangouanas que le roi n'aime pas parce que, dit-il, ils sont tous des goulougoulous (des gloutons). »

Tous me répondent que mes paroles sont des paroles de vérité ; Kimaouyaga me dit même : « Tu es pour nous le représentant de Dieu et nous t'écoutons comme Dieu lui-même. Nous acceptons tout ce que tu veux sans aucune observation. »

Kapoufi me fit la même réponse, ajoutant que son cœur

était pur de toute défiance et qu'il voulait dès le lendemain faire l'Ousaré (amitié de sang) avec moi. Vers quatre ou cinq heures du soir, j'allai le voir et lui offrir le plus beau présent que j'avais réservé pour la fin, une diora de bon merikani, des ciseaux recourbés pour se faire raser les cheveux, un miroir, un réveille-matin qu'il convoitait tant, et quelques autres petits objets de son goût. Il en fut très satisfait et me renouvela l'expression de ses bons sentiments à mon égard.

Néanmoins, pendant la nuit il changea encore un peu d'avis et me fit dire que l'Ousaré n'aurait lieu que le surlendemain.

Bien qu'il ne m'eût pas fait appeler, j'allai chez lui pour lui faire visite et savoir s'il était bien vrai que c'était le jour de l'ousaré. Il me répondit que oui, mais qu'il déléguait à cet effet un de ses enfants préfet sur le lac Irikwa. Sur le moment je ne dis rien et j'allai avec le prince, plusieurs ministres et mes hommes à l'endroit indiqué ; je m'assis auprès d'eux, puis, après un moment de silence, je pris la parole en ces termes : « Le roi Kapoufi m'a d'abord proposé de faire l'ousaré avec lui-même, je l'ai accepté, et maintenant il change d'idée, que s'est-il passé ? Est-ce qu'il a quelque sujet de plainte envers moi ou les miens ? » On me répond : « Absolument aucun, seulement il aime beaucoup ce préfet et c'est pour cela qu'il le délègue à sa place.

— Eh bien, repris-je, dans ce cas-là, je crois que la parole donnée d'abord par Kapoufi ne peut pas changer, c'est parole de roi ; quant à moi, je n'accepte pas de faire une pareille amitié par l'intermédiaire avec ce nègre qu'on me dit être d'origine royale, mais en qui je ne vois aucun trait du roi. Si encore on m'avait désigné le prince héritier Kimaouyaga, j'aurais accepté, mais celui-là, non.

— C'est défendu pour moi, répond aussitôt Kimaouyaga.

— C'est aussi défendu pour moi, » lui dis-je.

Puis je me lève et m'en vais chez moi.

Un quart d'heure après, on me fit dire de venir, que Nandé, le jeune prince héritier, fera l'ousaré avec moi. Je réponds que je n'accepte pas.... Une seconde fois, on m'informe que maintenant Kimaouyaga accepte ; je lui fais savoir que c'est trop tard et que je ne veux faire amitié de sang qu'avec le roi lui-même, comme c'était convenu en premier lieu ; que si Kapoufi refusait encore, je m'en retournerais chez moi comme j'étais venu. — Ce qui me faisait parler ainsi, c'est que je savais que le roi voulait absolument cette amitié d'une manière ou de l'autre.

Je ne fus pas trompé dans mon attente ; mes deux nyamparas vinrent me dire que Kapoufi était disposé à tout et qu'il m'appelait.

Je me rendis chez lui, il me fit asseoir dehors en face de lui genoux contre genoux ; on nous recouvrit par moitié d'un linge blanc, puis l'opération commença en présence d'un grand nombre de personnages venus de loin pour cette cérémonie. Un assistant, un rasoir en main, me fit une petite entaille à la jambe gauche, pendant que mon premier nyampara en faisait autant au vieux roi ; puis l'un et l'autre mirent un peu de beurre sur une feuille d'arbre et nous frictionnèrent doucement la place, tantôt sur Kapoufi, tantôt sur moi, afin de bien mélanger notre sang et sceller ainsi notre mutuelle amitié.

Pendant cette opération, les gens du roi, aussi bien que les nôtres, tiraient en l'air force coups de fusil, gambadaient à droite, à gauche et poussaient des cris de joie.

Enfin, le nyampara de la cour et le nôtre brisèrent en plusieurs morceaux la feuille dont ils s'étaient servis et dirent à haute voix, en s'adressant à nous deux : « Que celui des deux qui sera le premier infidèle à cette amitié soit brisé comme ces feuilles. »

L'ousaré ainsi terminé, on m'invita à aller faire visite à

la reine mère, à la reine, aux princes du sang, pour leur recommander de ne pas oublier que je suis auprès d'eux un second Kapoufi. Le roi, en effet, venait de me dire et de me répéter, en présence de tous les assistants et des membres de son conseil : « Maintenant, Sultan de Karéma, tu es aussi sultan comme moi de l'Oufipa. Mes femmes, mes enfants, mes frères, mes sujets sont à toi comme à moi, ainsi que mes bœufs, mes chèvres et toutes mes terres ; tu pourras t'établir avec tes frères là où tu voudras et y faire entendre tes paroles comme tu le voudras, sans crainte d'être troublé dans l'exercice de ton ministère ; de plus, je vais envoyer trois de mes ministres de confiance qui sont là pour te reconduire à Karéma et faire savoir à Tchata et aux autres chefs des environs qu'ils doivent te traiter comme moi-même ; que, s'ils ont le malheur de t'attaquer, ils me trouveront aussitôt chez eux avec mes hommes pour te défendre ou te venger des injures qu'on t'aurait faites. » Ensuite il donna des ordres pour qu'on me remît, pour nos orphelinats, cinq jeunes enfants et quatre jeunes gens, disant qu'il voulait m'en envoyer peu à peu jusqu'à cent, ainsi qu'un bon nombre de pioches pour que mes gens puissent bien cultiver.

Kapoufi, je le pense, tiendra parole, et si un jour nous fondons des postes de Mission chez lui, il ne nous inquiétera pas ; c'est, en effet, un bon prince, qui est loin d'avoir les défauts de la plupart des rois nègres, bien qu'après le roi de l'Ouganda il soit le plus puissant parmi les souverains de ces contrées orientales de l'Afrique équatoriale. Il a d'abord horreur du sang, surtout du sang innocent, et, loin de faire mutiler ou égorger ses sujets pour s'emparer de leurs biens sous de futiles prétextes, il ne fait pas même mettre à mort ceux qui ont mérité cette peine pour la première fois ; il se contente de les faire enchaîner et de leur faire payer la dette du sang : quarante objets pour un homme et cinquante pour une femme. Ces objets consistent en poules, chèvres, pioches, farine, etc. Ce n'est qu'à la récidive que le coupable paye son crime par la perte de sa propre vie.

En compensation de tout ce que mon frère de sang fait pour nous et pour la Mission, je lui ai promis en cadeau des étoffes dont il doit se servir pour acheter de la poudre et des capsules dont il manquait presque complètement.

Après huit jours de séjour à Kwisaki, je pris congé de ce bon roi et rentrai à Karéma par le chemin que j'aurais voulu suivre d'abord et qui est le vrai chemin pour revenir au Tanganika.

XII

Le catéchisme en pays de mission. — Scènes originales et piquantes anecdotes; — Un roi au catéchisme; — Modèles proposés aux catéchistes volontaires.

ON recommande souvent à la jeunesse l'exactitude à assister au catéchisme, l'attention aux instructions qui y sont données, le zèle pour apprendre la lettre de la doctrine chrétienne et en saisir parfaitement le sens. Il nous semble qu'il y a quelque chose de plus pratique, ou au moins de plus capable d'impressionner la jeunesse que ces exhortations : c'est l'exemple des pauvres infidèles qui aspirent à recevoir le baptême et pour cela redeviennent écoliers dans la sainte Église. Oh! que cet exemple est frappant ! combien il doit exciter notre tiédeur ! de quelle honte il doit pénétrer ceux qui négligent cette science des sciences et n'apportent à l'étude de la religion qu'indifférence et dégoût !

Selon notre usage, nous citons les missionnaires. Tout ce que nous allons rapporter s'est passé dans l'Afrique équatoriale et depuis un petit nombre d'années.

Bien que je ne puisse encore que bégayer la langue du pays, écrit le P. Salle en 1896, il m'a fallu, pour décharger mes confrères, me mettre sans tarder à la besogne. J'ai commencé, il y a huit jours, à faire le catéchisme du soir ; j'ai au moins *huit cents* auditeurs. Je pense déjà au surcroît de travail qui va bientôt s'imposer pour faire passer un examen oral à tout ce monde. Mais peu importe la fatigue. Elle est rendue si douce par la bonne volonté de nos chers Baganda !

Rien de plus intéressant, en effet, que de leur faire le catéchisme : ils en savent si bien la lettre, et ils écoutent avec tant d'attention les explications qu'on leur donne !

Pour comprendre comment ils parviennent à si bien apprendre leur catéchisme, il faut savoir qu'ils emploient pour cela deux moyens aussi ingénieux qu'efficaces.

Tantôt ils se partagent en un certain nombre de groupes et s'assoient en rond au milieu de la grande place dite du marché, qui s'étend devant la porte d'entrée de la résidence des missionnaires. Dans chaque groupe, un de ceux qui savent le mieux se tient au milieu du cercle, et récite ou plutôt crie chaque demande et chaque réponse, que les assistants reprennent et répètent jusqu'à ce qu'ils la sachent par cœur.

Tantôt, et ce moyen est le plus intéressant de tous, les groupes, au lieu de s'asseoir en cercle, se mettent à la file les uns des autres, en rangs plus ou moins serrés. Un joueur de flûte est en tête et commence une marche répétiteur, lui, se tient sur les flancs de la colonne comme un capitaine, et se met à chanter ses demandes et ses réponses que tous répètent sur un ton cadencé, avec un ensemble et un sérieux admirables. Ont-ils fait deux cents ou trois cents mètres, ils tournent par file à gauche ou file à droite et reviennent sur leurs pas, pour recommencer encore le même chemin jusqu'à ce que l'on soit arrivé au bout de la leçon et que tous la sachent parfaitement. Ces sortes d'exercices, s'ils ne sont pas toujours agréables à nos oreilles, facilitent au moins le travail pour les mémoires les plus paresseuses et les plus rebelles de nos pauvres nègres.

Un mot maintenant de notre station. Outre la grande cour dont je viens de parler, sur laquelle opèrent chaque jour les groupes de nos catéchumènes et où chaque jour aussi se tient un marché, il y a une autre place appelée la *cour de la Croix*, à cause de la croix qui a été plantée au milieu et au pied de laquelle viennent s'agenouiller nos néophytes et surtout nos catéchumènes, avant et après le catéchisme. Un mur en briques entoure une autre cour qui n'est ouverte que le matin pour les réceptions. Enfin viennent nos cases, car chacun a la sienne, divisée en deux compartiments dont l'un sert de salle de réception pour tous ceux qui veulent nous parler ou simplement nous voir; dans l'Ouganda, en effet, il est d'usage qu'on vienne voir les *grands personnages*, même quand on n'a rien à leur dire. Mal avisé serait le missionnaire qui, sous prétexte d'être plus tranquille pour travailler, mettrait à la porte ces indiscrets. Il manquerait à la politesse la plus élémentaire, froisserait ces pauvres gens, qui se croiraient méprisés et rendrait son ministère infructueux et stérile. C'est le cas de se dire : *Omnia omnibus factus sum ut omnes facerem salvos* (1).

(1) Je me suis fait tout à tous pour les sauver tous. (I Cor., ix, 22.)

Grâce à Dieu, écrit un autre missionnaire, nous avons au Kyagwé plusieurs chefs dignes des premiers chrétiens. Leurs vertus, leurs exemples, ont gagné aux Pères la sympathie d'une foule immense de pauvres païens. Notre catéchisme, qui au commencement comptait, le dimanche, deux cents à trois cents personnes, et les jours de semaine cinquante à cent, a progressé dans des proportions étonnantes. Vers la fin de juin, le nombre des catéchumènes du dimanche est évalué à *quatre mille*. Que c'est consolant! Un dimanche, l'affluence du peuple fut si grande que notre cour fut trop petite. Mais, si ces braves gens viennent de loin pour entendre la parole de Dieu, ils prétendent aussi voir la figure du blanc, et ils m'obligèrent à agrandir la cour, en renversant un côté de la clôture, ce que je fis avec d'ardentes actions de grâces envers le bon Dieu, dont la miséricorde se penchait avec tant d'amour sur ces chers et pauvres noirs. Le catéchisme de la semaine se fait trois fois par jour : une fois, le matin, pour tous les catéchumènes ; deux fois le soir : une fois pour ceux qui se préparent directement au baptême, et une fois pour tous les catéchumènes. Ce dernier catéchisme compte presque exclusivement des jeunes gens au nombre d'environ cent cinquante. Celui du matin compte environ quatre cents personnes. Nous nous félicitons d'avoir construit un vaste *kigango* (une grande véranda), à la manière des Baganda. De nombreux palmiers en forment les piliers, et l'herbe fine y est répandue abondamment. Nos catéchumènes trouvent ici l'utile et l'agréable, et ils le méritent bien ces braves gens ! Beaucoup font trois, quatre et même cinq *lieues* pour venir s'instruire de notre sainte religion. En attendant le catéchisme, ils peuvent deviser entre eux en fumant la pipe, ou apprendre entre eux la lettre du catéchisme. Les hommes sont d'un côté du *kigango*, les femmes de l'autre, et la longue pipe est partout bien bourrée du tabac indigène. Dès que le tambour a résonné et que le Missionnaire s'avance, la pipe disparaît comme par enchantement et la fumée se dissipe peu à peu. Nous avons une jolie église pouvant contenir plus de cinq cents néophytes. Puisse-t-elle se trouver bientôt trop petite ! Déjà on parle de se préparer à en bâtir une plus vaste.

Vers le 20 juin, nous recevons la bonne nouvelle de l'arrivée de notre vénéré Père, Mgr Hirth, pour la Saint-Pierre, qui doit être la première fête religieuse du Kyagwé. Nous avons préparé au baptême quarante catéchumènes, et nous avons beaucoup de néophytes non encore confirmés. Aussi l'annonce de la fête est accueillie avec enthousiasme. Bientôt on apprend que Sa Grandeur est en route. Les chrétiens accourent en foule à sa rencontre et Mgr Hirth monte la colline de Rubongo, escorté d'un grand nombre de fidèles. Voilà le jour de la fête enfin arrivé ! Le soleil se lève radieux pour illuminer de ses feux la fête du Kyagwé. De tous les côtés de la province les néophytes accourent : les uns, pour recevoir le Sacrement de Confirmation dont ils ont un si grand besoin dans ce pays agité par les partis religieux ; les autres pour s'unir au bonheur de leurs nouveaux frères en Jésus-Christ ; tous, pour ranimer leur foi et raviver leur charité auprès de leur vénéré Pasteur, qu'ils sont si heureux de posséder pour la première fois dans leur pays. Les catéchumènes ne restent pas en arrière. Ils sont là, devant l'église, depuis quatre heures du matin ; ils attendent, ils espèrent, ils prient, ils sont dans la jubilation. Enfin il est six heures. Le tambour envoie au loin dans la plaine ses sons sonores, sa voix de fête ; et Mgr Hirth, revêtu de sa grande chape, la crosse en main, la mitre en tête, apparaît à la porte de l'église aux regards ébahis des quarante catéchumènes. Une immense palissade cache la porte de l'église aux profanes, qui, déjà nombreux, font silence, sachant que tout près d'eux on donne la grâce au nom de Dieu. Parmi eux, plusieurs pleurent amèrement, car, hélas ! leur examen du catéchisme n'ayant pas été suffisant, on a dû les séparer du groupe des élus et les renvoyer derrière la palissade, malgré leurs supplications et leurs larmes. La cérémonie du baptême commence, cette cérémonie si imposante dans sa simplicité, si émouvante par les interrogations, les impositions des mains, l'insufflation du ministre, les signes de croix. Tout a été expliqué aux catéchumènes. Les actions du vénérable évêque ont vie et sens pour leur âme. Avec quel accent de foi ardente ils entonnent dans leur langue le *Credo* et le *Pater* en s'avançant dans l'église, dans cette église enfin ouverte à leurs vœux ! Elle se réalise alors pour eux, la parole du psalmiste : « Qu'ils sont beaux, Seigneur, vos tabernacles ! » Et bientôt lavés dans le sang de l'Agneau, renouvelés dans le sacrement de la régénération, ils écoutent avec joie la parole qui leur rappelle qu'ils sont devenus les enfants de Dieu, une race nouvelle faite pour aimer et servir Dieu. Puis commence la cérémonie de la Confirmation. Et les voilà tout à coup soldats du Christ à la vie et à la mort ! Le soir, le salut du Très Saint Sacrement donné par Sa Grandeur Mgr Hirth et la récitation du chapelet en commun terminèrent la belle première fête religieuse du Kyagwé.

Parmi nos chrétiens baganda, beaucoup de néophytes passent chaque jour plusieurs heures à l'église et il s'en trouve qui viennent de deux à trois lieues, n'ayant d'autre but que la prière et l'adoration.

De son côté, le P. Capus, missionnaire dans la station de Notre-Dame Auxiliatrice, décrit ainsi l'arrivée du roi Ndéga à la salle de ses catéchismes.

Ce jour-là donc arrivait à notre résidence Sa Majesté Ndéga, roi de l'Ushirombo, accompagné d'une longue file de tous les principaux chefs du pays et d'une foule considérable de gens qui représentaient à peu près toutes les classes de la société parmi nos Basumbwa. Tous avaient été fidèles à l'appel.

A peine arrivé, Ndéga me dit : « Cette fois-ci, c'en est fait ; nous rompons avec ce que tu appelles nos diableries, et nous nous rangeons de ton côté. Enseigne-nous vite les belles choses que nos enfants savent depuis longtemps. » Aussitôt je l'introduis dans la salle d'instruction. Sur le seuil, Sa Majesté se découvre ainsi que toute sa suite. Sur les ordres du général en chef, tout le monde se met à genoux et je récite avec mes catéchumènes ordinaires *Notre Père* et *Je vous salue, Marie*. La prière finie, le catéchisme commence. J'avais devant moi un auditoire d'élite : de vieux sorciers de tous les rites, des Baswézi ou francs-maçons indigènes avec leur grand-prêtre, en un mot des représentants de toutes les confréries diaboliques qui foisonnent dans nos pays Basumbwa. Pendant deux heures Ndéga, ainsi que toute l'assistance, ne cessèrent un seul instant de me prêter la plus religieuse attention.

Depuis, le roi continue à venir très fidèlement tous les matins. Ce qui prouve sa sincérité, c'est qu'il a rejeté les nombreuses amulettes dont il était revêtu. Sans doute, son cœur n'est pas encore entièrement changé et beaucoup de liens le retiennent loin de Dieu. Mais quand on pense à la multitude de superstitions qu'il abandonne, aux mille préjugés séculaires avec lesquels il semble rompre, on ne saurait voir là autre chose qu'un grand coup de la grâce, un de ces coups qui sont comme l'annonce de la conversion d'un pays tout entier.

Les sujets de Ndéga ne sont pas moins bien disposés que leur roi : il faut voir tous ces vieux et ces vieilles accourir à la résidence pour me remettre leurs amulettes ! Je voudrais pouvoir vous introduire un instant dans ma chambre. Elle est transformée en un véritable musée de curiosités, objets insignifiants, ridicules, grotesques, pour ne rien dire de plus, comme tout ce qui concerne le culte du démon : ici c'est la queue ornée de perles des Baswézi ou la queue plus vulgaire fixée à un manche à l'usage des Bamangas; là, le pliant bordé de grelots des devins et des sorciers; de tous côtés, des coquillages, des cornes, les os et les ongles des Bakokoko, etc., etc., toutes choses plus bizarres les unes que les autres, qui, autrefois, en imposaient tant à nos pauvres nègres, et qui, aujourd'hui, ont bien perdu de leur prestige.

Le succès remporté sur l'enfer est très considérable, et le mouvement des conversions s'accentue tous les jours davantage et dépasse nos espérances. L'Ushirombo tout entier est entraîné par l'exemple de son chef. De tous les côtés on accourt pour entendre la parole des missionnaires ; tous les jours, il arrive à Notre-Dame Auxiliatrice de nouveaux chefs de village qui, à la tête de leurs gens, nous prient de leur faire le catéchisme. Et avec quelle docilité, quelle émulation ils écoutent! Il est vrai que Ndéga continue à leur donner l'exemple ; il apprend la religion avec une assiduité et une ténacité rares. Aussitôt qu'il entend la cloche le matin, il accourt avec son monde et pendant plus d'une heure, il prête la plus grande attention. Est-il content quand il a pu réciter par cœur un chapitre du petit catéchisme ! Il ne veut pas se laisser dépasser par les siens ; aussi a-t-il continuellement auprès de lui deux ou trois catéchumènes qui lui font répéter les grandes vérités. Quelle besogne! nous n'y suffirions pas, si un grand esprit de prosélytisme n'animait nos anciens catéchumènes. Les enfants instruisent leur père et leur mère ; les frères instruisent leurs sœurs: tel catéchumène, plus avancé, s'est improvisé catéchiste de tout le village, et, à heures fixes, le tambour d'appel bat comme à Notre-Dame Auxiliatrice. Je ne puis compter tous ces petits chefs d'école ; ils viennent me trouver en me disant : « J'ai instruit ceux-ci, donne-leur la médaille. » Ils passent alors un petit examen, et de fait la plupart s'en tirent très bien.... Il faudrait voir la tristesse de ceux qui ont le malheur de subir un échec : car nous ne sommes plus au temps où la médaille de Marie était appelée du nom méprisant de *pesa* (pièce de monnaie de la côte portée comme un vulgaire ornement par les noirs de l'intérieur) ; la médaille est aujourd'hui un signe d'honneur. Elle a même la réputation de guérir les maladies et beaucoup parcourent de grandes distances pour venir la chercher.

Terminons par un récit du P. Lourdel qui propose à la jeunesse et aux catholiques zélés deux admirables modèles du catéchiste volontaire.

« Notre contrée est un des pays les plus renommés pour l'horrible trafic des esclaves, et, chaque année, les victimes peuvent se compter par milliers. Les missionnaires se sont efforcés de rendre à la liberté le plus grand nombre possible de ces petits infortunés, en payant leur prix de rachat et en se faisant leurs pères adoptifs pour l'entretien et l'éducation.

Au milieu de la forêt de bananiers où se trouve notre résidence, nous leur avons bâti une grande case en roseaux, recouverte d'herbe. Une simple peau de chèvre, quelques coudées d'une étoffe grossière fabriquée avec l'écorce d'un arbre du pays, voilà leur lit ; quelques patates ou bananes leur suffisent pour nourriture. Leur habit se compose d'un petit vêtement de cotonnade venue de Zanzibar. Leur occupation habituelle est le travail manuel ; faire des briques séchées au soleil, scier des planches, cultiver, etc. Les missionnaires étant absorbés par l'instruction des catéchumènes, c'est un enfant des plus sérieux qui est chargé de la surveillance de ses compagnons. Parmi nos sauvages, on a pour l'autorité le plus grand respect; les principes de 89 sur les prétendus droits de l'homme n'étant pas arrivés jusqu'ici, les gens obéissent sans peine à celui qui est investi de l'autorité du maître. Ce dernier saurait, au besoin, rappeler la soumission par quelques arguments frappants. Mais ces arguments ne soint point usités à notre orphelinat. Les punitions les plus employées sont les amendes, et souvent, la privation du morceau de viande ou de canne à sucre, ou de la pincée de sel qu'on leur donne le dimanche. Nous nous efforçons, par-dessus tout, d'inspirer aux enfants un grand amour pour notre sainte religion.

Un missionnaire leur fait un catéchisme spécial plusieurs fois la semaine; en outre, tous les jours, un jeune nègre sorti de l'orphelinat, et qui sera, je l'espère, notre premier frère noir, apprend la lettre du catéchisme aux plus petits. Ce jeune homme, appelé Célestin, nous console réellement par les excellentes dispositions qu'il montre pour la religion. Ce fut l'un de nos premiers rachetés, lors de notre retour dans le Bouganda en 1885. Il se distingua surtout par son zèle, sa piété, son humilité. Une fois arrivé chez nous, Célestin, qui avait déjà appris le catéchisme chez les chrétiens, crut que, n'ayant plus à ménager la susceptibilité des païens, il devait faire sa prière ostensiblement. Aussi, tous les jours, à peine l'aurore commençait-elle à paraître, qu'il se mettait à réciter à haute voix ses prières tout au long, en y ajoutant parfois tout le catéchisme. Sa case étant située à une certaine distance de la nôtre, je ne comprenais pas les paroles et n'entendais que le son d'une voix qui, de loin, ressemblait à celle d'un musulman qui lit le Coran. Encore nouvellement arrivé, je me figurais que nous devions être proche de quelque mganda musulmanisé qui, nous sachant en prière, voulait ainsi nous faire concurrence à sa manière.

Un matin, un peu ennuyé d'être ainsi troublé tous les

jours, je voulus me rendre compte de la chose ; je sortis donc de la maison et, m'avançant à quelque distance derrière les bananiers, quelle ne fut pas ma surprise d'apercevoir, au lieu d'un musulman fanatique, Célestin agenouillé, tout absorbé dans la récitation de ses prières. Je me retirai sans dire mot, étonné et édifié, pensant que, si nous pouvions toujours racheter des enfants si bien disposés, nos associés ne regretteraient pas l'argent qu'ils nous envoient. Ces dispositions exceptionnelles lui permirent de recevoir le baptême à la fin de juin 1885. Il me demanda lui-même de ne jamais se marier. Je le regardais en souriant d'un air incrédule ; mais lui, prenant un air sérieux, dit avec une assurance qui me frappa : « Père, j'ai mûri mon dessein. »

L'année dernière, voyant son assiduité à se lever à cinq heures du matin avec la communauté, pour aller faire son oraison, sans que je lui en eusse même exprimé le désir, je lui permis de faire ses vœux pour un an. Il s'occupait d'abord des simples fonctions de cuisinier, mais bientôt, les missionnaires étant de plus en plus accablés par la multiplicité de leurs travaux, je fus heureux de nous décharger sur lui du soin des achats et des ventes, qui s'imposent dans ce pays, pour obtenir les différents objets d'échange nécessaires. Le temps qui lui reste est employé à la confection d'habits pour les enfants ou les missionnaires, car il est devenu assez habile dans la couture. Il y a un mois, la petite vérole ayant fait irruption dans notre Orphelinat, deux des plus grands enfants furent chargés du soin des varioleux, que nous avions séparés de la communauté et placés dans une hutte située à quelques minutes de la maison. Célestin fut tout triste de n'avoir pas été désigné pour l'office de garde-malade.

M'apercevant qu'il n'était plus aussi assidu à son poste habituel, je me doutai bientôt de la raison ; le pauvre enfant ne pouvait s'empêcher d'aller faire visite aux varioleux pour les consoler et leur porter quelque soulagement. Je fus obligé de lui rappeler que l'obéissance vaut mieux que le sacrifice. Parfois, quand je l'appelle et qu'il ne vient pas immédiatement, je le gronde un peu en lui disant : « Eh bien, Célestin, tu viens donc encore de faire une escapade chez les malades ! » Heureuse escapade, me dis-je en voyant son humilité à recevoir la réprimande ; puisse-t-on n'en avoir jamais d'autre à te reprocher !... Ces bonnes dispositions sont rares chez un nègre, mais cela nous fait espérer qu'en continuant l'œuvre du rachat, nous pourrions obtenir d'autres enfants de ce genre qui nous seraient ensuite très utiles comme catéchistes.

Durant plusieurs années nous n'avons pu racheter de jeunes filles, n'ayant ni familles chrétiennes pour les placer, ni religieuses pour les leur confier. Mais la persécution de 1886 qui, dans les plans du démon, devait servir à entraver l'œuvre, fut, dans les desseins de Dieu, le moyen dont il se servit pour la faire naître.

Une des victimes de la persécution, Noé Muaggale, à peine deux mois avant sa mort, avait converti sa mère et sa sœur. Après le massacre de son fils, la mère fut prise et jetée dans les fers. La sœur, apprenant que l'on venait de tuer son frère, pour cause de religion, courut aussitôt se remettre d'elle-même entre les mains des meurtriers en disant : « Vous avez tué mon frère parce qu'il était chrétien, moi aussi je suis chrétienne, tuez-moi. » Elle fut prise, mais son maître, païen d'un bon naturel, vint nous offrir de nous la donner, et nous la rachetâmes pour un fusil. Une fois à la mission, elle apprit vite son catéchisme et se montra pieuse et dévouée. Elle reçut le baptême à la fin de 1886 et échangea son nom de *mouavou* (*la pauvre*) en celui de Marie-Mathilde.

Refusant de s'engager dans les liens du mariage, elle

voulait faire des vœux perpétuels, mais je ne lui ai permis de s'engager que pour un an. Nous avions une sœur noire, nous pouvions donc commencer un orphelinat de jeunes négrillonnes, d'autant plus que bientôt la mère de Marie-Mathilde, délivrée par l'entremise d'un néophyte, était venue rejoindre sa fille et nous édifier, elle aussi, par sa piété ; car bien souvent, dès cinq heures du matin, nous la trouvions assise ou debout à la porte de la chapelle, attendant que l'on vînt ouvrir. Je ne sais sur quel sujet elle méditait, mais je ne serais pas étonné que son oraison fût plus agréable à Dieu que celle de beaucoup de théologiens.

Nous bâtîmes une maison dans une bananeraie proche de la mission. Les jeunes filles esclaves abondent ici, et la maison devint bientôt trop petite pour contenir celles que nous rachetâmes. Nos orphelines s'occupent à prier et à travailler ; le principal travail des femmes, dans ce pays, est la culture.

Nos négrillonnes ont déjà transformé le terrain couvert de broussailles qui les environnait, en belles bananeraies, en magnifiques champs de patates, de pois, de maïs, de manioc, de canne à sucre et de caféiers. Marie-Mathilde leur apprend le catéchisme. Nous avons trouvé deux autres personnes qui se proposent de suivre l'exemple de notre première religieuse noire. Une d'entre elles appelée Élisa, ancienne femme d'un jeune chef de soldats du roi, ayant perdu son mari, il y a près de deux ans, s'était retirée à l'orphelinat pour se consacrer plus entièrement à Dieu. Il y a quelques mois elle vint me trouver et me demander un chapelet. Je lui répondis : « Si vous voulez un chapelet, allez le chercher au Boukoumbi. (1) » — Le Boukoumbi pour elle était comme le bout du monde, car il y a tout le lac à traverser pour y arriver. Mais elle, sans aucun trou-

(1) C'est-à-dire, décidez-vous à vous fixer à l'orphelinat, lequel est établi au Boukoumbi.

ble, me répondit immédiatement : « Je suis prête à partir quand vous voudrez. » Je la pris au mot, et elle, toute joyeuse, sans considérer les dangers du voyage, a quitté de grand cœur ses parents et son pays pour aller à l'orphelinat de Boukoumbi, remplir le rôle de mère auprès des jeunes orphelines.

XIII

Beaux exemples offerts à la jeunesse chrétienne. — Le salut avant tout. — Scènes de la vie intime dans un orphelinat.

L'AFRIQUE chrétienne peut offrir des modèles à tous les états et à tous les âges. Écrivant pour la jeunesse, nous voudrions réunir ici quelques traits particulièrement édifiants, capables de stimuler le zèle de nos lecteurs. Nous nous adresserons d'abord aux jeunes gens.

« Le portier de notre Mission, raconte le P. Lévesque, est un petit nègre du nom de Fortunat. J'avais eu l'occasion de m'entretenir avec lui dans ces derniers temps, et j'en ai profité pour sonder ses dispositions. On pourra voir par les réponses qu'il me fit combien il apprécie les choses à leur juste valeur.

« Fortunat, dis-moi donc où tu es né, comment tu es venu ici ; et dis-moi si tu préfères rester ici ou retourner chez toi. — Je suis né, Père, dans l'Outori, district de l'Ounyoro. Je vivais en paix avec ma mère et mes deux frères. Nous cultivions des bananiers, du maïs, du sésame, du sorgho; et chaque jour, assis auprès du feu, nous mangions notre content. — Tu ne faisais donc aucune prière ? — Jamais on ne m'avait parlé de Katonda (Dieu). Je sais maintenant que c'est Lui qui fait pousser les bananiers, mais alors je ne le savais pas. — Pourquoi ne t'es-tu pas sauvé dans la forêt, lorsque tu as appris que les Wagandas venaient piller ton pays ? — Inutile; nous aurions été massacrés. Ils arrivèrent dans notre village au point du jour. J'avais bien été avec ma mère et mon plus jeune frère me cacher derrière une haie; les soldats nous découvrirent et nous ordonnèrent de marcher devant eux, en nous menaçant de leurs lances. Tous les hommes en armes furent mis à mort, et ceux qui ne pouvaient marcher assez vite, au retour étaient assommés à coups de bâton. — Où as-tu vu ta mère en dernier lieu ? — Je l'ai laissée chez le commandant en chef de l'expédition. — Si tu veux, je vais te ramener chez le commandant où tu pourras revoir ta mère. »

A ces mots, l'enfant d'éclater en sanglots.

« Comment ! tu n'aimes plus ta mère ? — Je l'aime, mais si je revenais avec les Wangouana mon âme irait plus tard avec la leur chez les démons; or, je veux sauver mon âme ! C'est toi qui es maintenant mon père et ma mère. — Pourquoi veux-tu donc rester ici ? — Pour prier avec vous tous et aller au Ciel voir Dieu. — Tu crois donc que tu seras heureux en voyant Dieu ? — Je le crois, parce qu'il est très bon. Il m'a préservé de la mort; il me donne chaque jour ce dont j'ai besoin. Comment ne serais-je pas heureux avec Lui ! Je voudrais bien que ma mère et mon petit frère partageassent mon bonheur ! — Ils sont peut-être morts; mais tu seras toujours notre enfant et celui du Bon Dieu ! »

Sur ces mots, il me quitte plein de joie et retourne tresser ses corbeilles, en attendant les visiteurs. Il a pour consigne de ne laisser entrer que ceux qui viennent prier, et se montre inexorable envers les autres. Que si quelque seigneur pourtant vient nous rendre visite, il ne manque pas de nous en avertir aussitôt.

Après Fortunat, faisons connaître Fouké.

« Fouké, au rapport du P. Girault, son *historiographe* est un jeune homme de dix-huit ans environ, aux traits réguliers, à la physionomie douce et intelligente, doué d'un grand bon sens et d'un excellent caractère. Aussi Na Moutoué, son père, le chérit-il par dessus ses autres enfants, et a-t-il demandé au kabaka de le lui donner pour successeur. Désireux de sortir du paganisme, Fouké était allé demander la lumière aux Musulmans; mais ne trouvant pas chez eux la paix de son âme, il avait refusé d'embrasser leur religion. A notre arrivée dans l'Ouganda, ils lui dirent tant de mal de nous, qu'il prit la résolution de ne jamais mettre le pied dans notre case, et tandis que son père nous faisait de fréquentes visites, lui, se tenait toujours à l'écart.

Sur ces entrefaites, les bandes du roi Mtésa se préparèrent à prendre le chemin de l'Oussoga pour aller combattre des tribus rebelles. Na Moutoué et Fouké devaient prendre part à l'expédition, quand une circonstance providentielle mit ce dernier dans l'impossibilité de partir et l'obligea d'entrer en relation avec ces *Wafrança* (fils de la France), qu'on lui avait peints sous de si noires couleurs.

Un jour qu'il rentrait dans sa hutte, un fusil armé sur l'épaule, et la main devant l'ouverture du canon, la détente ayant heurté contre je ne sais quel obstacle, le coup partit, et les plombs lui firent à un doigt une blessure si grave que l'amputation fut déclarée nécessaire. Les Wagandas ont une telle horreur des mutilations, qu'un homme qui en a été l'objet, quelque noble qu'en soit la cause, est impitoyablement chassé de toute société honorable, et condamné à vivre dans les rangs des derniers Wadou. Aussi Fouké refusa-t-il de se laisser faire l'opération jugée indispensable. Na Moutoué vint alors nous demander si nous ne pourrions pas guérir son fils sans le priver d'un doigt ; le P. Lourdel ne put rien promettre, car à peine quelques fibres et la peau reliaient-elles les phalanges les unes avec les autres. Cependant après quelques jours de soins, Fouké se trouva mieux et le Père lui proposa de venir se faire soigner chez nous. Il vit bientôt que nous n'étions pas aussi noirs qu'on le disait dans le quartier musulman ; par curiosité, il se mêla à nos catéchumènes, et apprit quelques prières. Que la bonté de Dieu est grande ! et comme il sait tendre des pièges de miséricorde aux âmes qu'il a prédestinées ! Notre auditeur officieux, sur le cœur duquel les vérités de notre religion glissaient comme sur la pierre, se trouve tout à coup bouleversé par ces mêmes vérités. Il passa plusieurs jours sans nous donner d'autres signes du changement qui s'était opéré en lui, que son air sérieux et son assiduité à ne pas perdre une seule de nos instructions. Enfin il vint me trouver en particulier et me dit d'une voix émue : « Je veux sauver mon âme ! Je veux embrasser la vraie religion ! Quand pourras-tu me donner le baptême ? » Je lui répondis que son désir était bon, mais que le baptême était une grande chose ; avant de le recevoir, il fallait bien connaître notre sainte religion, et être résolu à la pratiquer coûte que coûte. « Je sais tout cela, me répondit-il, j'ai réfléchi dans mon cœur, je ne veux plus qu'une chose : sauver mon âme. »

Ces paroles, prononcées avec un accent de conviction qu'il me serait difficile de rendre, me touchèrent profondément, et ne me laissèrent plus de doute sur le grand prodige que la grâce venait d'opérer dans cette chère âme. « Je vois que le Bon Dieu t'aime beaucoup, lui dis-je ; prie-le bien, demande-lui chaque jour lumière et force ; et, quand tu seras assez instruit, nous te donnerons le sacrement qui fait de l'homme un enfant de Dieu. »

Près de deux mois se sont écoulés depuis cette première demande, Fouké a été le plus assidu et le plus attentif de nos catéchumènes. Bien des fois il est venu me demander : « Combien de jours encore ? Vois-tu, je tremble de tous mes membres, le soir quand je vais dormir, dans la pensée que la mort peut me surprendre et jeter mon âme dans le feu éternel ! — Tu nous as assurés, lui dis-je, qu'il ne faudrait qu'un caprice de Kabaka pour livrer tous les chrétiens à la mort ; et tu veux quand même recevoir le baptême ? — Oui, me répondit-il, je veux être chrétien, Kabaka ne pourra faire périr que mon corps ; moi, je veux sauver mon âme. »

Le jour tant désiré est enfin venu, et c'est avec les meilleures dispositions que notre catéchumène a reçu l'eau sainte et fait sa première communion. Il parle peu, aujourd'hui, et de temps en temps je le vois se retirer dans notre pauvre chapelle : on voit qu'il sent les grandes choses qui viennent de s'opérer en lui. Puissent saint Jean et la bonne Mère, dont il portera désormais les beaux noms, protéger son innocence et le conserver dans sa première ferveur !

* *

Citons un dernier nom parmi les jeunes nègres. « A une heure et demie de notre Mission, raconte le P. Guillemé, se trouve le village désigné par les indigènes sous le nom de Mbingou ; il est agréablement situé sur le penchant d'une colline regardant le lac Tanganika. Tous les habitants, au nombre d'une centaine, sont pêcheurs de profession. C'est là que deux fois par semaine, lorsque les rivières grossies par les pluies ne m'en empêchent pas, je me rends pour faire le catéchisme. Réunir les habitants est chose facile; je suis toujours sûr de les rencontrer. Car, passant ordinairement la matinée sur le lac à pêcher le poisson qui forme la base de leur nourriture, ils restent tout l'après-midi dans le village, causant, fumant, bavardant, tout en raccommodant leurs filets et leurs engins de pêche, pendant que les femmes font sécher au soleil le poisson pris dans la matinée.

Le chef de ce village, un des principaux personnages du pays et vieux sorcier, était seul rebelle à mes instructions; il venait bien comme les autres au-devant de moi; mais très souvent, lorsque nous commencions à prier, il disparaissait pour ne revenir qu'à la fin. Alors je le prenais à part et le forçais pour ainsi dire à m'écouter et à faire le signe de la croix, ce à quoi il consentit plusieurs fois de bonne volonté. Par une funeste pensée d'orgueil, ce pauvre homme s'imaginait que prier comme ses enfants ou ses subordonnés était se rabaisser à leurs yeux.

Il avait un fils que j'aime à faire connaître, car ce jeune homme était fort bien disposé : toujours présent au catéchisme, il avait promptement appris l'acte de foi, composé en langue indigène et contenant toutes les principales vérités de notre religion. Plusieurs fois, étant sur le lac, d'où il nous apercevait de loin nous dirigeant vers son village, il avait laissé là ses filets pour venir au catéchisme. Affable et plein d'égards, malgré l'extérieur rude et grossier qui le caractérisait, il était devenu l'ami intime des chrétiens qui m'accompagnaient dans ces petites tournées; il leur remettait presque toujours avant le départ un peu de poisson ou quelques épis de maïs.

Il s'appelait Kabonga. Dans les commencements, ce jeune homme, superstitieux comme tous nos pauvres sauvages, avait sur lui une grande profusion d'amulettes; mais peu à peu il les abandonna pour les remplacer par une médaille de la Sainte Vierge qu'il portait toujours sur

lui suspendue à son cou. Il lui arriva même de venir un
jour à la Mission pour en demander une autre parce qu'il
avait perdu celle que je lui avais remise.

Quinze jours ou trois semaines s'étaient écoulées sans
que je pusse faire de visite dans son village ; pendant ce
temps Kabonga avait fait une petite maladie, et son père ou
tout autre sorcier du pays, soi-disant médecin, l'avait coiffé
du *bouabo*, espèce de bonnet ridicule fait d'écorce d'arbre,
qui, mis sur la tête d'un malade avec l'intervention d'un
sorcier, a la prétendue propriété de guérir toutes les maladies ou d'empêcher les rechutes. Dans ma visite suivante, je
le trouvai affublé de cette coiffure et lui demandai s'il voulait reprendre ses anciennes habitudes de sauvage. Il me
répondit qu'on le lui avait imposé et qu'il s'était laissé
faire ; mais, ajouta-t-il : « Si ce n'est pas bien, le voilà, il
est à toi, je n'en veux plus. »

Kabonga en était à ce point, marchant dans la bonne
voie, ne croyant plus aux superstitions des nègres, lorsque
la mort vint le surprendre. D'une stature élevée, doué d'une
force herculéenne, il était réputé le plus fort du pays, le
meilleur pêcheur des environs et le plus intrépide nageur
des bords du lac. Habitué dès son enfance à vivre sur le
Tanganika, monté sur sa petite barque creusée dans un
tronc d'arbre et que la moindre tempête pouvait faire chavirer, l'eau était devenue son élément. Par cette longue
habitude, il s'était pour ainsi dire familiarisé avec les hippopotames et les nombreux crocodiles du lac qui, cependant, avaient plusieurs fois et sous ses yeux choisi leur
proie parmi ses compagnons ; mais rien ne l'effrayait et rien
n'était capable de le faire renoncer à ce métier de plongeur
où il devait trouver la mort.

Un soir, vers quatre heures, on signala dans une baie des
environs plusieurs troupes serrées de petits poissons que
les indigènes pêchent, montés sur leurs barques, en plon-

Les hippopotames pullulent sur la rive droite du fleuve. (Page 149.)

geant dans l'eau deux à deux avec un filet rond à mailles très fines au moyen duquel ils poursuivent les petits poissons. Dès que ce menu fretin est signalé, tous les pêcheurs se rendent avec leurs filets à l'endroit indiqué et là se livrent à une pêche très animée et très intéressante d'où ils rapportent ordinairement des myriades de poissons presque microscopiques.

Kabonga était arrivé des premiers au rendez-vous. Le bruit que fait cette troupe d'hommes réunis sur le même point effraie les crocodiles qui se tiennent à distance. Mais, ce jour-là, Kabonga et ses compagnons, arrivés les premiers, n'attendirent personne pour commencer cette pêche si dangereuse, quand on ne fait pas beaucoup de vacarme. Aussi, à peine plongeait-il pour la troisième fois qu'il fut saisi par un énorme crocodile ; le monstre le retint au fond de l'eau, et là il dut livrer un combat désespéré, s'aidant des pieds et des mains pour se dégager des terribles mâchoires de son ennemi. Le malheureux dut sans doute à sa force extraordinaire de n'avoir pas été entraîné immédiatement au loin.

Les pêcheurs, voyant son compagnon sortir seul à la surface et apercevant l'eau rougie de sang bouillonner à l'endroit où Kabonga avait disparu, poussèrent des cris de détresse, battirent l'eau avec leurs pagaies et leurs perches pour effrayer le monstre et le chasser. Ils réussirent ; l'animal lâche sa proie et Kabonga fut retiré à moitié asphyxié, couvert de nombreuses et mortelles blessures d'où le sang sortait en abondance.

Les spectateurs de ce drame, chez lesquels se réveillèrent aussitôt toutes sortes d'idées superstitieuses, cessèrent immédiatement la pêche, les uns pour secourir Kabonga et le porter à sa case, les autres pour faire des amulettes, des sorcelleries destinées à apaiser *l'esprit* du lac, qui, selon eux, était irrité et ne devait pas tarder à se choisir une nouvelle victime. La consternation fut générale dans les environs, et, malgré l'abondance de poissons qui se montra, personne n'osa y toucher, tant la peur était grande.

On emporta donc Kabonga dans sa hutte; son père, la tristesse dans le cœur, le reçut avec ses yeux secs que n'humecte jamais une larme ; car ce don si naturel à l'homme, que nous appelons le don des larmes, est inconnu de nos pauvres sauvages adultes. On banda les blessures de l'infortuné avec de larges feuilles de bananiers pour arrêter le sang qui s'échappait toujours avec abondance, ce qui le réduisait à un état de faiblesse extrême. Il passa ainsi toute la nuit et le jour suivant jusque vers cinq heures du soir.

Un médecin ou, pour mieux dire, un sorcier indigène fut appelé. Quant à nous, nous ne fûmes nullement informés de ce triste accident. Ce n'est que le lendemain, vers trois heures de l'après-midi, que la nouvelle arriva à la mission, par le P. Vynck qui revenait de faire le catéchisme dans un village situé à trois heures de Kibanga et où il avait appris que « Kabonga avait été, la veille, dévoré par un crocodile et ramassé en morceaux sur les bords du Tanganika. »

Je rentrais en même temps que lui d'une visite dans un village voisin où j'avais baptisé une pauvre négresse à l'agonie et qui partit pour le ciel quelques heures après. En arrivant, le P. Vynck nous fit part de ce qu'il avait appris; mais, vu que chez les nègres un seul récit ne donne presque jamais la vérité, nous prîmes immédiatement d'autres informations. Un de nos catéchumènes, dont les témoignages sont plus sûrs, entrait à ce moment à la mission pour nous dire que Kabonga était mort : « Pourtant pas tout à fait, ajoutait-il; il respire encore, mais il ne parle plus. » A cette nouvelle qui fit renaître dans nos cœurs l'espoir de le sauver, si nous pouvions arriver à temps, notre vénéré pro vicaire me dit : « Partez immédiatement, que Dieu vous accorde la joie de pouvoir le baptiser. »

Prendre quelques remèdes, des bandages et mon petit sac habituel fut l'affaire de quelques secondes. Notre âne préparé à la hâte devait m'aider à aller plus vite ; mais j'avais compté sans la difficulté du chemin qui, suivant les bords du lac, devient impraticable à une bonne distance de Mbingou pour les cavaliers. Je laisse là ma monture à longues oreilles pour couper au plus court à travers les hautes herbes qui croissent sur le rivage du Tanganika. Chemin faisant, j'égrenais mon chapelet en l'honneur de Notre-Dame d'Afrique, lui demandant la faveur d'arriver à temps.

J'arrive enfin tout essoufflé dans le village et je demande si Kabonga est mort ! On me répond par ce mot laconique, mais bien consolant pour moi alors : « Pas encore ! »

Je demande à le voir. On me conduit immédiatement dans une case provisoire couverte de feuilles de bananes encore vertes, construite à la hâte pour celui que l'on regardait déjà comme mort. J'entre auprès de cet ami, épuisé par tout le sang qu'il avait perdu. Il était étendu sur une natte en roseau. En face de lui, au milieu de la hutte, était le nègre qui avait plongé en même temps que lui dans l'eau et qui s'en était retiré la vie sauve. Kabonga ne parlait plus depuis midi, me dit-on ; je voulus cependant lui adresser quelques paroles d'encouragement et lui dire encore une fois quelques mots du Bon Dieu dont je lui avais parlé si souvent. Il reconnaît ma voix, ouvre les yeux et essaie aussitôt, dans un effort suprême, de se soulever ; mais il retombe lourdement sur sa natte. Il parvint pourtant à s'asseoir et à prononcer ces quelques paroles : « Je souffre beaucoup, tu fais bien de venir me voir. »

Tout indiquait que dans un instant il ne serait plus ; aussi je profitai de ce moment pour lui expliquer le but de ma visite, pour lui rappeler les principales vérités de notre sainte religion. Je lui dis comment, avant de mourir, je voulais le faire enfant de Dieu et de l'Église pour aller vers un autre pays plus beau, plus heureux que celui qu'il avait habité jusqu'à ce jour. Il était réduit à un état de faiblesse si grande qu'il ne put me répondre que par des monosyllabes, mais il accepta tout avec bonheur. Après l'avoir excité à la contrition, il fit un grand signe de croix et je versai sur sa tête ensanglantée l'eau du saint baptême. Il s'étendit de nouveau sur sa natte et, une seconde après, il rendait doucement à Dieu son âme régénérée.

Tout ce que je viens de décrire avait duré l'espace de quelques minutes seulement. Je n'avais point eu le temps d'examiner ses blessures; mais, avant de partir, je voulus me rendre compte de tout le mal causé par le monstre. Le pauvre Kabonga avait la tempe gauche percée et la tête déchirée ou brisée jusqu'à l'oreille, le pouce de la main droite ne restait plus attaché à la main que par un petit lambeau de chair. Sur la poitrine on pouvait compter les dents du monstre et mesurer la largeur de ses mâchoires. Deux déchirures étaient énormes.

Il est vraiment étonnant que, dans cet état, avec autant et de si profondes blessures, il ait pu vivre plus d'une journée; aussi, en le voyant expirer sous mes yeux immédiatement après avoir reçu le saint baptême, je restai quelque temps muet d'étonnement et d'admiration envers la Providence divine; je méditais, en pensant à son âme partie pour le ciel, ces paroles bien consolantes pour les âmes droites : « Paix sur la terre aux hommes de bonne volonté! » Kabonga avait toujours montré de la bonne volonté lorsqu'il s'agissait d'écouter la parole de Dieu et de prier.

Comme je l'ai dit, le nègre, présent dans la case lorsque j'entrai, était le compagnon de pêche de Kabonga. Montés sur le même bateau, tenant le même filet à la main, ils avaient plongé dans le lac; il me raconta lui-même les détails décrits plus haut et ajouta : « Kabonga n'avait point ce jour-là la médaille qu'il portait d'ordinaire au cou. Où était-elle? Je l'ignore. Il l'avait sans doute perdue. Quant à moi, dit-il, j'avais celle que tu vois encore sur ma poitrine, et c'est à la protection de ce *gardien* que je dois d'être sorti de l'eau la vie sauve. Je ne la donnerais pas pour tout le poisson du lac. — Mais, lui demandai-je, aviez-vous prié, ce jour-là, avant de commencer la pêche, ou aviez-vous osé plonger ainsi dans un endroit où abondent les crocodiles sans demander auparavant la protection du Bon Dieu? — Je ne m'en souviens pas, me répondit-il tristement, mais je crois que nous avions oublié complètement de le faire. Nous étions si éblouis par l'espoir du riche butin qui se jouait devant nous, et tellement pressés de nous en emparer, qu'en ce moment nous oubliâmes toutes les recommandations que tu répètes si souvent. Vois-tu, nous autres nègres, nous ne pensons à rien. »

Avant de quitter ce village consterné, je profitai de cet accident arrivé, comme tant d'autres (car les victimes des crocodiles sont ordinairement chaque année de huit à dix), malgré toutes les sorcelleries que les indigènes font avant de s'embarquer sur le lac, malgré tous les sacrifices offerts aux esprits en vue de les rendre favorables, pour montrer, une fois de plus, aux nombreux sauvages réunis, combien tous leurs sortilèges, leurs préjugés et toutes leurs croyances superstitieuses au sujet des amulettes étaient inutiles et incapables de les préserver des monstres qui habitent les profondeurs du Tanganika.

« Servez bien le Bon Dieu que vous connaissez maintenant; aimez-le bien et il vous gardera. — Oui, répondirent-ils, Dieu seul peut nous garder; car il est plus fort que les crocodiles et il peut vaincre les hippopotames.... — Quant à Kabonga, ne le plaignez pas; ce bon jeune homme est au ciel où il prie pour vous, afin que vous deveniez tous des enfants de Dieu, après avoir complètement abandonné le culte de vos idoles, œuvre du démon qui ne sait que tromper les pauvres sauvages pour les entraîner en enfer. »

Le soleil allait disparaître à l'horizon ; je repris au plus vite le chemin de la mission, égrenant de nouveau mon chapelet en actions de grâces envers Notre-Dame d'Afrique, à qui j'avais demandé, en venant, le bonheur d'arriver assez tôt pour baptiser cet homme de bonne volonté.

La nuit nous surprit en route, et les deux nègres qui m'accompagnaient, craignant les hippopotames qui commençaient à sortir de leurs humides retraites, allumèrent deux torches dont ils eurent soin d'entretenir la flamme en ramassant des herbes le long du sentier, afin d'effrayer ces monstres d'une autre espèce, mais aussi redoutables que les crocodiles.

*
* *

Quittons un moment l'Afrique centrale pour revenir vers le Nord, afin d'y visiter un orphelinat de jeunes chrétiennes : nous voulons parler d'une famille adoptive du cardinal Lavigerie, où abondent les exemples de piété solide et généreuse, de dévouement et d'abnégation. Il semble, quand on parcourt les annales qui en ont conservé le souvenir, qu'on respire un parfum des régions célestes.

« Dès les fêtes de Noël, écrit la Sœur chargée d'une portion de cette intéressante famille, les prières devinrent si ferventes, les soupirs si ardents que l'on était sorti de la chapelle en s'écriant : « Oh ! le bon Jésus a dit : Ce sera bien sûr cette année que vous serez chrétiennes ! »

C'est qu'aussi trois de leurs petites compagnes avaient précédé ces chères enfants dans la carrière bénie. Les sollicitudes sans nombre dont elles avaient été entourées, avaient hâté pour elles le moment de la grâce, et deux d'entre elles avaient été jugées dignes de faire leur première communion. Il n'est pas d'efforts, pas de sacrifices que toutes les autres ne promirent de faire pour mériter bientôt les mêmes faveurs. Nous étions quelquefois étonnées, et confondues même, de la vigueur avec laquelle elles se relevaient de leurs petites chutes, et désignaient elles-mêmes la pénitence qu'elles avaient méritée. Souvent elles se privaient volontairement de leur goûter, ou bien elles demandaient à n'avoir que la moitié de leur dîner, ou encore à faire le sacrifice de leur récréation, afin d'avoir quelque chose à offrir au Bon Dieu. Dans le carême, elles ne voulurent pas accepter des bonbons qu'on leur avait apportés.

Helyma, ayant à avaler une médecine qui lui répugnait beaucoup : « Allons ! lui dit-on : Pour faire plaisir à ta bonne Supérieure ! — Non ! répondit-elle énergiquement, pour Jésus tout seul ! »

Un autre jour, le diable avait encore frappé à la porte, comme disent nos petites. Notre Zineb avait boudé après une observation, et ne voulait pas prendre part à un cantique à saint Joseph qu'on venait de commencer ; mais une grande lutte se livrait dans son âme. Tout d'un coup la victoire fut gagnée ; elle se joignit à ses compagnes. Le cantique fini, elle se mit à rire : « Ah ! celui-là, je l'ai chanté, dit-elle ; et le démon, il est parti ! »

Pendant la semaine sainte, les actes de vertu se multipliaient à l'envi. « Moi, je ferai trois obéissances !... Moi, quatre silences !... Et moi, six complaisances ! » Notre Adjouba avec ses six ans à peine, vint elle-même *demander* à être fouettée pour que le diable s'en allât. Louise, plus petite encore, ayant fait la grimace, baisa la terre pour sa pénitence. Elle disait ensuite dans son langage enfantin : « Ne pas retourner sur mon banc. Le diable est dans ma place !... »

Et notre Alma poussa l'héroïsme jusqu'à demander à aller à la messe avec sa robe de pénitence, ajoutant avec une grande simplicité : « Ce n'est pas moi, c'est mon bon ange qui a pensé cela. »

Kreira, voyant une de ses compagnes toute chagrine parce qu'elle n'avait pas d'images, demanda aussitôt la permission de lui en faire choisir une des siennes. Mais elle en avait une qui était l'objet de toutes ses prédilections, précisément celle qui fut prise par l'enfant. La physionomie de notre chère petite s'obscurcit-elle ? Oh ! non... Elle se mit à sauter, toute joyeuse, en s'écriant : « Merci, Maman, d'avoir permis à moi de faire un sacrifice ! »

Il est touchant de voir combien la grâce a déjà éclairé leurs âmes sur ce point, et combien elles comprennent que le sacrifice résume toute la religion chrétienne. Aussi quand il s'agit d'un petit dépouillement à faire, d'un service répugnant à rendre, d'un acte de charité, il suffit de demander : « Qui est-ce qui veut faire un sacrifice pour le Bon Dieu ? » On est sûr que toutes se lèveront au plus vite pour répondre : « C'est moi ! » La plus joyeuse sera celle qui aura mérité, par son empressement, d'être choisie.

Et un jour, dans l'élan de leur naïve reconnaissance pour l'une des personnes qui leur avaient été le plus dévouées : « Oh ! c'est une grande sainte ! » disaient-elles : toujours elle fait des sacrifices ! »

Il n'est pas de jour où, avec le secours du signe de la croix, nos chères enfants ne remportent d'énergiques victoires. Elles ont dans cette arme du chrétien une confiance invincible. Lorsqu'une petite n'a pas le courage de se relever de sa faute, il n'est pas d'efforts que ses compagnes ne tentent pour la décider, pour la forcer presque, à dire : Au nom du Père. Leur foi naïve obtient souvent des *conversions*. Aussi l'une d'elles, en entendant le récit de la désobéissance de nos premiers parents, s'était écriée :

« Oh! Maman, c'est qu'Adam n'avait pas le signe de la croix! »

Monseigneur l'archevêque envoya un jour au milieu d'elles une pauvre enfant abandonnée sur la route, qu'il venait de recueillir. Leur joie fut bien grande en recevant leur nouvelle sœur, notre gentille petite Zineb. Mais avant même qu'elle fût entrée dans la maison, elles lui avaient déjà appris à faire le signe de la croix.

Nos chères enfants cherchent à prouver leur amour au Bon Dieu par tous les moyens possibles. Elles ne sont jamais si heureuses que lorsqu'elles voient la chapelle bien ornée, ou qu'elles peuvent entourer de fleurs la Sainte Vierge et saint Joseph. Leur respect pour l'Église est si grand que dernièrement deux dames, voyant leur tenue recueillie à Notre-Dame d'Afrique, essayèrent de les faire parler. Mais les enfants ne voulurent pas bouger, pas même pour recevoir un sou qui fut tendu à l'une d'elles. Un geste très énergiquement négatif servit de réplique.

A la procession de la Fête-Dieu, elles étaient très scandalisées de ce que tout le monde ne suivait pas.

Alma, apprenant qu'on allait quitter pour une autre, la maison où elle avait été recueillie tout d'abord et où se trouvait une chapelle, dit d'un ton où tout son cœur se révélait : « S'en aller!... laisser le Bon Dieu tout seul!... Oh! non! Moi, je resterai avec Lui!... »

Depuis que nos chères petites sont chrétiennes, leur bonheur et leur plus grande récompense est d'aller aux offices, ou de passer quelque temps devant le Saint-Sacrement, et lorsqu'on leur demande ce qu'elles ont dit au Bon Dieu : « Oh! j'ai prié pour Monseigneur, pour le bon Père, pour mes Mamans.... J'ai pensé à ma première communion.... Et puis j'ai demandé qu'il y ait beaucoup de petites arabes qui deviennent chrétiennes! »

Pouvoir faire à d'autres le bien qui leur a été fait, c'est

la pensée dominante, c'est le rêve de leur cœur, c'est la grâce qu'elles ont demandée le jour de leur baptême. La misère morale des pauvres arabes est ce qui les touche le plus vivement. Petites élues du Cœur de Notre-Seigneur, elles éprouvent une profonde compassion pour leurs compagnes restées encore, hélas ! au pouvoir du démon. Elles sentent d'instinct l'humiliation de la femme arabe, et elles voudraient que le baptême, en effaçant les souillures de leur âme, eût effacé en même temps les traces de leur origine : « Quand je serai grande, disait l'une d'elles, il y a quelques jours, d'un air profondément triste, est-ce qu'on verra que je suis une arabe ?... Oh !... je voudrais rester petite !... »

Leur propre passé leur a laissé un souvenir humiliant et douloureux : « Dans ce temps-là, on volait la viande.... On mangeait de l'herbe.... On était comme les bêtes.... Oh ! ne plus parler de ce temps-là ! »

« Le Bon Dieu, il a tout oublié ! » s'écriaient-elles avec des transports de joie après leur baptême. Et, lorsqu'elles ont fait quelque faute, on ne peut les chagriner davantage qu'en leur redonnant leurs noms arabes. Elles sentent bien, cependant, les pauvres enfants, qu'elles auront de grandes luttes à soutenir pour passer de leur existence d'autrefois à la vie sérieusement chrétienne. C'est pour cela sans doute qu'une de nos petites espiègles, un peu découragée de la peine qu'elle avait à être sage, demandait l'autre jour : « Maman, est-ce que le diable, il est arabe ? »

Helyma, voyant une pauvre vieille femme qui demandait la charité, disait en sortant de l'église : « Si tu voulais, maman, je travaillerais le matin, et puis, l'après-midi, j'irais au gourbi de cette pauvre femme. Le Bon Dieu doit bien l'aimer : elle souffre et elle a *un bon* figure. Je lui porterai mon pain, et je lui apprendrai à connaître le Bon Dieu. »

Ayant appris qu'un pauvre petit kabyle venait de perdre son père et que sa mère ne voulait pas le laisser placer chez Monseigneur, elles en éprouvèrent un grand chagrin ; et, pendant longtemps, elles ne manquèrent pas de dire chaque jour un *Ave Maria* pour ce pauvre enfant.

Et lorsqu'on leur dit qu'il y avait des méchants qui voulaient empêcher les Frères et les Sœurs d'apprendre aux petits enfants à aimer notre Jésus, elles s'écrièrent avec un élan parti du cœur : « Oh ! le Bon Dieu, qu'il est bon de nous avoir laissé nos mamans ! » Et puis elles auraient voulu, elles aussi, venir en aide à ceux qui étaient menacés de se trouver sans asile, donner leurs vêtements, leur pain, *leur argent*.... Mais toute leur fortune consistait en quelques sous, gagnés avec les bons points la semaine précédente ; ils furent tous spontanément et joyeusement offerts. Puis chacune reprit sa tâche avec ardeur afin de pouvoir donner davantage la semaine suivante.

Nos chères enfants expriment sans cesse leur vive reconnaissance pour ceux qui les ont arrachées à leur ancienne misère. Elles ont pour Monseigneur une profonde vénération, un véritable culte : « C'est lui qui a été nous chercher dans nos gourbis ! répètent-elles souvent.... C'est lui qui nous a donné nos mamans !... Sans lui nous serions morts !... Le Bon Dieu a dit à lui : Allez ramasser les petits enfants... et il y a été. Sans cela jamais nous n'aurions été dans le Ciel ! »

Le jour où Sa Grandeur voulut bien recevoir nos chères petites néophytes peu après leur baptême, l'une d'entre elles disait : « Monseigneur m'a dit que je devais avoir un caractère bien difficile.... Les mamans ne lui avaient pas dit ça.... Mais il est saint, il lit sur les figures. »

Plusieurs fois, lorsque nos enfants ont vu s'éloigner le vaisseau qui emportait loin de nous le bien-aimé pasteur, elles lui envoyaient d'une manière touchante l'expression de leur amour filial : « Adieu, Monseigneur ! Merci, Monseigneur ! » disaient-elles d'une voix triste en le suivant.

des yeux. Puis elles allaient aux pieds de la Sainte Vierge chanter de toute leur âme l'*Ave maris Stella* pour qu'elle protégeât son voyage.

Lorsque la maladie vint tout d'un coup mettre en danger la vie de notre cher et vénéré archevêque, ces pauvres enfants montrèrent encore tout ce qu'il y a dans leurs petits cœurs de sensibilité et de profonde gratitude. Elles n'avaient plus qu'une pensée : prier, dire le chapelet, *être tout à fait sages, faire des sacrifices*, pour que Dieu conservât le bon père. Leurs voix avaient des accents si suppliants, si pleins de foi qu'ils ont dû monter jusqu'au ciel. Aussi ce furent des transports de joie lorsque, peu de jours après, le père tant aimé reparut au milieu de la petite famille, et il faisait bon de voir avec quelle ferveur elles s'unirent à nous pour chanter à la Sainte Vierge le cantique d'actions de grâces.

Elles sont heureuses de suivre la conduite si miséricordieuse de Dieu à leur égard, et elles aiment à faire remonter leur reconnaissance jusqu'à Lui.... « Qui est-ce qui a été te chercher dans le gourbi ? » demandait-on une fois à notre petite Amélie : « C'est Notre-Seigneur, » répondit-elle. Croyant se méprendre sur sa réponse : « Est-ce Monseigneur ? Où est-ce Notre-Seigneur ? » lui dit-on. « C'est Notre Seigneur Jésus-Christ, pour me mettre dans son cœur, » répondit-elle avec assurance et d'un ton profondément pénétré.

Leur bonheur est d'énumérer les bienfaits que le Père céleste répand sur ses enfants : « Comment le Bon Dieu nous montre-t-il qu'il nous aime ? » A cette question les réponses se succèdent avec une volubilité qui réjouit le cœur : « Il nous donne le pain..., le soleil..., la maison. Il nous empêche d'être mortes la nuit.... Il empêche la mer quand elle fait du bruit de venir nous noyer.... Il nous a donné Monseigneur..., nos mamans.... Il est venu sur la terre pour nous apprendre à être obéissantes.... Il nous a apporté l'Évangile. Il nous a donné la Sainte Vierge pour être notre maman.....et encore les anges.... et puis notre Saint-Père le Pape. Il nous pardonne nos péchés. Il nous a donné tous les sacrements qu'il faut pour notre âme. Il a voulu rester avec nous toujours dans notre chapelle ; il restera sur la terre jusqu'à la fin du monde dans la sainte Eucharistie.... Il nous garde une place dans le Ciel.... Il nous regarde quand nous faisons des sottises, disait la plus petite..., et alors nous sommes tristes !.... Qu'est-ce qu'être parfait chrétien ? C'est être martyr pour le Bon Dieu. »

Deux d'entre elles causaient un jour et trouvaient qu'une de leurs compagnes avait manqué de simplicité en ne demandant pas à boire. La plus petite disait : « Puisque le Bon Dieu nous a donné les mamans, c'est pour leur demander ce dont nous avons besoin ; c'est manque de simplicité. — Non, disait l'autre, moi, je crois que c'est manque d'humilité. — Ah ! tu es toujours avec ton humilité, toi ! — Que veux-tu ? Je l'aime, moi, cette vertu. »

Un jour qu'elles voyaient leurs mamans malades, au lieu de prendre leur récréation, elles avaient été s'agenouiller toutes ensemble, leurs petits cœurs déjà tout inquiets. Notre Anna disait ensuite d'un air profondément triste : « Les enfants, ça ne sait pas soigner les mamans, ça ne sait rien que prier !... »

Un petit débat s'était élevé une fois entre elles à propos de la signification du mot : *Orphelines*. « C'est les enfants qui n'ont pas de maman, » dit l'une d'elles. — C'est nous, dit une autre. — Nous ! dit une troisième d'un air tout scandalisé.... Nous, nous n'avons pas de mamans ! mais non, je te dis que ce n'est pas nous. — Mais non, bien sûr, s'écria notre Zineb, tranchant enfin la question avec assurance ; le Bon Dieu, il a seulement *changé* les mamans ! »

L'explication du catéchisme trouve toujours nos enfants attentives et ardentes. L'histoire sainte et tous les récits évangéliques les intéressent au plus haut point. La Passion leur cause une émotion qu'elles expriment, dans leur langage incorrect, avec une énergie touchante : « Il n'avait pas de force, ce Pilate ! disait Zineb avec mépris en frappant sur la table. Si j'avais été là, je lui aurais dit : « Prends-moi, et laisse bon Jésus. » Judas est pour elle un objet d'exécration. Et bien souvent des larmes ont coulé, lorsqu'on leur faisait sentir que nos péchés avaient été la cause de tant de souffrances....

Entendant un jour parler de la Sainte Vierge, la plus fervente de nos petites néophytes demanda ce que c'était qu'être vierge. On lui répondit que c'était donner son cœur entièrement au Bon Dieu, renoncer à tout pour lui, chercher continuellement à éviter la moindre souillure qui pourrait contrister Notre-Seigneur : « Oh ! que c'est beau, dit-elle, de passer sa vie à n'aimer rien que le Bon Dieu. Je voudrais faire comme cela ! » Et entendant parler de la première communion : « Le bon Jésus qui parle dans l'âme quand il est en nous, doit demander des sacrifices puisqu'il nous donne tout. Est-ce qu'il ne demande pas quelquefois celui de se consacrer à lui ? — Qu'entends-tu par : se consacrer à lui ? — Eh bien ! c'est rien que lui sur la terre, rien faire que pour lui.... »

Notre petite Amélie que la maladie consume est ravissante de gentillesse ; elle est douce et gaie malgré son état de souffrance : *Aller voir le Bon Dieu* est l'unique pensée de sa petite âme. « Que feras-tu auprès du Bon Dieu ? lui demandait-on l'autre jour. — Je me promènerai avec les anges, répondit-elle.... Et puis, quand mes mamans viendront, j'irai au-devant d'elles, » ajouta-t-elle toute joyeuse. Plus d'une fois pendant son sommeil, nous l'avons trouvée les mains jointes, répétant, doucement sa

A travers les fumées couvertes de lianes qui longent le Khumani.

prière. C'est avec le Bon Dieu directement qu'elle aime à traiter ses petites affaires. Il y a quelques jours, elle avait accepté sans permission un morceau de fromage que lui avait apporté une compagne. Il y avait eu là un peu de gourmandise, un peu de désobéissance : tout cela pesait bien fort sur sa conscience. Elle demanda pardon aux mamans, puis elle alla à la chapelle, et revint en demandant à faire la pénitence que le *Bon Dieu* lui avait donnée : « C'est, dit-elle, de rester jusqu'à jeudi dans un coin de la chambre, séparée de mes compagnes. » Elle l'accomplit rigoureusement sans que personne lui en redît un mot ; mais le troisième jour sa générosité fut mise à une rude épreuve. On avait donné aux enfants un livre rempli d'images d'animaux de toutes espèces qui excitaient de bruyantes exclamations. La pauvre petite était restée silencieuse dans son coin, sans même oser tourner la tête. Sa maman, voulant voir jusqu'où irait sa constance, lui dit : « Allons, demande au Bon Dieu s'il te permet de venir regarder cinq minutes. » Elle hésita un instant... mit sa figure dans ses mains... puis, se releva, les traits contractés par l'effort qu'elle venait de faire : « Non, dit-elle avec un accent de tristesse résignée... Le Bon Dieu ne permet pas ! ... » Et elle resta immobile jusqu'à la fin de la récréation.

Un jour, Monseigneur ayant remarqué sa petite figure amaigrie, lui demanda avec bonté si elle voudrait aller au Ciel : « Oh ! oui, répondit-elle, quand le Bon Dieu voudra... je ne veux rien que sa volonté ! » Mais avec sa toute paternelle bénédiction, Monseigneur avait mis ce jour-là dans son petit cœur une bien douce espérance, celle de faire *bientôt* (malgré ses huit ans) sa première communion. Depuis, lorsqu'on lui demandait si elle n'avait plus envie d'aller voir le Bon Dieu : — Oh !... quand il appellera, répondait-elle. Mais... avant... je voudrais faire ma première communion !... Et lorsqu'elle eut obtenu cette grande grâce, elle fit écrire à Mgr Lavigerie les lignes suivantes, d'une si douce et si naïve piété :

« Monseigneur, — Je suis bien contente, j'ai fait ma première communion aujourd'hui, et j'ai le petit Jésus dans mon cœur. J'ai bien prié pour vous, merci de m'avoir bénie la dernière fois, je voudrais bien aller dans votre maison, mais je n'ai pas des pieds. Si je vais voir le Bon Dieu, je lui dirai tout ce que vous voudrez que je lui dise, et si vous arrivez dans le ciel, je courrai au devant de vous.

» Monseigneur, bénissez votre petite fille et toutes les enfants et toutes les mamans. — Pour ma petite Amélie Marie-Antoinette MOHAMED. »

Qu'on me permette de retracer encore quelques souvenirs des derniers mois que cette enfant de bénédiction passa sur la terre.

Il était doux et triste en même temps de voir cette chère petite créature s'avancer chaque jour d'un pas vers la tombe, tandis que son âme s'élevait, grandissait et mûrissait pour le ciel. Malgré les sollicitudes qui l'ont entourée, malgré aussi cette énergie avec laquelle elle supportait et semblait vouloir dominer le mal, toujours prête à se lever, à travailler, à aller avec ses compagnes, *à se croire guérie*, la faiblesse augmentait toujours. Mais la sérénité, la joie de la pieuse enfant ne se démentaient pas. Il y avait un contraste étrange entre cette physionomie sur laquelle se gravaient de plus en plus les signes précurseurs de la mort et ce sourire épanoui avec lequel à notre question : « Comment vas-tu ? » elle répondait presque invariablement « Je vais bien. — Et tu es contente ? — Oh ! oui, je suis bien contente !... »

Le Vendredi Saint, elle avait commencé à souffrir davantage. Elle avait été passer quelques instants seule à la chapelle, devant la croix déposée, en signe de deuil, sur les marches de l'autel. Elle sentait le besoin d'être unie aux souffrances du divin Maître, et sa petite âme avait sans doute plus d'un secret à lui dire.... Cependant, en revenant, il y avait un léger nuage sur son front, et, comme toujours, elle avait besoin de confier à ses mamans le trouble qui pesait sur son cœur : « Maman, dit-elle à la première de nous qu'elle rencontra, est-ce que c'est permis d'embrasser l'Enfant-Jésus?... J'étais à la chapelle... et j'ai été l'embrasser.... Je ne vous avais pas demandé.... » Le pardon fut accordé sans peine, mais la sérénité ne revint pas encore ; l'aveu n'avait pas été complet. Un peu plus tard elle reprit son courage : « Maman, c'est que je ne vous ai pas dit que je l'avais pris dans mes bras et que je l'avais embrassé. » Et, d'un geste touchant, elle semblait le presser encore contre son cœur. Le soir, sa bonne marraine lui demandant comment elle allait : « Oh ! je vais bien, dit-elle, j'ai embrassé le petit Jésus... et il m'a guérie ! » En effet, pendant plusieurs jours les vives souffrances ne revinrent pas.

Mais la maladie suivait son cours, et quelques semaines après, le changement de la pauvre enfant était visible pour tous. C'est alors que notre bien-aimé Père ne crut pas devoir retarder davantage le bonheur qu'elle avait appelé de tous ses vœux.... Il lui donna l'Extrême-Onction, et elle fit sa première communion en Viatique. La chère enfant était rayonnante ; son âme était épanouie, et ses grands yeux noirs reflétaient une expression céleste sur sa petite figure amaigrie. Toutes ses compagnes l'entouraient avec une émotion et un respect qui ont frappé les quelques personnes qui avaient voulu être présentes à cette touchante cérémonie. Quelques instants après, notre Anna se jeta en sanglotant dans ses bras, et longtemps, les deux enfants se tinrent entrelacées. Il y avait dans l'étreinte et le muet langage de ces jeunes cœurs une expression indicible. « Pourquoi as-tu fait pleurer notre petite Amélie ? » dis-je plus tard à Anna. — Maman, je lui ai dit seulement : Tu es trop heureuse ! Et nous nous sommes mises à pleurer. » Et la petite élue de Notre-Seigneur répétait, les yeux encore humides de larmes : « Je voudrais que toutes mes compagnes fissent aussi leur première communion ! » Le soir en se couchant, elle disait tout bas à l'une de nous : « Maman, je voudrais... demain.... recevoir le bon Jésus.... »

A la joie si pure qui inondait, en ce beau jour, l'âme de notre chère enfant, se joignait un autre sentiment bien ardent aussi, celui de la reconnaissance pour Notre-Seigneur d'abord, qui, comme elle le disait elle-même, « l'avait cherchée dans le gourbi pour la mettre dans son cœur; » et ensuite pour celui qui avait été auprès d'elle le premier messager de ce Cœur divin : « Je voudrais voir Monseigneur, » répéta-t-elle plusieurs fois; « je voudrais voir Monseigneur.... J'ai beaucoup prié pour lui.... Je voudrais qu'il me bénît.... » Et, pour répondre à l'élan de son cœur, il fallut lui permettre de dicter à l'une de ses compagnes l'expression naïve de son bonheur et de son amour filial. » C'était un adieu aussi (1)....

La bénédiction tant désirée ne se fit pas attendre. Absent pour quelques jours, Monseigneur daigna envoyer quelques paroles où le cœur du Père répondait à celui de l'enfant, et qui descendirent comme un rayon du ciel sur la pauvre petite au moment où elle était en proie aux plus vives souffrances. Elle reçut avec une émotion profonde ces touchants encouragements, que depuis elle voulut entendre lire tant de fois ! Sa petite âme y puisa une vigueur nouvelle pour offrir généreusement, *héroïquement* presque, le sacrifice

(1) C'est la petite lettre citée plus haut.

déjà fait de sa vie. La crise se prolongeait. Notre enfant bien-aimée serrait le crucifix dans ses petites mains et le baisait avec amour. Ses traits étaient décomposés ; des larmes coulaient de ses yeux ; mais pendant près de deux heures une seule plainte s'était fait entendre : « Seigneur !... mon Dieu ! ayez pitié de moi !... » Le soir approchait. L'une de nous, emmenant les enfants à la chapelle pour la prière, lui demanda : « Que veux-tu que je dise pour toi au Bon Dieu ? — Oh ! maman, répondit notre chère petite avec une expression que nous n'oublierons jamais, dites au Bon Dieu que je souffre pour lui, et que, si je meurs, je meurs pour lui ! »

Mais les ravages du mal continuaient rapidement. Une seconde crise, plus inquiétante que la première, commença. La chère petite avait encore voulu aller dans la chapelle, auprès du Bon Dieu ; puis elle avait semblé s'endormir ; mais nous avions remarqué une profonde altération sur ses traits. Peu à peu le froid la saisit ; les spasmes recommencèrent. Sa figure se décomposa d'une manière effrayante. Sa voix était presque éteinte. Au bout de quelques instants, elle ne répondit plus que par un léger mouvement à ce que nous lui demandions. Elle baisait encore doucement le Crucifix chaque fois que nous l'approchions de ses lèvres. Peu à peu elle n'entendit plus rien.... Sa physionomie prit une expression cadavéreuse, et pendant plus d'une heure nous attendîmes le dernier soupir.... Enfin elle rouvrit les yeux et nous sourit doucement.

Quelques instants après, sa pauvre petite figure, qui un moment auparavant avait porté l'empreinte de la mort, trahit un bonheur indéfinissable. Tout d'un coup l'enfant s'assit sur son lit. Elle regardait en haut un point dont elle ne voulait pas détacher ses yeux. « Je vois quelque chose qui brille, » disait-elle ; et un peu plus tard, re-

gardant toujours à la même place : « Otez ce quelque chose qui m'empêche de voir. » Et, prenant une expression radieuse : « Oh! maman, j'entends chanter, dit-elle.
— Est-ce que ce sont les enfants que tu entends chanter? lui dis-je. (Les enfants ne chantaient pas.) — Mais non, les enfants sont là-bas » répondit-elle en montrant le jardin. Puis, frappant de nouveau ses mains avec transport : « Oh! maman, c'est beau! On chante encore... *Gloria in excelsis !...* » Et ses yeux ne quittaient pas le point qu'ils avaient fixé tout d'abord.

C'était la fête de sainte Monique, le jour où l'on avait porté ses reliques à Notre-Dame d'Afrique et où Monseigneur avait présidé une procession en son honneur. « Est-ce que c'est Monseigneur que tu entends chanter? lui dit-on.
— Maman, Monseigneur, il n'est pas dans le ciel.... — Est-ce que c'est M. l'abbé... qui chante comme le jour du baptême? — Mais non, maman, il n'est pas dans le ciel. — Voyons, est-ce que ce serait sainte Monique? — Je ne sais pas... je ne la connais pas. Est-ce qu'elle est dans le ciel?
— Est-ce qu'on chante en arabe? » lui demanda-t-on encore un peu plus tard. — Oh! non, non! répondit-elle avec une expression de dégoût très énergique. — Allons, ferme tes yeux... repose-toi, lui avons-nous dit plusieurs fois. — Oh! non, laissez-moi voir, » répondait-elle avec un accent suppliant. Au bout de quelques instants sa physionomie s'assombrit : « Je n'entends plus, » dit-elle, et elle prit une expression de profonde tristesse. Un peu plus tard sa figure s'illumina de nouveau. « Oh! maman... on chante encore.... *Ave, maris Stella !...* Oh! c'est beau, continua-t-elle. Je vois des petits enfants... ils ont des couronnes blanches sur la tête.... Ils montent.... Ah! on a mis... c'est comme une table... on apporte quelque chose dessus... (et sa figure devenait de plus en plus radieuse). Oh! je crois... je crois que c'est le petit Jésus! Il est sur la

paille.... Oh! maman, tous ils baisent les pieds du petit Jésus! » *Alleluia! alleluia!* reprenait-elle en frappant ses petites mains. « Je voudrais monter, disait-elle en levant les bras et en soulevant son petit corps.... Et la pauvre enfant, qui tout à l'heure était glacée, immobile, avait dans la parole une force et une expression étonnantes.

C'était le 13 mai, l'anniversaire de la naissance de notre vénéré Pontife Pie IX. Longtemps elle avait tenu avec amour son portrait entre ses mains. Elle avait offert pour lui toutes ses souffrances... et le sacrifice fut accepté.

Le lendemain de la mort, sa physionomie était encore si douce que ses compagnes n'auraient pas voulu la quitter. « Aller voir Amélie! » répétaient-elles à l'envi. Et lorsqu'elles venaient s'agenouiller au pied de son lit, elles la regardaient avec une sorte de respectueuse tendresse. « Elle sourit, disait l'une... oh! je crois que c'est son âme qui a été dans le ciel, et puis qui est venue dire à son corps qu'elle était sauvée... et alors... elle a ri. — Oh! maman, je vous assure!... » reprenait-elle avec une naïve conviction.

Et maintenant, lorsque nous regardons sa place vide, il faut élever nos cœurs, penser que notre enfant chérie est au ciel, qu'elle prie pour ses frères, pour ses sœurs, pour ses mamans! Puissent tous les vœux si ardents de sa reconnaissance être largement exaucés! »

XIV

La meilleure des mères. — Comment les pauvres nègres du Buddu savent l'aimer.

LE désir de faire connaître les Baganda comme zélateurs ardents du culte de Marie, écrit le P. Streicher (1), m'a inspiré la pensée de recueillir ces quelques souvenirs.

Les Baganda sentent un besoin irrésistible d'aimer la Sainte Vierge. A peine ont-ils connu le nom de Marie, qu'aussitôt ils lui ont donné leur cœur. Le jour où le païen fait le signe de la croix, il jette ses amulettes dans la broussaille et va à la recherche d'une médaille ; dès l'instant où une païenne consent à prier, elle dédaigne son collier de perles et ses bracelets d'ivoire et ne soupire désormais, elle aussi, qu'après une médaille.

Le dimanche, en particulier, quand, après le catéchisme, le missionnaire paraît sous la véranda, en vue de la foule qui l'attend, plusieurs centaines de femmes sont là, soulevant leurs noirs bébés, et, tandis que les poupons sourient au missionnaire et lui tendent leurs petits bras, les mères s'écrient à tue-tête : Une médaille ! une médaille !

Hélas ! les médailles sont trop rares dans l'Ouganda. Les mères doivent se contenter d'une bonne parole et, à part quelques exceptions, les poupons n'emportent que la bénédiction du missionnaire.

Que de fois nous voyons ici de simples catéchumènes faisant six, huit heures de marche, un énorme régime de bananes sur la tête, ou un panier d'œufs à la main, humble présent qu'ils offriront au missionnaire en échange d'une médaille ! Et à peine l'ont-ils reçue, que, se l'attachant

(1) Aujourd'hui, Mgr Streicher.

rapidement au cou et ne songeant même pas à prendre congé de lui, ils se précipitent dehors, comme fous de joie. Nous n'avons jamais assez de médailles.

Il nous faudrait à Villa-Maria au moins dix mille médailles par chaque caravane, et notre budget ne nous en alloue qu'un seul millier !

Cette dévotion pour la Sainte Vierge va toujours grandissant, à mesure qu'approche l'époque du baptême. Nous avons en tout temps, à la mission, quinze cents catéchumènes que nous préparons immédiatement au baptême. A mesure que trois cents sont régénérés, trois cents nouvelles recrues prennent la place de ceux qui sont devenus chrétiens. Parmi ces quinze cents catéchumènes, il y a des chefs de village et des paysans, des enfants et des vieillards, beaucoup de jeunes gens et de jeunes filles ; impossible de dépeindre la vénération et le culte enthousiaste que cette foule de catéchumènes a pour Marie !

Chaque matin, aussitôt après l'instruction, ils vont, disent-ils, « faire leur cour à la Vierge Marie ». Les uns escaladent la colline au pas de course, les autres vont d'un train plus modéré, par bandes de dix à vingt, repassant en chœur la leçon qu'on vient de leur enseigner. A mesure qu'ils arrivent au sommet de la colline, ils tombent à genoux sur le rocher contre les murs extérieurs de la chapelle (les catéchumènes ne pénètrent pas à l'intérieur) et après avoir récité un *Pater* et un *Ave*, chacun, sans plus s'occuper de ses voisins, adresse *à haute voix* à Marie sa requête, qu'il répète mille fois sur les tons les plus plaintifs. Ces prières, qui s'échappent alors de leurs lèvres ou plutôt de leur cœur, ardentes, spontanées, comme la flamme s'élance du brasier, peuvent toutes se résumer en ces mots : « Vierge Marie ! ma mère ! aie pitié de moi ! Que je puisse recevoir le baptême ! »

Toutes ces voix d'enfants, d'hommes, de femmes s'élèvant au ciel tumultueuses, suppliantes, avec un éclat auquel nos oreilles européennes sont peu accoutumées, doivent être assurément pour Marie une délicieuse musique et pour eux une excellente prière.

Ces chers nègres, dont le cœur est souvent si pauvre de reconnaissance et d'affection envers les hommes, trouvent les expressions les plus tendres, dès qu'il s'agit d'honorer la Sainte Vierge. Le petit enfant l'appelle *Mama*; les jeunes filles, *leur sœur, leur mère;* les jeunes gens, *leur fiancée;* les vieillards, *leur Grand'Mère*. J'en ai entendu de ces pauvres vieux qui l'appelaient leur *Enfant*, leur *Petite Fille!* Termes amoureux qui, dans la bouche de celui qui les profère, sont l'expression de ce qu'il y a de plus cher au cœur. Vraiment, tout ce qu'il y a de poésie et de tendresse dans ces âmes est pour Marie.

Le mois dernier, je faisais ma retraite annuelle de huit jours, et c'est dans la sacristie attenante à la chapelle de la Sainte Vierge que je passais mes matinées. De cette cachette où personne ne soupçonnait ma présence, j'entendis sur Marie des choses ravissantes, et, à travers la lucarne qui sert de fenêtre, je vis des scènes qui me remuaient jusqu'au fond de l'âme.

Tantôt, c'est une pauvre femme qui, du dehors, jette par la fenêtre, au pied de l'autel, quinze cauris (coquillage servant de monnaie) et s'écrie : « Vierge Marie! je t'avais promis vingt cauris si j'étais admise au baptême. Tu m'as exaucée. Je n'ai que quinze cauris; les voici; je mendierai les cinq autres et j'achèverai de payer ma dette. » Et son fils, jeune homme de quatorze ans qui l'accompagnait, de dire confidentiellement à sa mère : « Ma mère! continue à prier, car, vois-tu, la Vierge Marie peut tout. »

Tantôt, c'est un jeune homme qui, pour exprimer à Marie la joie dont son cœur déborde, se met à gambader devant la porte de la chapelle. Tout à coup, la tête crépue du nègre disparaît dans l'herbe, ses deux jambes battent l'air et les pirouettes succèdent aux pirouettes, à la grande hilarité des assistants qui se disent entre eux : « Notre ami est content ! Il remercie Marie ! » Puis c'est un groupe de catéchumènes qui ont réussi à leur examen. Tout hors d'haleine et comme fous de bonheur, ils offrent à Marie leurs actions de grâces qui consistent en exclamations que l'émotion entrecoupe et où se manifestent leur foi vive et leur confiance sans bornes en Marie.

La chapelle de la Sainte Vierge est bâtie sur une colline élevée ; le vallon qui s'étend au pied est couvert de huttes indigènes. Dès la pointe du jour, le premier catéchumène qui arrive au sommet de la colline, hèle ses amis du vallon : « Hé ! Hé ! l'ami ! » Une porte de branchages tombe et un homme apparaît. D'une voix qui a peine à parvenir jusqu'à la cime de la montagne : « Qu'y a-t-il ? — Ta leçon d'hier, la sais-tu ? — Oui. — Qu'est-ce qu'un Sacrement ? — Un Sacrement est un signe sensible... — C'est bien. Est-il bon d'invoquer la Vierge Marie et les Saints ? — Oui, il est très bon.... — Et la Sainte Vierge, tu l'aimes ? — Oui. — Tu l'aimes beaucoup ? — Oui. — Et moi aussi, je l'aime. » Et toutes les cinq minutes, jusqu'à l'heure du catéchisme, ce sont les mêmes dialogues qui recommencent et, dans chaque dialogue, revient le nom de Marie et c'est ce doux nom qui, répercuté par les échos de la montagne, vous résonne sans cesse à l'oreille comme un mélodieux refrain.

Un matin, je faisais mon action de grâces au pied de l'autel. Un groupe de femmes agenouillées à l'extérieur contre la muraille murmurait des prières, quand l'une d'elles, soulevant son petit enfant, l'approche de la fenêtre en lui disant : « Petro ! dis à la Sainte Vierge : Mama, je t'aime. » Instinctivement, je tourne la tête ; une légère brise soulevait les rideaux et j'aperçois mon noir chérubin au visage souriant, ses grands yeux fixés sur la statue de Marie, ses petites mains cramponnées aux barreaux de la fenêtre, répétant de sa voix enfantine la leçon de sa mère : « Mama, Vierge Marie, je t'aime. »

Et l'heureuse mère, déposant l'enfant à terre : « Petro, lui dit-elle, as-tu vu la Vierge comme elle souriait ? »

Or cette femme n'avait pas encore reçu le baptême.

Si des catéchumènes j'en arrive aux néophytes, que de choses plus édifiantes encore j'aurais à dire sur leur dévotion à la Très Sainte Vierge ! Le culte que le catéchumène a pour la médaille, le néophyte le reporte sur le chapelet. En prévision de son baptême, le catéchumène cueille dans la forêt les baies d'un arbrisseau, d'un noir brillant, appelées « malanga ». Puis il trouve sur les bords du Nyanza un roseau filamenteux assez semblable au papyrus, appelé « kibbo ». Avec les filaments de ce roseau, le Muganda tresse une ficelle qui servira de chaînette à son rosaire. Les graines de malanga, une fois percées, enfilées et distribuées en cinq dizaines, il noue le tout dans le pan de son lubugo (vêtement d'écorce d'arbre) en attendant le jour du baptême. Aussitôt que l'eau sainte a coulé sur son front et avant même de sortir de l'église, il se passe au cou le chapelet de malanga. C'est ce qu'il appelle son « lusaniba », comme qui dirait son « collier d'honneur ».

O heureux ! mille fois heureux celui qui peut se procurer un véritable chapelet d'Europe ! Pour avoir un chapelet les enfants pleurent et gémissent des semaines et des mois, et pour se soustraire à leurs importunités, le missionnaire, qui, en fait de chapelet, n'a plus que le rosaire qu'il porte sur son habit blanc, n'a qu'une ressource : celle de fuir. Pour avoir un chapelet de France, le jeune homme se fait petit marchand : il achète à bas prix à des pêcheurs du lac quelques poissons qu'il revend à très petit bénéfice, et quand, après plusieurs semaines, ils se voit entre les mains un nombre de cauris suffisant pour acheter l'objet de ses rêves, alors sa joie ne connaît plus de bornes. Dans l'Ouganda, un néophyte sans chapelet et couvert seulement de quelques guenilles a-t-il à choisir entre un habit neuf et un chapelet, c'est le chapelet qu'il préférera sans hésiter, et, si vous lui objectez qu'il grelotte de froid par ces temps pluvieux, il vous répliquera ce que j'ai maintes fois entendu : *Sapule esinga byonna*. « Un chapelet est préférable à tout. »

Souvent nous voyons ici de grands garçons, de grandes jeunes filles, en haillons : ils avaient un lubugo neuf il y a quelques jours, mais ils l'ont vendu ou échangé contre un chapelet ; et, quand transi par la fraîcheur de la nuit, ce pauvre chrétien se réveille, il palpe son cher chapelet, le serre sur son cœur et, lui aussi, répète tout en tremblant de froid : *Sapule esinga byonna*.

Depuis le premier ministre du royaume jusqu'au dernier des esclaves, tous les Baganda, sans exception, portent au cou la couronne de Marie, avec cette différence que les grands chefs se réservent les chapelets à grains plus gros, et tous, même ceux qui n'ont qu'un rosaire de « malanga », en sont aussi fiers que l'écolier l'est de sa croix d'honneur ou le vieux soldat de sa décoration.

Une fois en possession du chapelet, le néophyte le récite. Je ne sache pas que, parmi nos quinze mille (1) chrétiens du Buddu, il y en ait un seul qui ne récite habituellement son chapelet chaque jour, et je connais une foule de néophytes qui récitent journellement le rosaire en entier. Notre chapelle de la Sainte Vierge est toujours bondée de monde, depuis le lever du soleil jusqu'à la nuit, et tous ces nègres restent agenouillés de longues heures devant la statue de Marie, tandis que leurs doigts égrènent le chapelet ! Et quand, le dimanche, après le chapelet récité en commun, le missionnaire entonne un cantique à la Sainte

(1) Les catéchumènes dépassent le chiffre de 80,000.

Vierge, avec quel entrain et quels formidables éclats la foule reprend à l'envi : *Ave Maria ! Ave Maria !* ou le gracieux refrain traduit dans la langue du pays :

> O ma Mère ! O Vierge Marie !
> Je vous donne mon cœur,
> Je vous consacre pour la vie
> Mes peines, mon bonheur !

Pour moi, chaque fois que j'entends ce tonnerre de voix qui ébranle notre église en roseaux, il me semble que ces voix criardes sont de délicieuses symphonies et j'éprouve au fond du cœur ce qu'éprouve un fils en voyant le triomphe de sa mère.

La dévotion à la Sainte Vierge occupe dans la vie des Baganda une place immense : tout ce qui leur arrive d'heureux, c'est à Marie qu'ils l'attribuent ; toute joie, toute bonne fortune, c'est Marie qui en est la source. Quand le chrétien muganda revient sain et sauf d'une expédition militaire, il n'a qu'une réponse à faire aux félicitations de ses amis : « La Vierge Marie m'a gardé. Merci de l'avoir priée pour moi ! »

Quand, de guerrier devenu chasseur d'éléphant, il revient des forêts avec une défense d'ivoire qu'il convertit aussitôt en cotonnades, il met toujours de côté une étoffe aux brillantes couleurs : c'est la part de Marie *qui l'a aidé*. Et puis, quand devenu marchand, il revient après un heureux négoce, la joie de sa famille ne se traduit que par ces paroles : « La Vierge Marie t'a aidé », et lui, invariablement de répondre : « Oui, elle m'a aidé ». La mère qui met au monde un nouveau-né, le convalescent qui relève de maladie, après toute entreprise qui a réussi, c'est aux pieds de la Sainte Vierge que l'heureux néophyte va déposer l'hommage de sa reconnaissance.

Dans leur correspondance, avant de signer leurs lettres,

les Baganda, même simples catéchumènes, font toujours précéder leur signature de ces mots : « Que la

LA TANISK (Page 297.)

Vierge Marie te garde! » Pas un billet, quelque insignifiant qu'en soit le contenu, qui ne porte au bas ce souhait élogieux pour Marie.

Le culte des Baganda pour la Sainte Vierge n'est pas un culte superficiel, comme on pourrait le croire de la part de pauvres noirs; ce n'est pas une dévotion de sensiblerie, de sentimentalité; non, en même temps qu'il est affectueux, ce culte est mâle, il est solide, il est généreux, il part du cœur avant de tomber des lèvres.

Je dis que leur dévotion pour Marie est mâle et solide: elle se traduit en effet par des jeûnes pénibles, par des mortifications auxquelles on aurait peine à croire. Nous avons beaucoup de néophytes, surtout parmi les femmes, qui, le samedi, ne mangent qu'une seule fois, à la tombée de la nuit; d'autres, qui s'abstiennent de tout condiment. Et tout cela pour honorer la Sainte Vierge.

Il y a dans l'Ouganda des chrétiennes qui, chaque semaine, passent une nuit entière prosternées sous le portique de la chapelle de la Sainte Vierge. Qu'on se représente par la pensée une de ces négresses, le visage fouetté par un vent glacial ou grelottant sous la rosée pénétrante de la nuit, agenouillée de longues heures contre le mur de la chapelle, devant cette chrétienne d'un jour n'est-on pas aussi ému que devant le chevalier du moyen âge faisant sa veillée d'armes aux pieds de la Madone?

La dévotion des Baganda pour Marie est généreuse, car ils prennent sur leur nécessaire pour faire l'aumône. Quand un enfant reçoit un cauri bien blanc, bien luisant, c'est sur le marchepied de l'autel de Marie qu'il va le jeter; souvent cet enfant n'a pour se couvrir qu'une mauvaise étoffe, qu'importe, il donnera fièrement son obole. Ce qui m'a le plus ému dans ces offrandes faites à Marie, c'est de voir de pauvres vieilles, toutes ridées, se priver de sel ou de tabac (Dieu seul connaît tout le prix d'une pareille mortification pour une négresse), afin d'épargner, elles aussi, quelques cauris qu'elles offriront à leur *Bonne Mama*.

Un seul fait prouvera la générosité de leur dévotion. Il y a quelques mois, quand il s'est agi de construire une chapelle neuve en briques, le tronc de la Sainte Vierge se trouvait riche de 40,000 cauris. Quarante mille cauris ! c'est une somme immense, surtout quand on songe à l'extrême indigence à laquelle sont réduits la plupart de nos néophytes.

Si les Baganda aiment la Sainte Vierge, en retour ils en sont tendrement aimés, car Marie leur rend amour pour amour. Passant sous silence les faveurs particulières, je ne parlerai que du bienfait national, dont cette bonne Mère vient de gratifier nos Baganda.

Depuis cinq années que je suis au Buddu, je vois avec douleur nos chrétiens décimés par la peste bubonaire, endémique au Buddu, peste que les indigènes appellent *Kaumpuli*. Au mois de février dernier, le fléau devint tellement meurtrier que les missionnaires crurent devoir pousser vers Marie un suprême cri d'appel en faveur de leurs enfants qui se mouraient. Les deux missions établies au Buddu, Bikira et Villa-Maria, s'entendirent à l'amiable et il fut convenu que le dimanche 24 février, à deux heures de l'après-midi, aurait lieu une procession, précédée de trois jours de jeûne, durant lesquels les chrétiens s'abstiendraient même de boire le vin de bananes. Il n'y eut qu'un cri de joie parmi les néophytes et les catéchumènes, quand on leur parla d'un jeûne de trois jours en l'honneur de Marie. Ils firent jeûner même les enfants à la mamelle.

Le 24 février fut un jour mémorable : la procession se déroula longue, majestueuse, recueillie : le chapelet était récité en chœur et chaque dizaine était interrompue par le couplet d'un cantique, composé pour la circonstance sur l'air plaintif du « Pitié, mon Dieu » et la foule reprenait le refrain : « O Marie, notre Mère, notre Espérance, — Le malheur nous accable, soyez notre Avocate ! »

Un autel était dressé en plein air, sur le sommet de la colline. Pour fléchir plus sûrement l'Avocate des affligés, toute la chrétienté de Villa-Maria, par la bouche du Père supérieur, fit vœu de construire à Marie une chapelle en briques et de se consacrer à Elle !

En descendant la colline, le P. Gâcon, dont le dévouement n'a d'égal que sa foi vive, nous disait bravement : « Aujourd'hui le kaumpuli est enterré. Quiconque viendra me demander du remède, je l'enverrai à la Sainte Vierge. C'est son affaire. » Il tint parole et sa confiance ne fut pas déçue. Les quinze jours qui suivirent cette procession, *pas un seul nouveau malade, plus un seul décès*. Tous les malades d'autrefois guérissaient comme par enchantement, *sans aucun remède*.

Déjà on croyait que c'en était fait du kaumpuli, quand subitement il reparut. Les malades affluaient, une centaine chaque jour, mais *tous guérissaient*.

Il fallait se hâter d'accomplir le vœu du 24 février. Dès que les pluies eurent cessé, on se mit à l'œuvre. Ce fut le 15 juillet qu'on posa la première brique. Or, depuis cette date du 15 juillet jusqu'à ce jour 10 novembre, nous n'avons eu à Villa-Maria que deux victimes du kaumpuli.

Cependant la chapelle s'élevait rapidement, gracieuse et coquette, grâce à l'activité du pieux frère Victor, qui me demanda comme une grâce de poser lui-même toutes les briques, sans qu'un seul nègre y mît la main.

Enfin le 8 septembre, fête de la Nativité, ses blanches murailles s'apercevaient à cinq lieues à la ronde, étincelantes sous les feux de notre soleil équatorial, et ses élégantes fenêtres ogivales faisaient l'admiration des Baganda. A l'intérieur, les murailles disparaissaient sous les oriflammes, les guirlandes, les images coloriées et les tentures de toute nuance. De larges bandes de satin, bleu, rouge et surtout blanc suspendues en forme de dôme se réunissaient en couronne au-dessus de la statue de Marie Immaculée.

A dix heures du matin, plus de quinze mille Baganda couvraient les flancs de la colline. Le R. P. Moullec, supérieur de Bikira (Notre-Dame des Victoires), avait accepté de présider la bénédiction de notre chapelle. Debout sous le portique, il édifia son auditoire durant trois quarts d'heure et, après cette chaleureuse exhortation, il bénit l'oratoire.

A l'issue de la bénédiction, on lut l'acte solennel par lequel le Buddu se consacrait à Marie. Pendant cette lecture, un silence parfait planait sur la multitude; mais, aussitôt la lecture terminée, une triple salve de mousqueterie déchira les airs et la foule enthousiasmée y répondit par d'interminables cris de joie.

Cher petit oratoire, bâti et décoré avec les aumônes de nos pieux Baganda ! Puisse Celle qu'on y honore continuer à bénir les Missionnaires qui portent son rosaire et sa blanche livrée et qui se feront toujours un bonheur de travailler à l'extension de son culte !

XV

Odyssée de quatre petits nègres. — A travers les monts et les mers.

Les quatre jeunes nègres, que je viens d'avoir le bonheur d'amener en Europe, écrit un missionnaire de l'Afrique équatoriale, étaient en esclavage dans l'Ougogo. Deux sont originaires de l'Ounyanyembé, et deux des bords du Nyanza. Ils ont été choisis pour leur intelligence et leur bonne volonté. Voici leurs noms.

Ferraghi, âgé de treize ans; Makouaya, âgé de douze ans; Tchaloula, âgé de onze ans ; Mpolo, âgé de onze ans.

L'un d'eux était en servitude chez un noir musulman, chef de la contrée, les autres chez les nobles de la localité. Nous avons dû donner pour les racheter un bon nombre de brasses d'étoffe ; car, dans ces tribus plus rapprochées de la côte, l'étoffe n'a pas la même valeur que dans les tribus plus éloignées de l'Ouganda et du Tanganyka, où, si les missionnaires disposaient des ressources nécessaires, on pourrait arracher à l'esclavage un nombre considérable de ces pauvres victimes. Maintenant surtout que nous avons été témoins des souffrances, des mauvais traitements, des privations qu'ont à endurer ces petits enfants ; maintenant que nous avons pu constater les heureux résultats d'une éducation chrétienne, nous ne craindrons plus d'importuner nos bienfaiteurs, par nos sollicitations en faveur du rachat des jeunes nègres.

Ceux qui viennent d'entrer à notre orphelinat de Malte ne se virent pas plutôt l'objet de nos soins paternels, qu'ils oublièrent leurs maîtres noirs, ou ne gardèrent d'eux que le souvenir des mauvais traitements qu'ils en avaient reçus. Chez nos Pères de Mdabourou, ils se remirent un peu des privations antérieures, on leur parla du Bon Dieu, notre Père et le leur, de la France, de l'Europe dont ils ne connaissent que le nom, des bateaux à vapeur, des chemins de fer, des grandes maisons en pierres, de l'instruction surtout qu'ils allaient recevoir. Aussi le moment du départ venu, n'y eut-il pas la moindre hésitation. Les premières étapes les fatiguèrent un peu ; mais bientôt leurs jambes s'affermirent et ils marchèrent comme les hommes. Nous avions trente bonnes étapes en perspective. Un si long trajet ne les effraya pas. De mon côté j'avais mis toute mon espérance dans le Seigneur.

Les noirs étaient étonnés de voir voyager ces enfants sans fardeau. Dans leurs caravanes, en effet, ils donnaient aux enfants de cet âge des ballots de quinze à vingt kilos. Leurs membres amaigris et leurs visages où respire la souffrance attestent qu'ils n'ont pas toujours le nécessaire et que leur fatigue est excessive. Quelquefois ils doivent marcher pendant sept, huit, dix heures, et cela sans prendre de nourriture; puis, quand les forces leur manquent et que la faiblesse les oblige à ralentir le pas, leurs maîtres barbares les activent par de mauvais traitements. Arrivés au camp, ils ne peuvent prendre quelque repos qu'après avoir pourvu aux besoins de leur propriétaire, en lui préparant sa hutte, son lit, en lui portant l'eau et le bois, etc. Le moment du repas venu, on leur fait passer une légère ration de bouillie de sorgho, qui me rappelait tout à fait un cataplasme de farine de lin. Pour moi, j'avais à cœur de prendre un soin particulier de mes quatre petits nègres, afin qu'ils fussent en état de supporter le changement de climat, quand le moment serait venu.

A Bagamoyo, les Pères du Saint-Esprit me firent le plus cordial accueil : c'est du reste avec la même charité qu'ils reçoivent tous les voyageurs. Ils eurent la bonté de vêtir mes petits nègres presque nus. Quand ceux-ci eurent des vêtements d'Oulaya (Europe), en étoffe de couleur, ils ne se possédèrent plus. Ils admirèrent beaucoup les maisons en pierre, puis le Nyanza (la mer) de l'Oulaya, etc. Le consul de Zanzibar, M. Ledoulx, se montra plein de bienveillance à mon endroit. Je reçus de lui, gratuitement, un passeport où il était fait mention de mes quatre enfants libérés par le consulat. J'ai béni plus tard la Providence, car cette pièce m'a été d'une grande utilité.

Lorsque le moment solennel fut venu, où mes quatre petits compagnons durent quitter leurs semblables et leur pays, ils se montrèrent gais, attendant avec impatience les premiers mouvements du bateau qui allait les transporter dans cette Europe, objet de tous leurs rêves. L'heure venue, le sifflet ayant annoncé le départ, je leur dis que s'ils préféraient rester à Angoudia (Zanzibar) il en était temps encore, mais qu'une fois partis, c'était fini. « O mon Père, s'écria l'espiègle Mpolo, moi, je veux aller en Europe. — Nous aussi, nous voulons aller en France pour apprendre à lire, » reprirent les autres.

Je m'entendis avec le cuisinier du bord pour que ces chers petits eussent une nourriture convenable : du riz et un peu de viande. De temps en temps je leur faisais moi-même une petite distribution d'oranges et de biscuits. A les voir prendre leurs ébats enfantins sur le pont, on était convaincu qu'ils étaient heureux et n'avaient nuls regrets. Plusieurs passagers m'en firent la remarque. Je compris qu'ils inspiraient à tous le plus vif intérêt. Leurs traits ne sont pas disgracieux, comme ceux des nègres du nord de l'Afrique; ils ont un visage agréable et régulier; leur nez est droit et bien fait; leurs lèvres sont minces; leurs yeux reflètent l'intelligence. J'ai eu aussi plusieurs fois l'occasion d'admirer leur bon cœur. Lorsqu'un domestique donnait à l'un d'entre eux quelque friandise, elle était aussitôt remise au petit nyampara (caporal), qui faisait lui-même les parts. Nous avions à bord quelques marins anglais, ces braves soldats aimaient à jouer, à courir avec eux sur le pont; ils avaient même la délicatesse de se priver d'une partie de leur dessert, et au moment où ils quittaient la salle à manger, ils portaient à ces chers enfants un fruit, un morceau de pâtisserie anglaise, ou ils me le remettaient à cette intention.

A Port-Saïd, il nous fut impossible de communiquer avec la terre; impossible par conséquent d'augmenter la garde-robe de mes petits nègres. Lorsque je leur dis que nous approchions de l'Algérie, ils tressaillirent de joie, mais la divine Providence, qui m'avait préservé de tout mal pendant ce long et pénible voyage, me réservait là une petite épreuve, une amère déception.

On refusa de laisser débarquer même la correspondance apportée par notre bateau : nous étions mis en quarantaine et devions aller jusqu'à Londres ! Je me soumis à la volonté du Ciel; mais non sans concevoir quelques craintes pour la santé de nos chers enfants. Pour comble d'infortune, l'argent me manquait pour ce surcroît de voyage que je n'avais pu prévoir; eux, se montrèrent impassibles en présence de ces ennuis, et leur gaieté habituelle n'en fut pas troublée. Jusqu'à Lisbonne la mer fut calme et le froid supportable; là le temps devint affreux, et une tempête épouvantable nous ballotta trois jours durant dans le golfe de Biscaye. Notre-Dame d'Afrique nous couvrit néanmoins de sa maternelle protection et nous arrivâmes heureusement dans la Tamise, alors que tant de naufrages venaient jeter le deuil dans une multitude de familles.

Le 2 décembre nous étions au milieu des brouillards épais de la ville de Londres. Le lendemain on nous déclarait que la Compagnie de navigation qui nous avait amenés ne s'occupait plus de nous, et que nous devions aviser nous-mêmes à notre retour à Alger. Je commençai aussitôt les démarches nécessaires pour mon rapatriement. Je me présentai au consulat, à l'ambassade; mais sans succès. Je trouvai enfin une société de bienfaisance française qui consentit à me faire délivrer un passage gratuit de Londres à Boulogne-sur-Mer, pour moi et mes jeunes compagnons.

La traversée dura dix heures et fut excellente. Les enfants étaient en secondes, comme moi, salle chauffée, et bons lits. Aussi, bien que je les eusse avertis que nous arriverions bientôt, ils s'endormirent d'un profond sommeil. A dix heures du soir, nous jetions l'ancre devant Boulogne. Les enfants excitèrent vivement l'intérêt de tous.

Les autorités me firent l'accueil le plus sympathique. A la sous-préfecture, j'obtins demi-place en chemin de fer pour tous jusqu'à Paris. Lorsque nous fûmes en wagon, la stupéfaction des enfants fut indescriptible : ils se regardaient et riaient aux éclats. La rapidité du train, le mouvement apparent des maisons qui avoisinent la ligne, les remplissaient d'étonnement. De Paris à Marseille, même enchantement.

A Marseille, M. Pascalet, correspondant zélé de notre Mission, vint nous prendre à la gare, et se mettre entièrement à notre disposition. Je n'oublierai jamais les bons soins dont mes nègres furent l'objet de sa part; eux aussi, j'en suis sûr, en conserveront longtemps le souvenir.

Nous montâmes enfin à bord du *Kléber*, de la Compagnie transatlantique, et quelques jours après nous arrivâmes à Malte. Je me fis immédiatement conduire au collège de Saint-Joseph, où mes confrères attendaient ma venue avec impatience. La veille, j'avais prévenu mes petits Wagogo qu'ils allaient y trouver des frères, noirs comme eux, qui leur feraient bon accueil; ils en manifestèrent une vive satisfaction. Les Pères nous reçurent à bras ouverts, et nous goûtâmes le bonheur de toucher au terme d'un voyage qui était comme la préparation de l'évangélisation de l'Afrique par ses propres enfants.

R. P. BARBOT.

XVI

Sur la cime du Ruwenzori.

Le 2 mars 1896, je me mettais en marche pour faire l'ascension du Ruwenzori (1). J'étais accompagné du P. Achte, supérieur de la mission catholique chez Kasagama. Notre bagage se composait de l'indispensable : une tente, nos couvertures et une caisse contenant une chapelle de voyage. Nos gens étaient Baganda pour la plupart. Quelques Batoro avaient consenti à nous accompagner.

Nous quittons la mission de Notre-Dame des Neiges. Une foule d'indigènes sont là pour nous souhaiter bon voyage. La reine-mère nous a fourni un guide, qui a surtout pour mission de nous procurer des vivres dans les villages que nous allons traverser. Ce guide est un petit homme à l'air rusé et qui nous semble assez débrouillard. Nous avons vite enjambé la distance qui nous sépare des premiers contreforts de l'énorme chaîne de montagnes. Mais le temps, assez beau à notre départ, s'est assombri. De gros nuages s'amoncellent sur nos têtes. Nous nous réfugions dans un village habité par les Batoro. Ce village se nomme Bukika. La pluie tombe bientôt par torrents. Les habitants de la hutte où nous nous sommes réfugiés se montrent très hospitaliers. Ils déposent bientôt à nos pieds un grand panier

---

(1) Mgr Guillermain, le héros de cette ascension, se proposait de chercher sur la montagne du Ruwenzori un endroit favorable à l'établissement d'un *Sanatorium* pour ses confrères fatigués ou malades. En même temps, il faisait une tournée apostolique dans les villages établis sur les flancs de cette montagne, qui a six mille mètres d'altitude. Il revint épuisé de cette excursion et s'éteignit peu de semaines après.

tout rempli de bananes fumantes. Mais le ciel s'est éclairci, la pluie a cessé. Nous repartons, car notre étape n'est pas achevée. Au coucher du soleil, nous arrivons à Butukuru où nous dressons la tente. Nous n'avons encore gravi que les premières collines. Une forêt de pics géants se dresse là, tout près de nous. Demain nous commencerons à les escalader.

3 mars. — La température minima de la nuit a été de 14 centigrades. Nous entrons en plein dans les montagnes. De nombreux villages Batoro sont bâtis sur leurs flancs, mais loin encore de la grande forêt. Sur la lisière de cette forêt, à une assez grande hauteur, on aperçoit les huttes des Bakonjo, population qui ne descend pas dans la plaine. La pluie nous arrête encore. Elle a été précédée d'un brouillard intense qui nous a enveloppés pendant une heure. Nous nous réfugions dans une hutte indigène, et nous nous séchons à la chaleur d'un bon feu. Les huttes de ces montagnards sont construites à peu près comme celles que l'on voit dans la plaine. A l'intérieur cependant, les Batoro y élèvent leurs lits à 1^m,50 du sol. Alors que nous étions à nous chauffer, un de nos Baganda voulut puiser dans le tas de bois sec pour alimenter notre feu. Il découvrit, à sa grande surprise, un enfant de six ans caché dans cette broussaille; il chercha encore et découvrit un autre enfant que la peur tenait aussi caché. Nous avions été signalés de loin, et ces pauvres gens, qui n'ont jamais vu de blancs, avaient été pris de terreur. La mère des deux moutards, cachée elle-même dans son grand lit, et qui n'avait rien dit jusque-là, de peur d'être aperçue, appela ses enfants. Nous rassurons tout ce monde, et quelques pincées de sel en ont vite fait des amis.

Les Batoro sont assez pauvrement vêtus. Une peau areuse leur sert principalement d'habit pour le jour et de couverture pour la nuit. Nous nous décidons à dresser la

[...]té dans ce village, qui se nomme Kakaka. Température maxima de la journée, 24°.

4. — Température minima de la nuit, 14°. Après une heure de marche, nous commençons à descendre. Au fond du ravin mugit un torrent blanc d'écume. Nous y arrivons. Mais quelle n'est pas notre surprise, lorsque nous découvrons, au pied de la montagne, une belle source thermale ! A l'endroit où l'eau jaillit du sol, il est impossible d'y tenir la main plus de trois secondes. Les indigènes nous indiquent alors plusieurs sources chaudes, dont l'eau nous semble sulfureuse. Elle laisse sur son parcours de nombreux dépôts bleuâtres.

Nous avons rempli deux bouteilles, à deux sources différentes, afin de faire analyser ces eaux en Europe. Nous traversons le torrent, découvrons encore plusieurs sources thermales, et gravissant une grande montagne extrêmement abrupte, nous allons camper au village de Bwati.

5. — Après une étape assez courte, mais très fatigante, car nous montons toujours, nous arrivons à Butonda, village Mutoro. A quelque distance est un village Mkonjo, au pied de la noire forêt, qui court sur les hautes cimes. Des Bakonjo viennent nous voir et nous apportent quelques présents en vivres : patates, haricots, colocasies. Les Bakonjo forment un peuple à part. Ils sont essentiellement montagnards. Leur vêtement est des plus sommaires. Ils portent en revanche beaucoup d'amulettes. Ils sont grands, bien faits et ont l'air assez craintifs. Leurs armes consistent en un bouclier tressé avec une liane, à mailles très rapprochées, d'une lance peu remarquable et d'un couteau à lame recourbée. Ce couteau et cette lance sont communs aux Batoro et aux Bakonjo. Température maxima de cette journée, 23°. Pluie et froid humide. De nombreux singes cynocéphales viennent ravager les plantations des indigènes.

6. — Cette nuit, température minima 13°. Marche très pénible au milieu des monts. Nous nous dirigeons vers le sud-ouest, car nous sommes entrés dans la chaîne par le nord-est. Les pics neigeux se trouvent au centre de la chaîne, peut-être plus près de la pointe sud, du côté de Katue. Accablés de fatigue par ces montées et ces descentes continuelles, nous nous arrêtons à midi pour prendre quelque nourriture. C'est bien peu réconfortant : une galette froide de millet du pays, que l'on appelle *bulo*, et un verre d'eau. Nous allons camper dans un village bakonjo. Pluie dans la journée.

7. — Cette nuit, température minima 12°. La pluie et le vent ont fait ravage contre notre tente. Pendant que je célèbre la sainte Messe, un léopard rugit à cinquante pas de nous et s'enfonce dans les broussailles. Nous gravissons une très haute montagne couverte d'une épaisse forêt. Sur tous les mamelons, les Bakonjo ont bâti un village. Ils cultivent presque exclusivement le colocase dont ils mangent les tubercules ; ce sont les *mayuni* des Baganda. Avec les haricots, ces tubercules forment le fond de leur nourriture. Nous arrivons à un village nommé Bikone ; nous sommes au pied des pics neigeux, nous les voyons derrière d'autres pics moins élevés ; nous n'avons qu'à monter à peu près en ligne droite, mais nous sommes arrivés en face des difficultés les plus sérieuses de notre voyage. Deux gros torrents courent parallèlement avec un fracas épouvantable. Les berges en sont très larges et nous donnent la dimension de ces torrents à la saison des grandes pluies, ou à la fonte des neiges. L'un de ces torrents se nomme Kanyewankoko ; l'autre Mubuku. Un kilomètre plus loin, le Kanyewankoko se jette dans le Mubuku qui prend alors un aspect effrayant avec ses vagues écumantes et son cours vertigineux.

8. — Cette nuit, la température minima a été de 11°.

Nous nous reposons, car c'est dimanche, et il nous faut faire des vivres. Demain nous entrerons dans les nuages et nous les dépasserons. Il a plu cinq fois aujourd'hui.

9. — Munis de vivres consistant en haricots et en bulo, nous parvenons à décider quatre bakonjo à nous servir de guides. Malgré la grande répugnance qu'ils ont à faire pénétrer des étrangers dans leurs mystérieuses forêts, connues d'eux seuls, ils cèdent à l'appât de la récompense et ils prennent la tête de la petite caravane. Nous voilà tous à grimper, et parfois la montée est si raide qu'il faut nous aider des mains et des genoux. Les porteurs fatiguent beaucoup. Le sentier court au milieu des fougères gigantesques qui couvrent de vastes espaces.

A huit heures, nous entrons dans la grande forêt. Le sentier est étroit : il n'est fréquenté que par de hardis bakonjo, qui vont jusqu'aux neiges tendre des pièges à de petites gazelles à poils roux. Quelle nature sauvage! Quels sites admirables! Parfois une éclaircie de la forêt nous laisse apercevoir un horizon immense, s'ouvrant sur le lac salé de Katésé et les montagnes de l'Usagara (Ankoli). A nos pieds, des accumulations de nuages blancs ressemblent aux vagues d'un océan en furie. Nous montons toujours. A dix heures, nous entrons dans la région des bambous. La forêt s'éclaircit; on se croirait dans une salle immense. Les milliers de bambous, svelts et droits, en sont les colonnes, à la cime desquelles se balance un toit de verdure presque impénétrable au soleil. Le thermomètre est à 15°. Chaque tronc, chaque liane, chaque branche, chaque feuille a ses festons de mousse. Le sentier lui-même, jonché de feuilles mortes que la mousse a recouvertes, offre aux pas la mollesse d'un épais tapis. Le froid augmente à mesure que nous montons. Nos pauvres nègres, presque nus, commencent à gémir. A midi, la pluie, qui menace, nous force à camper. Nous dressons la tente au milieu des bambous. Le thermomètre est descendu à 13°. Nous grelottons nous-mêmes. Les noirs accumulent immédiatement tout le bois mort qu'ils peuvent trouver et nous faisons de grands feux. Chacun s'occupe ensuite de se bâtir un abri pour la nuit qui probablement sera pénible.

10. — Température minima de cette nuit, 8°. Nous avons de la peine à nous faire suivre de nos gens. Ils se décident enfin, et nous montons. Demain, si nos noirs ont du courage, nous arriverons au petit lac qui dort au milieu des neiges. Ce lac doit avoir cinq cents mètres de large, au dire des Bakonjo. Nous laissons derrière nous les derniers bambous, et nous entrons dans une broussaille extrêmement serrée, d'où émergent quelques arbustes épineux, tous les mêmes. Le sentier est très difficile. Tout à coup, il descend à pic jusqu'au bas d'un ravin profond.

Il est absolument impossible à des hommes chargés de descendre dans ce gouffre. D'ailleurs plusieurs noirs, saisis par le froid, ont jeté leur fardeau qu'ils regardent hébétés. Leurs doigts raidis laissent tomber le bâton qui soutient leurs pas; leurs pieds nus deviennent comme paralysés. Le thermomètre marque six degrés au-dessus de zéro. Nous comprenons qu'il nous sera impossible de traîner plus loin nos pauvres porteurs.

Nous leur donnons de quoi faire du feu, et je pars avec le P. Achte et quelques vaillants. La montagne d'en face est escaladée non sans dangers; car le sentier longe un précipice, en courant sur de simples broussailles entrelacées. Derrière ce pic, s'en dressent peut-être encore dix autres, mais la neige est là qui resplendit au soleil, tranquille au-dessus des orages comme une reine sans rivale. Les Bakonjo nous montrent avec crainte le pic qui cache le lac sacré, car ces pauvres sauvages en ont fait une divinité. « Demain, disent-ils, nous y serons ; mais que lui sacrifierez-vous ? Nous savons que nous n'y arriverons pas. Nos

porteurs sont restés là-bas, vaincus par le froid, et ils ont avec eux notre tente, nos couvertures et nos vivres. Tout ce que nous avons apporté, c'est une hache, une scie et quelques grands clous. » Le P. Achte coupe l'arbuste le plus fort qu'il peut atteindre ; il façonne une croix grossière ; nous creusons un trou dans la terre humide, et nous y plantons l'étendard du salut. Alors, à cette hauteur, où depuis la création du monde aucun être humain de la noble race de Japhet n'est monté, en face de cette croix qui, depuis dix-neuf siècles a sauvé le monde, mais qui apparaît pour la première fois sur ces sommets comme pour de là dominer sur l'Afrique tout entière, un évêque et un prêtre de Jésus-Christ envoient aux échos des montagnes ce cri de triomphe et d'amour : *O Crux, ave, spes unica*. Le souvenir de la Vierge bénie s'associe à notre prière et nous chantons encore : *Sancta Maria, succurre miseris*. Les Bakonjo ne comprennent rien à tout cela. Nous leur faisons entendre que cette croix est le signe sacré de notre religion, et qu'ils s'exposent à la colère de notre Dieu s'ils essaient de la renverser. Le thermomètre marque 4°.

Nous sommes fatigués, transis, car la pluie, presque continuelle dans ces montagnes, est venue soudain nous rappeler qu'il faut partir. Nous redescendons au fond du ravin et remontons, nous aidant des mains et des genoux, la montagne à pic au haut de laquelle se sont arrêtés nos gens. Une boue glissante rend cette ascension très pénible et très longue. Enfin, nous arrivons au sommet et nous opérons notre descente. Nous campons bientôt au milieu des premiers bambous.

11. — La nuit a été très froide, 7°. Les noirs l'ont passée accroupis près de leurs feux, mais sans sommeil. Je célèbre le saint Sacrifice pour que Notre-Seigneur prenne officiellement possession de ces montagnes. Il y avait quelque chose de grandiose dans les circonstances où ce Sacrifice

était offert. La montagne était l'autel; les pics neigeux, étincelant sous le soleil levant, étaient les flambeaux. La forêt, avec ses mille guirlandes de mousse, formait une ornementation incomparable; la voix mugissante des torrents était l'hymne de louanges, et l'âme de tout cela, notre foi et notre amour.

Nos porteurs, qui sont loin de partager nos poétiques émotions, trouvent qu'il est bien plus facile de descendre que de monter. Aussi se hâtent-ils de fuir ce froid maudit et la triste obscurité de la forêt pour lesquels ils n'ont pas été créés. Bientôt, demain, ils retrouveront leur soleil, ils se baigneront dans sa chaude lumière, et ils marcheront des jours entiers sans se plaindre de la pesanteur de leurs fardeaux.

12. — Nous nous décidons à prendre le chemin du désert, afin d'éviter les fatigues que nous ont occasionnées les nombreuses montagnes que nous avons franchies. Nous descendons en suivant le torrent Mabuku, dont j'ai parlé plus haut. Nous campons dans la plaine.

Le 14 mars, nous étions de retour à la mission. Je n'ai qu'un regret, c'est que les instruments de la science nous aient fait complètement défaut. La Mission qui vient de se fonder en est encore à lutter contre la misère des premiers jours; elle est loin de posséder ce qui était nécessaire pour qu'une telle exploration profitât réellement au monde savant.

Mgr Guillermain.

XVII

Un petit séminaire au pays des nègres. — Classes et vacances.

C'est au commencement de l'année 1893 que cette œuvre importante a été inaugurée au Buddu. Les jeunes écoliers, les séminaristes surtout, liront avec plaisir le journal qui raconte cette création hardie et vraiment très originale et très extraordinaire. Plus d'un regrettera sans doute de n'avoir pu donner un peu de son matériel classique aux pauvres petits négrillons si dépourvus des objets les plus élémentaires et les plus indispensables....

Villa-Maria, 29 juin 1893. — Le programme que nous allons suivre est très simple. Il comprend la lecture, l'écriture, un peu de calcul et de plain-chant, des cantiques en langue ruganda, la langue swahili, le latin pour les plus avancés, et pour tous l'instruction religieuse aussi complète que possible.

Que je dise d'abord un mot de mon installation : les pauvres cases qui, jusqu'ici, servaient de local à mon école, se trouvant un peu trop éloignées et assez mal disposées pour cet usage, il a été décidé de construire, plus près de la résidence de Villa-Maria, « un petit séminaire de toutes pièces. » Quand je dis petit séminaire, il ne faut pas croire que je veuille parler d'un monument semblable à celui de Carthage. Ici on n'a pas encore inventé les maisons en pierres : les arbres, les roseaux et l'herbe font les frais de toutes les constructions. Ce n'est cependant qu'au prix de bien des peines qu'on parvient à se loger convenablement ; il faut faire venir les arbres un par un, l'herbe, paquet par paquet, les roseaux, faisceau par faisceau. Ce sont nos bons chrétiens qui font ce travail pour se procurer, qui une aiguille, qui une médaille, qui un crucifix, qui un chapelet, etc. Le mal est que je suis à bout de ressources. Si, ces jours derniers, Monseigneur ne m'avait pas fait cadeau d'une douzaine de chapelets, j'allais me trouver dans l'impossibilité de bâtir ma chapelle. Pour la construire, j'avais d'abord offert mon réveil-matin à un chef. L'affaire était conclue, lorsque les événements ont appelé mon architecte ailleurs.

Le nombre de mes élèves s'élève à une soixantaine qui, avec l'instruction, me demandent la nourriture et le vêtement. Pour la nourriture, je ne leur en donne qu'une fois par jour; pour le vêtement, je ne sais vraiment comment je m'y prendrai. Monseigneur n'a pu mettre à ma disposition qu'un budget insignifiant, car, hélas! de nombreux malheurs ont épuisé la caisse du vicariat. Encore, si j'avais des connaissances en Europe, comme quelques-uns de mes confrères, je pourrais peut-être me tirer d'affaire; mais qui est-ce qui me connaît, et si je meurs, « qui est-ce qui parlera de moi? » comme dit la chanson du P. Capus. Je mets ma confiance en la Providence, puisque l'œuvre que je poursuis, quelque humbles qu'en soient les commencements, est bien cependant l'œuvre du Bon Dieu. Elle doit donc grandir et devenir très grande, s'il est vrai, comme nous n'en pouvons douter, que le Seigneur a une prédilection particulière pour les Baganda. Cette petite école est le germe du clergé du pays.

Mais il est temps de vous faire visiter ma salle de classe. Comme je l'ai dit plus haut, la maison est toute en roseaux. Je serai longtemps avant de pouvoir construire en terre. Il me suffirait, cependant, de cinq cents chapelets pour pouvoir entreprendre ce travail.

Les tables sont des claies en roseaux, couvertes d'une natte en feuilles de palmier, les porte-plumes sont de simples petits roseaux, les encriers des flacons vides d'huile de Harlem, longs et gros comme le doigt, dont une bonne personne nous avait envoyé une provision assez considérable. Après avoir employé l'huile comme remède, les flacons nous sont maintenant très utiles, comme vous le voyez. Le papier en majeure partie provient des enveloppes de lettres qui nous arrivent d'Europe. Je ramasse tout ce que je puis trouver de papier blanc. Les sous-main sont des écorces sèches de bananier; les crayons, des balles en plomb, allongées à coups de marteau; les règles, l'extrémité des branches de palmier; la cloche, un tambour du pays. On avouera que tout cela est bien à la Robinson Crusoé.

Il ne faut pas croire toutefois qu'on soit triste à notre pauvre demeure. Au contraire, la joie la plus franche y a élu domicile : je voudrais que vous vissiez mes négrillons jouer à barres; ils y mettent au moins autant d'entrain que les écoliers de notre vieille Europe. Et puis la musique vient varier nos récréations. Je me suis procuré un piano indigène, appelé *madinda*. Il se compose de douze pièces de bois sonores de diverses longueurs, qui forment deux gammes; la gamme n'a que six notes. Les Baganda qui savent jouer de cet instrument, les frappent ordinairement à deux : l'un fait le chant à la fois sur les deux gammes, la grave et l'aiguë; l'autre fait l'accompagnement également sur les deux gammes. L'effet est certainement très agréable. Les madinda servent souvent à accompagner la voix des chanteurs et le tout est renforcé par les tambours. Nous avons aussi le *Mugudo* composé de trois tambours de différentes formes, dont les sons mélangés avec art et parfaitement en mesure, sont d'un très bel effet. Le mugudo sert surtout aux grands chefs lorsqu'ils sont en voyage dans leurs provinces, ou bien lorsqu'ils sont envoyés par le roi. J'ai un certain nombre d'enfants qui savent le frapper. L'emploi en a été très heureux à la procession de la Fête-Dieu pour la marche triomphale de Notre-Seigneur. Si j'étais musicien, je reproduirais quelque chant kiganda; malheureusement, je ne le suis pas. J'ai dû pourtant apprendre à accompagner sur l'harmonium le plain-chant et les cantiques. Je me sers du petit harmoni-flûte qui a appartenu autrefois au P. Chantemerle. Cet instrument a subi le contre-coup de toutes nos révolutions et fait maint voyage; aussi menace-t-il ruine!...

Sainte-Marie de Rubaga, 14 juillet 1894. — Notre petit séminaire, qui avait été établi d'abord à Villa-Maria, a été transféré par Mgr l'évêque à la capitale, Rubaga, vers la fin de décembre de la même année.

En attendant d'avoir élevé une case pour nous abriter, nous dûmes nous entasser dans une pauvre hutte que nous cédèrent nos confrères de Sainte-Marie. Nous nous mîmes immédiatement à construire une grande case en herbe au milieu de la broussaille. Le travail fut long et assez coûteux. J'allais tous les jours, sous un soleil de feu, presser les travailleurs, et, en même temps, je me procurais les matériaux nécessaires pour une habitation mieux adaptée à nos besoins. Pour cela Mgr Hirth, notre vénéré Vicaire apostolique, mit à ma disposition tout ce que sa pauvreté lui permit de me donner, et les confrères de Sainte-Marie me prêtèrent leur précieux concours. Tout allait donc pour le mieux. Mais avant que le travail fût fini, une fièvre des plus graves me saisit et me cloua sur ma pauvre natte. C'est alors que je pus apprécier le dévouement de mes chers enfants. Ils paraissaient consternés en me voyant dans un péril si extrême. Ils ne voulurent me quitter ni la nuit, ni le jour, et, tant que dura le danger, ils se relevèrent deux par deux. Ils gardaient le silence pour ne pas me fatiguer, et surveillaient mes moindres mouvements afin de me donner tout ce dont je pouvais avoir besoin. Je dois avouer que j'ai été un peu étonné de trouver tant de délicatesse dans de pauvres nègres, hier encore plongés dans la barbarie.

Enfin, peu à peu, la maladie diminua; il plut au Bon Dieu de me rendre mes forces, et on se remit à l'œuvre. Les enfants m'aidaient bien, égalisant le sol de la maison, le battant pour le durcir, comme savent si bien le faire les Baganda, et, avec de simples roseaux, improvisant tables, bancs, portes, fenêtres, etc. Dès que nous l'avons pu, nous sommes revenus à nos livres, mais sans abandonner le travail manuel, car nous étions bien à la gêne dans cette case qui servait de salle d'étude, de salle de classe, de dortoir, de réfectoire, et même de salle de récréation, vu que nous étions en pleine saison des pluies.

Nos enfants, ne pouvant se payer le luxe d'une couchette élevée au-dessus du sol, comme c'est l'usage dans ce pays humide et fourmillant d'insectes de toutes sortes, ont eu beaucoup à souffrir de la fièvre et des *funzas* qui depuis quelques années désolent l'Afrique Équatoriale. Maintes fois, nous dûmes évacuer la place devant des régiments de fourmis rouges, dont la morsure est des plus cruelles. Cet insecte, désigné par les Baganda sous le nom de *nsanafu*, est armé de fortes mandibules qui saisissent à la façon de tenailles. Si par malheur la troupe s'introduit pendant la nuit dans une case, on ne trouve de salut que dans une prompte fuite.

Mais dehors nous attendaient des ennemis encore plus redoutables! Dans la broussaille qui entourait notre maison, les léopards, les hyènes et autres fauves faisaient en effet de fréquentes apparitions. Heureusement, pendant que nous étions dans notre maison en herbes, il ne prit fantaisie à aucun de ces terribles voisins d'essayer d'en forcer la mince cloison. Il n'y eut qu'un chat-tigre qui, un jour, se paya une de nos poules. Ce n'est que depuis que nous avons une maison plus solide que les bêtes féroces sont venues se promener et hurler dans la cour. Du reste, plusieurs fois déjà, j'ai éprouvé cette protection de Dieu sur ses missionnaires sans abri. Dans les commencements de notre séjour au Kyagwé, nous étions obligés de coucher dans une case ouverte et pas une bête ne se montra pendant tout ce temps. Lorsque nous eûmes une maison mieux conditionnée, un lion vint se faire entendre à quelques pas et le léopard nous réveilla plusieurs fois en sursaut par ses grognements lugubres. Ceux que le Bon Dieu garde sont bien gardés.

En ce moment nous avons construit quelques cases en roseaux qui pourront durer de dix-huit mois à deux ans, et avons défriché les environs pour planter des bananiers et des patates. Tous ces travaux ont fait une large brèche à notre maigre budget, mais notre pauvreté même nous est un sujet d'espérer davantage en la divine Providence.

Mais en voilà bien assez sur notre pauvre matériel. Que je dise maintenant un mot des progrès de mes petits séminaristes.

Leur principale étude est celle de la religion. Nous leur faisons tous les jours une instruction sérieuse sur ce sujet. Elle est suivie d'une petite conférence, pendant laquelle nos enfants se divisent en groupes de cinq ou six et s'entretiennent des vérités entendues. Après cela, ils doivent rendre compte oralement de ce qu'ils ont retenu, et ils le rédigent ensuite de leur mieux.

Depuis quelques jours les plus avancés, au nombre de dix-neuf, ont commencé le latin. Ils savent déjà toutes les déclinaisons. Il faut voir avec quelle ardeur ils s'appliquent à apprendre cette langue si différente de la leur! Parfois cependant il en est qui se découragent à la vue des difficultés. C'est ainsi que l'un d'entre eux, tout récemment, venait chez moi en pleurant; il avait à la main une lettre, qu'il venait d'écrire, pour me dire combien il était désolé d'oublier le soir ce qu'il avait appris le matin; il craignait d'être chassé du petit séminaire à cause de son incapacité. Je n'eus pas trop de peine à le consoler et il n'a pas cessé d'être un des plus ardents à apprendre la langue de l'Église.

Leur piété me réjouit autant et même plus que leur application. Par esprit de foi, à l'étude, ils gardent le silence sans être surveillés. Ils se disputent l'honneur de servir la Sainte Messe. Combien de fois pour des fautes de simple légèreté en ai-je vu s'imposer des pénitences volontaires, telles que de ne pas goûter à la viande ni au sel l'espace d'un mois, de ne pas sortir en visite durant plusieurs semaines, d'aller piocher la terre pendant les temps de récréation ! Un jour il arriva à l'un d'eux de commettre une désobéissance formelle, dans une promenade. Au retour il s'attendait à une forte punition; or, pour lui témoigner mon mécontentement, je le renvoyai en lui disant que je ne savais comment le punir d'une pareille faute. Ce procédé eut bien plus d'efficacité qu'une punition, car le pauvre enfant vint plusieurs fois en pleurant me demander un châtiment qui lui donnât la consolation de réparer sa faute.

Daigne Notre-Seigneur faire grandir cette petite œuvre, ce grain de sénevé! Les Baganda n'en voient pas encore toute la portée, mais le Bon Dieu lui a déjà donné tant de bénédictions, que je ne doute pas qu'elle ne devienne pour ce pays un puissant instrument de salut.

Voici un échantillon du savoir-faire de mes jeunes disciples. C'est la traduction aussi exacte que possible d'une lettre adressée par eux aux élèves du petit séminaire de Carthage.

« Comment allez-vous, nos amis qui êtes au loin ? Comment allez-vous, nos frères, nos chers petits frères ? Nous vous saluons beaucoup. Merci beaucoup pour ce que vous nous avez envoyé. Vous avez eu pitié de nous à cause de notre pauvreté. Merci encore de ce que vous priez Dieu pour nous beaucoup.

» Lorsque le Père nous a annoncé cela, nous nous sommes réjouis d'une grande joie. Nous ici nous apprenons à chanter, à bien écrire le ruganda, les paroles de la religion, le kiswahili, le latin et d'autres choses. Le latin, nous ne faisons que le commencer ; nous en avons appris les cinq déclinaisons et les adjectifs.

» Demandez pour nous l'intelligence, afin que nous persévérions dans toutes ces choses et que nous les apprenions comme vous. Nous sommes faibles pour les choses de la religion, demandez pour nous que nous soyons guéris de notre faiblesse. Et tous les chrétiens et tous les hommes de l'Uganda, demandez pour eux qu'ils comprennent bien la religion de Jésus-Christ.

» Et nous, nous demandons pour vous à Dieu qu'il vous donne l'intelligence et la force d'apprendre beaucoup, et de devenir de bons chrétiens et de bons prêtres. Adieu, nos frères, adieu beaucoup. Nous sommes vos frères.

» Moi Augustini, moi Adriano, moi Pietro, moi Bazili, moi Adulufi, etc. »

(Je n'ai rien ajouté à cette lettre, que les enfants ont composée ensemble.)

17 janvier 1895. — J'ai suffisamment parlé des épreuves par lesquelles nous sommes passés au début de notre œuvre ; je ne veux en ce moment rien dire que de nos jeunes élèves.

De généreux bienfaiteurs se sont laissé toucher au récit de nos misères ; il est juste que je leur prouve qu'ils ont trouvé en nous tous des cœurs reconnaissants. Ils verront par ce qui va suivre quels fruits leurs aumônes promettent pour l'avenir.

Une chose m'a surtout frappé depuis quelque temps, chez ces enfants : c'est leur constance à rester ici. Eux, autrefois si prompts à changer de maître (le moindre mécontentement, leur vanité froissée suffisait), sont restés stables malgré le manque de lit et de ces belles étoffes qui, au Buganda, attirent auprès d'un chef de nombreux serviteurs ; malgré un mauvais logement, malgré même la faim, car nous avons souvent manqué du nécessaire.

C'est là évidemment un effet de la grâce. Il est visible, il est palpable.

En voici un autre tout aussi évident.

Il y a quelques jours, c'était la rentrée des classes. J'ai voulu procurer à ces chers enfants un bienfait dont jouissent toutes nos maisons d'éducation en Europe. Je veux parler de la retraite annuelle. Ils la connaissaient déjà de nom en l'appelant : *le temps de se taire*. Pour ceux d'entre eux en effet qui avaient vu les missionnaires en retraite, le silence avait été à leurs yeux le caractère saillant de ce saint exercice. On le conçoit facilement : le Père qui faisait sa retraite ne parlait jamais. Donc une retraite est un temps où l'on se tait. Ils ont eu le bonheur de voir par expérience que la retraite n'est pas seulement cela.

Aucun confrère ne pouvant quitter sa station, c'est encore moi qui ai dû leur donner tous les exercices spirituels. J'ai tâché de les accommoder à leur force et leur ai donné un règlement à peu près semblable à celui qu'on suit dans les petits séminaires. Je dois le dire ; il a été observé jusqu'au dernier iota, et je suis convaincu que l'œil de Dieu a dû se reposer avec complaisance sur ces chères âmes de bonne volonté. Quelques traits pour vous montrer avec quel sérieux et quel cœur ils se sont donnés à cette grande œuvre de la retraite.

« Père, me dit l'un d'eux, un soir, avant d'aller se coucher, j'ai parlé en temps défendu.... — L'as-tu fait très fort, et as-tu troublé beaucoup de tes camarades ? — Non, ce que j'ai dit, je l'ai dit tout seul et à voix basse. »

Il va sans dire que le silence n'était prescrit qu'en dehors des récréations.

Un autre, touché de la peine que doit éprouver Notre-Seigneur lorsqu'on ne lui donne pas son cœur tout entier, craint que ce malheur ne lui soit arrivé. « Père, me dit-il, tu sais qu'un tel est mon ami, est-ce que je puis lui être encore attaché ? » Cette amitié, je le savais depuis longtemps, était des plus innocentes, et souvent ce cher enfant m'en avait parlé avec la plus grande simplicité du monde.

Un troisième, voulant obtenir à tout prix la grâce de bien faire sa retraite, me demanda la permission de s'abstenir de manger et de boire pendant les quatre jours qu'elle devait durer.

Tel autre vient me trouver : « Père, je ne suis pas tranquille, je ne t'ai pas dit tout ce que j'avais fait. — Eh bien, mon enfant, qu'y a-t-il donc ? — Je n'ai pas osé te dire que j'ai fait au bon Dieu la promesse de ne plus boire de vin de bananes.... » Notez que cette promesse était faite depuis plus d'un an, et qu'il l'avait tenue fidèlement. A notre école, ce n'était pas difficile, car nous n'avons que de l'eau ; mais comme ce vin est la boisson ordinaire du pays, l'occasion d'en boire se présente encore assez souvent....

Un dernier trait. Je n'en finirais pas, en effet, si je voulais raconter toutes les histoires de ce genre et les résolutions généreuses prises à la clôture de la retraite.

Je venais de leur faire une petite instruction sur les ruses que le démon emploierait plus tard pour les dégoûter de l'école et leur faire perdre leur belle vocation. A la récréation qui suivit cet exercice, voilà plusieurs enfants qui accourent vers moi et me disent tous à la fois : « Père, tu as deviné juste ; le diable me souffle à l'oreille plusieurs des choses que tu nous as dévoilées. » Et alors chacun d'avouer la ruse particulière employée à son égard par le malin... « Sais-tu ce qu'il me dit, à moi ? eh ! bien, voici : « Chez ton chef, tu avais autrefois beaucoup de viande à manger, beaucoup de vin de bananes à boire...; ici, tu manques de tout, retourne chez lui. » — Et à moi, il me dit : « Autrefois, tu étais libre ; tu allais où tu voulais, tu faisais ce qui te plaisait...; maintenant, il faut rester enfermé presque toute la journée.... Échappe-toi, tu seras plus heureux.... »

Voilà quelques-unes des consolations qu'il plaît à Notre-Seigneur de m'envoyer, par le moyen de ces enfants, au milieu de toutes les difficultés de la situation présente. N'est-ce pas un baume plus que suffisant pour adoucir toutes les peines, et alléger tous mes travaux ?

Ces travaux sont quelquefois accablants : j'en énumérerai quelques-uns ; ils donneront une idée du reste.

Jusqu'à ce jour, les matières enseignées aux enfants sont :

1° La religion. Tous les jours, il y a catéchisme à la suite duquel ils doivent faire la rédaction des explications données ;

2° Cérémonies à leur portée ; — plain-chant ; — cantiques en ruganda ;

3° Classes de ruganda ;

4° Classes de kiswahili ;

5° Classes de latin ;

6° Éléments de l'arithmétique et de la géographie.

Or, aucun livre sur ces matières n'a encore été écrit en ruganda. Il me faut donc non seulement enseigner toutes ces matières, mais encore composer des traités sur chacune d'elles. Quelles recherches il faut faire pour s'accommoder au génie de la langue des Baganda, trouver des termes équivalents, et quel travail pour écrire tout cela, corriger les copies qu'on a faites, les expliquer, faire des exercices parallèles à chacune des règles apprises, etc.

En outre, il faut traduire nos livres sacrés, aider les confrères dans le saint ministère, par exemple, passer la journée du samedi au confessionnal, faire des instructions spéciales aux catéchistes, aller quelquefois au chevet des malades, etc., etc.

Avec mes petits séminaristes, j'ai six jeunes gens qui m'ont demandé à vivre chez moi, en qualité de domestiques, pour avoir la faculté de mieux servir le bon Dieu. Ils sont chargés de tout le matériel et de l'école. J'en suis très content. L'un d'eux, le portier, a quitté une assez jolie place chez un chef, pour venir remplir ici cet humble office. Il emploie le temps que ses fonctions lui laissent libre à tresser des nattes et à prier. Ils ont, en effet, le rosaire à réciter en entier chaque jour, ce qu'ils font en commun à la chapelle, à diverses heures de la journée.

En ce moment nous sommes en train de composer une grammaire latine en langue ruganda. Comme je ne puis suffire à tout, et que le P. Bajard, récemment arrivé, ne peut assez connaître le ruganda pour faire en cette langue une classe sérieuse, j'ai dû suspendre en partie les exercices du latin pour aborder un enseignement grammatical un peu plus raisonné, que j'applique d'abord à la langue indigène. Nos jeunes Baganda sont tout étonnés de voir qu'il y a en ruganda tant de richesses dont ils ne se doutaient même pas. Le plus difficile à trouver est la terminologie. Comme la chose est nécessaire, nous espérons fermement que le bon Dieu nous aidera.

Le cher petit Séminaire continue à prospérer; ce n'est pourtant pas vrai au matériel. Les constructions en roseaux ne durent pas longtemps : les nôtres, qui ne datent cependant que de deux ans, menacent ruine. Pour comble de malheur, depuis quelques mois, les orages sévissent avec une fréquence désespérante. Dernièrement encore, un épouvantable ouragan a enlevé toute l'herbe de la toiture de la salle d'étude, d'une salle de classe et de la sacristie, et fortement endommagé toutes nos autres bâtisses !

Les Pères Supérieurs des divers districts voudraient nous envoyer de nouveaux élèves ; mais le local et notre pauvreté ne nous permettent pas de les accepter. En ce moment le nombre de nos petits séminaristes dépasse quatre-vingts.

13 mai 1895. — J'ai à parler aujourd'hui de nos dernières vacances de Pâques, et de ce que nous avons rencontré de plus intéressant durant ces quelques jours de repos. Mais d'abord, je me hâte d'avertir que dans notre petit séminaire, il n'est pas encore question de préparer nos négrillons au baccalauréat, ni de leur faire interpréter sur la scène les œuvres de nos grands auteurs.... La chose ne serait pas des plus faciles. Ce qui l'a été davantage, c'est l'introduction des vacances. Nos élèves les ont accueillies avec le même enthousiasme que leurs frères d'Europe.

Quand on se trouve à la capitale du Buganda, au milieu d'un district protestant, sans chemin de fer ni voiture pour se transporter en pays ami, il est pourtant malaisé de prendre des vacances agréables, surtout si l'on est tant soit peu nombreux. Or, notre nombre pour les commencements est déjà considérable : il y a cinquante-six internes et nous sommes deux missionnaires : le P. Bajard et moi.

Nous n'avions guère, pour nos vacances, que la ressource de partir à pied, pour aller dans la province catholique de Mawokota, ou bien d'aller par le lac à l'île Sésé. Le premier plan ne pouvait pas s'exécuter à cette saison. En effet, les pluies ont changé toutes les plaines en marais ; et il en est dans lesquels on marche pendant plusieurs heures dans l'eau jusqu'à la ceinture et quelquefois jusqu'au cou.

Force nous fut donc de penser à l'île. C'était d'ailleurs le projet le plus agréable pour moi ; je désirais tant revoir cette chère île à laquelle je m'étais attaché comme à une seconde patrie ! Longtemps je n'ai pu la regarder de loin sans éprouver le serrement de cœur de l'exilé. Depuis que le P. Achte et moi fûmes obligés de la quitter, il y a quatre ans, devant la persécution des protestants, je n'ai fait qu'une petite halte, sur un de ses caps, au cours d'une traversée et j'éprouvais toujours un ardent désir d'aller revoir ces chers Basésé qui avaient eu les prémices de mon apostolat. Le P. Bajard désirait presque autant que moi aller visiter une terre qui gardait les restes du P. Chantemerle, son ancien condisciple et ami. Nous résolûmes donc d'aller à Sésé ; mais où trouver les barques ?... La Providence y pourvut.

Quelques jours avant Pâques, tout le Buganda fut convoqué à la capitale pour prendre part à la guerre que les Anglais, maîtres du pays, préparaient contre Kabaréga, roi du Bunyoro. Ce devait être une guerre telle que le Buganda n'en aurait jamais vu de pareille. C'est qu'en effet, il s'agissait de venger les officiers anglais que les troupes de Kabaréga avaient tués dans la précédente guerre, et de soumettre enfin ce terrible maître du Bunyoro. Tous les chefs du Buganda devaient donc accourir avec leurs gens et leurs fusils pour renforcer les troupes régulières des Anglais et porter le matériel de l'expédition, ce qui n'était pas une petite besogne. Entre autres choses il y avait à porter deux canons et des mitrailleuses qui crachent six cents balles à la minute : jugez de ce que devaient peser les munitions qui les suivaient. Dans le matériel se trouvaient encore une cinquantaine de barques destinées à rendre possible à l'armée le passage du Nil, derrière lequel s'était fortifié Kabaréga. Quelques pirogues devant reprendre le chemin de l'île, nous résolûmes d'en profiter pour nous y rendre nous-mêmes.

Les Basésé avaient donc été obligés de venir à la capitale; or, quand ils font ce voyage, ils ne manquent pas de venir me voir. Les braves gens, ils ont bien besoin que quelqu'un leur témoigne de l'affection, car ils sont traités un peu comme nous, Rouergats, avec nos excellents voisins d'Auvergne, le sommes à Paris ! C'est que, eux aussi, ont un langage un peu à part, et ne connaissent pas les finesses du pur ruganda. Or, sur le point du langage, les Baganda sont peut-être encore plus exigeants que les Parisiens : ils ne pardonnent rien.

C'est donc près de moi que viennent chercher quelques consolations les Basésé de passage à la capitale. Ils me parlent des progrès de la religion chez eux, de leurs misères, des corvées qu'on leur impose, etc. Cette fois il y avait beaucoup à dire : ils étaient consternés. Eux, qui ne voyagent guère qu'en barque et sont, partant, de fort mauvais marcheurs, étaient obligés d'aller dans le Bunyoro, distant de cent cinquante à deux cents kilomètres ! Eux qui ont pour habitude de se faire porter par les barques, devaient maintenant porter les barques sur leurs épaules ! Les vieux assurent que, depuis le roi Sunna, le Buganda n'a rien vu de si étrange. Jusqu'à ce jour, quand on voulait parler à Sésé d'une corvée monstre, on parlait du voyage au Busukuma; mais en voici une qui pour eux vaut cinq ou six voyages comme celui-là !

La grande île Sésé a deux chefs qui se la partagent : l'un d'eux, Denis Sewaya, fut désigné pour conduire les Basésé expéditionnaires; l'autre, Joseph Semuggala, eut la permission de rentrer chez lui. C'est à celui-ci que nous résolûmes de demander des embarcations pour notre voyage.

Semuggala, lorsqu'il était païen, était un homme fier, défiant et grand buveur de pombé. Qui l'a connu autrefois et le revoit maintenant ne peut qu'admirer l'heureux changement opéré en lui par la grâce. Il n'a rien perdu de son énergie, mais il est devenu doux et très respectueux envers les prêtres. Ce fervent chrétien nous édifia par son assiduité à l'église, pendant la Semaine Sainte qu'il passa à Rubaga. Je lui dis un jour : « Sais-tu que je serais bien content de revoir *notre* île ? » Il me répondit : « Et tes amis de Sésé, donc ! le cœur leur fait bien mal de ne pas te revoir. — Eh bien ! si tu veux nous prendre avec toi, nous irons tous à Sésé. » L'affaire fut aussitôt conclue. Le chef avait trois barques qui devaient l'attendre jusqu'au lundi de Pâques ; c'était plus qu'il n'en fallait pour nous transporter tous.

Nous y comptions. Hélas ! l'armée à peine partie, on l'appelait pour le transport des barques de l'expédition ; notre Semuggala, tout malade qu'il était, dut partir sans même avoir eu le temps de nous dire adieu. Nous ne nous décourageâmes pourtant pas. J'appelai le petit chef laissé par Semuggala, et, sur sa promesse que nous aurions au moins une barque, nous résolûmes de partir.

Le bateau promis était à Ntébé, à huit heures de marche. Sur la route, à cinq heures d'ici, à un endroit appelé Kisubi, se trouvent quelques bananeraies qui appartiennent à la Mission ; nous résolûmes de nous y trouver le lundi de Pâques avant le jour et d'achever dans la soirée les trois heures de marche qui restaient. Nous échapperions ainsi à la pluie qui, dans cette saison, tombe tous les matins, et à l'ardeur du soleil de midi, très ardent à cette époque.

C'est pourquoi le soir du jour de Pâques nous pliâmes nos petits effets de voyage : ce qu'il faut pour huit jours. Pour les enfants, les préparatifs étaient bien simples : une étoffe d'écorce d'arbre roulée dans une natte, et c'était tout ; pour le reste, ils s'abandonnèrent aux soins de la Providence.

A leurs effets les enfants joignirent les jeux du pays : les flûtes, le mugudo ; aux nôtres nous joignîmes une petite chapelle de voyage, quelques remèdes pour les malades que nous pourrions rencontrer, et une charge de cauris, coquillages qui servent de monnaie dans le pays, pour acheter notre nourriture là où nous ne trouverions personne pour nous donner l'hospitalité.

Nous partîmes au milieu de la nuit sur cette vieille route de Ntébé, bordée de haies d'euphorbes dont la hauteur atteint celle des arbres. Cette route, longue de huit heures de marche, fut longtemps le seul chemin de la capitale au lac. Nous la suivons donc, après Mgr Livinhac, le P. Lourdel et les autres d'héroïque et sainte mémoire au Buganda. Si ces euphorbes et ces arbres pouvaient parler, ils nous raconteraient beaucoup de choses sur les premiers missionnaires qui ont passé ici bien des fois et dans des circonstances parfois joyeuses et parfois bien tristes. Malheureusement nous ne passerons plus sous leur ombre. Les Anglais sont en train de tracer une route qui aura l'avantage d'être plus large et plus droite, mais l'inconvénient de détruire tous ces ombrages qui éveillaient de si touchants souvenirs.

Avec la fraîcheur de la nuit il faisait bon marcher; toutefois, de gros nuages ne tardèrent pas à obscurcir le ciel et à nous faire craindre que la pluie n'arrivât plus tôt que nous ne l'avions pensé. Bientôt il n'y eut plus de doute; nous eûmes beau nous hâter, nous reçûmes toute l'averse que nous avions voulu éviter. Vive la joie quand même ! disions-nous ; quand nous arriverons, nous nous sécherons.

Avant le jour, nous arrivâmes à Kisubi. Les joyeux battements du mugudo nous avaient annoncés ; on nous attendait. Après nous être séchés et reposés auprès d'un bon feu, nous demandons des nouvelles des malades, car nous savions ce pauvre kyalo de Kisubi désolé par le kaumpuli, sorte de peste dont les païens ont fait une divinité.

La hutte sacrée, maintenant détruite, était dans la province du Bulémézi. A côté de cette hutte était un puits d'une profondeur inconnue et dont personne ne connaît non plus l'origine. On jetait dans ce puits des cauris et autres objets qu'on offrait à Kaumpuli ; l'orifice en était recouvert avec des lubugos, et lorsque ces lubugos commençaient à se détériorer, on se hâtait de les remplacer afin de prévenir la colère du dieu. Les sorciers de Kaumpuli, lorsqu'ils étaient possédés par cet esprit, avaient, dit-on, la particularité de parler avec une voix flûtée.

Quant à la peste qui porte le nom de kaumpuli, ses effets sont si terribles qu'on ne s'étonne pas de la voir attribuée par les Baganda à une divinité. Elle commence ordinairement par le gonflement d'une ou de plusieurs glandes; et il n'est pas rare que, sans autre symptôme, le malade meure presque subitement en rejetant de l'écume par la bouche. Combien de fois est-il arrivé aux missionnaires de rencontrer un homme atteint du kaumpuli, d'aller chercher du remède pour le soigner et de le trouver mort au retour! Aussi, quand cette peste apparaît dans un kyalo, la terreur est-elle générale. On abandonne tout pour s'enfuir. A Kisubi également, on s'est sauvé et nous ne trouvons qu'un petit nombre de malades.

Nous arrivâmes à Port-Alice vers le coucher du soleil. Sur la route, pas de figures sympathiques. La presqu'île est peuplée de protestants et de Nubiens, musulmans de la pire espèce. Ces soldats nubiens ont amené là avec eux beaucoup d'esclaves et ont bâti tout un village.

Au milieu de tout ce monde qui nous est si peu favorable, se trouve, comme une petite oasis, un endroit où on aime le Bon Dieu et où on nous voit venir avec joie. C'est l'enclos dans lequel sont gardés les petits princes Joseph et Augustin que Mwanga envoya au Bukumbi pour les sauver du fanatisme des protestants. Les Anglais ont voulu avoir ces enfants sous leurs yeux, mais ont consenti à confier leur éducation à un chef catholique et à leur laisser comme entourage quelques familles catholiques.

C'est dans ce milieu que grandissent ces intéressants enfants. Nous venons de temps en temps les visiter pour exercer notre ministère auprès de ce petit groupe de catholiques. Notre arrivée leur cause la joie la plus vive ! Nous passons la nuit au milieu d'eux, et le lendemain, après la Sainte Messe, il nous accompagnent jusqu'au bord du lac, où nous devions nous embarquer pour Sésé.

Le petit chef qui nous avait promis de nous transporter à Sésé était là avec sa barque décorée du nom harmonieux de Ntamu-nnyangu (la marmite légère). C'est une grande et belle embarcation de treize bancs de rameurs, mesurant plus de quinze mètres de long et pouvant bien nous contenir tous. Nous la trouvons sur le rivage, car les Basésé n'abordent jamais sans tirer leurs barques hors de l'eau.

Nous aurions voulu nous embarquer tout de suite, mais il fallut commencer par prendre patience, car les nègres ne sont jamais pressés. Tout d'abord nos braves rameurs déclarèrent que notre grand nombre ferait à coup sûr couler l'embarcation. Nous les laissâmes dire, et ils commencèrent d'assez mauvaise humeur à faire la toilette de leur barque, à l'habiller, comme ils disent, ce à quoi ils ne s'entendent pas trop mal. Les barques des Basésé sont de forme très élégante, et les Basésé eux-mêmes, dans leurs chansons, en vantent la couleur rouge et et la *nsanda*, sorte de pièce de bois, adaptée à la quille, se redressant en avant de la proue, semblable au long cou d'un oiseau aquatique. Cet appendice, destiné à couper les vagues, sert de mire au pilote pour mettre le cap dans la direction voulue. Elle est en même temps un ornement pour la barque. Celle du Ntamu-nnyangu est couronnée de magnifiques cornes d'antilope, et porte un large collier de perles variées et bien agencées. Une frange d'herbes fines, imitant la crinière du cheval, descend de la naissance des cornes et va se rattacher au haut de la proue..

Le Ntamu une fois bien orné, il s'agit de le lancer à l'eau. Tout le monde s'y met ; on geint, cela veut dire qu'on tire ; quand tout le monde arrive à geindre en même temps, c'est qu'il y a bonne entente et union des forces. Effectivement, le Ntamu glisse alors sur sa quille et en quelques secondes il se balance sur les flots. Chacun s'y précipite pour s'y installer de son mieux. Pour nous, embarrassés que nous sommes de bas et de souliers, nous attendons qu'un vigoureux *musésé* nous hisse sur ses épaules et nous porte à notre place. Ce ne fut pas sans beaucoup de cris que chacun parvint à se caser dans notre étroite pirogue. Enfin nos rameurs s'arment de leurs pagaies et la barque gagne le large.

Le lac Nyanza est vraiment une mer, car par son étendue, ses vastes îles et ses tempêtes, il mérite ce nom. Néanmoins ses eaux sont d'une douceur incomparable, et les chimistes s'accordent à dire que les eaux du Nyanza réunissent toutes les conditions d'une eau très saine.

Si les vieux poètes avaient connu le Nyanza, quelle gloire ne lui auraient-ils pas faite ! Eux qui ont tant chanté les eaux amères, que n'auraient-ils pas dit de ces eaux douces dont l'œil ne peut mesurer l'étendue, qui entretiennent la plus riche végétation dans ces régions, qu'on se représentait autrefois comme des déserts arides, donnent naissance au fleuve mystérieux et par lui portent à l'Égypte la fertilité et la vie !

Le lac, d'abord très calme, ne tarde pas à se rider. Le vent, redoublant de violence, soulève de fortes vagues qui, de l'avis de nos prudents Basésé, sont un péril pour notre barque trop chargée. Ils virent donc de bord et vont relâcher dans une petite île voisine connue sous le nom de Zinga.

Lorsque nous nous approchons, plusieurs groupes de gens, attirés par le son du mugudo, sortent de la forêt et viennent sur le rivage pour voir les étrangers qui leur arrivent. Ici le blanc est toujours une curiosité. Nous débarquons, et la pirogue est tirée sur le rivage. Les Basésé étaient en pays de connaissances. C'est que les habitants de l'île Sésé sont un peu comme les Maltais ; ils ont des compatriotes sur tous les rivages voisins ; aussi, partout où ils abordent, ils savent presque toujours où se diriger pour trouver bon souper, bon gîte et le reste.

Pour nous, tout inconnus que nous sommes, nous recevons bon accueil. Un des habitants nous cède complaisamment sa hutte et tous viennent pour causer avec nous, nous apportant quelques bananes pour notre souper. Il serait imprudent d'aborder brusquement la question religieuse. Il faut commencer par gagner la confiance de ces pauvres gens en causant familièrement avec eux ; une conversation agréable est, en effet, le meilleur moyen de s'imposer ; car un intéressant causeur passe aux yeux de tous pour un homme supérieur. Une fois l'affection gagnée, il est facile de leur faire goûter les vérités de notre sainte foi.

Avant de s'étendre sur leurs nattes, nos enfants récitent à haute voix leur prière, en langue du pays, qu'ils terminent par le chant de l'*Ave maris Stella*. Cette hymne n'avait probablement jamais été jetée aux échos de ces forêts ; aussi les anges de ces lieux durent-ils s'unir à nous pour louer la Reine du ciel, tandis que le Mukasa, démon du lac, frémissait de rage à la pensée que son règne touchait à sa fin.

Nous ne voulions passer ici que quelques heures et profiter du clair de lune pour continuer notre route. Nous nous levons donc à minuit et battons les tambours pour appeler les rameurs. Leur chef arrive seul. « Impossible de s'embarquer, car voilà un orage qui menace, dit-il, en nous montrant un petit nuage à l'horizon. » Je crois peu à la sincérité de ses paroles ; la lune qui se lève éclaire en effet un lac calme et uni comme une glace. Mais inutile d'insister, car tous nos hommes restent plongés dans le plus profond sommeil. Je vais donc me coucher dans la pensée de me venger le lendemain en me moquant du prophète.

Mais voilà que deux heures après nous sommes réveillés par une bourrasque épouvantable. Le vent souffle avec fureur ; les vieux arbres de la forêt s'agitent avec fracas, sous les efforts de la tempête qui menace de les emporter. La hutte dans laquelle nous sommes blottis tremble comme une feuille ; le lac est remué jusque dans ses abîmes et les vagues viennent se briser sur les rochers avec un bruit effrayant. Que deviendrait notre petite coque de noix si elle était maintenant sur cette mer en fureur ? C'est ce que je me demandais en bénissant le Bon Dieu d'avoir si bien inspiré notre capitaine. Le lendemain notre homme était triomphant.

Le matin, l'orage avait cessé ; mais le lac, fortement secoué, se ressent encore de la tempête. Nous voyant forcés d'attendre, nous faisons une promenade dans l'île, qui n'est qu'une immense forêt. Ses habitants avaient dû fuir durant les troubles qui ont désolé l'Uganda depuis 1888, et avaient laissé les oiseaux, les singes et les hippopotames jouir tranquillement de ce magnifique coin de terre.

Les nouveaux habitants, venus depuis peu, coupaient les arbres et commençaient les cultures. Hommes et femmes, tous travaillaient activement. Ici le travail de la hache appartient aux hommes, tandis que les femmes tiennent la pioche. Dans notre promenade nous avons la joie de faire la rencontre de deux ou trois catéchumènes qui savaient les prières du matin et du soir. Sur leur demande, nous leur donnons une médaille à chacun, et nous les exhortons à persévérer et à aller de temps en temps se faire inscrire chez les catholiques les plus rapprochés. Dieu sait la joie que leur cause la réception de la médaille.

Dans la même promenade nous faisons une autre rencontre beaucoup moins intéressante, celle d'un serpent venimeux qui allait se jeter sur le P. Bajard. Notre confrère est assez heureux pour le prévenir et lui écraser la tête sous son pied, ce qui inspire aux nègres cette savante réflexion : « Vraiment, les blancs ont de l'esprit, puisqu'ils ont inventé les souliers qui préservent si bien de la morsure des reptiles. »

Le lac est redevenu calme. Nos enfants poussent des cris de joie et battent les tambours pour appeler les Basésé. Ceux-ci arrivent ; nous prenons congé de nos hôtes, et continuons notre route vers Sésé. L'étape est longue ; une barque pourvue d'un nombre suffisant de rameurs et pas trop chargée la pourrait faire en huit heures ; mais à nous, il nous en faudra au moins dix.

Pour charmer les ennuis de la traversée et se donner du cœur, les Basésé entonnent les plus beaux morceaux de leur répertoire. Ils célèbrent les héros des îles du lac, tels que Lukongé, roi de l'île Ukéréwé ; Kyagulamyi, personnage du Burima ; Nnamayanja, une des divinités du lac. Puis ils chantent les malheurs des îles, comme les ravages causés par la famine, et, sans transition, passent à la beauté des barques.

Vient le tour des chants satiriques qui jettent le ridicule sur certains habitants de l'île et n'épargnent même pas ceux qui rament à leurs côtés. Le batelier du Nyanza improvise le plus souvent et chante tout ce qu'il rencontre. Le Blanc n'est pas oublié ; c'est un fond inépuisable : on chante sa richesse, le grand nombre de ses bagages, etc., etc. Si le soliste voit qu'il a affaire à un nouveau venu, qui ne sait pas encore la langue, il chantera jusqu'au moindre de ses mouvements, et amusera le parterre aux dépens du pauvre Blanc. Nous avons été quelquefois l'objet de ces plaisanteries plus ou moins aimables.

Tel est ordinairement le fond dans lequel puisent nos poëtes. Quant à la forme, elle n'est pas très riche : un soliste improvise les paroles et les chante en les adaptant à un air connu. Le refrain très court est répété par tous les rameurs. Quelques airs ne manquent pas d'une certaine beauté, quoique un peu monotones comme le mouvement de leurs pagaies.

Ces chansons sont interrompues à tout moment par des remerciements et des encouragements qu'on s'adresse à l'envi sur la manière de chanter et de ramer. Les passagers encouragent tantôt les rameurs de l'avant, tantôt ceux de l'arrière, tantôt le pilote, tantôt ceux qui puisent l'eau, filtrant toujours à travers les jointures des planches assez mal calfatées.

Nos enfants, dont plusieurs sont nés de parents riverains du Nyanza, prennent la rame, aident les Basésé et chantent à leur tour. Ces chants roulent sur les héros du Buganda; sur les gens habiles à trancher les procès ; sur les chefs qui reçoivent bien leurs visiteurs ; sur ceux qui habillent bien les gens de leur suite, etc., etc.

Enfin, quand les voix sont fatiguées, c'est le tour du mugudo dont les sons bien cadencés charment l'oreille et annoncent au loin notre passage. Parmi les îles que nous rencontrons sur notre route, deux méritent une mention particulière : ce sont Buwu et Luramba. Elles sont séparées l'une de l'autre par un détroit très resserré. Après les avoir passées, l'île de Sésé commence à nous apparaître. Il fait nuit et la fraîcheur rend un peu de forces à nos rameurs. Bientôt, nous touchons au rivage et l'on débarque. Deux enfants vont annoncer notre arrivée aux Pères, qui sont loin de nous attendre. Tandis que nous suivons avec notre jeunesse la belle route qui, grâce au P. Roche, relie au lac la résidence des missionnaires, notre confrère accourt au-devant de nous en se plaignant amicalement de n'avoir pas été averti à l'avance. Il eût été si heureux de pouvoir nous offrir, à notre arrivée, un repas digne de ses chers visiteurs ! Je lui rappelle combien il est facile dans l'Uganda de recevoir des hôtes, même en grand nombre : point de lits à préparer, chacun était muni de sa natte. Quant à la nourriture, cinq minutes suffisent pour couper quelques régimes de bananes qui, une demi-heure plus tard, sont cuites à point.

Du reste, ce dont nous avions le plus de besoin, c'était le repos. Dix heures de traversée dans une pirogue où l'on est entassé les uns à côté des autres et où l'on ne peut se remuer sans entendre maugréer les rameurs qui ont toujours peur qu'on ne fasse chavirer leur barque, engourdissent terriblement les membres. Quand on peut enfin s'étendre, c'est un soulagement qu'on ne manque pas de se procurer, et dont on jouit avec bonheur.

Inutile de dire que la nuit fut excellente. Le lendemain, je n'eus rien de plus pressé que de visiter cette chère mission et de constater de mes yeux les progrès réalisés depuis le retour des confrères après la persécution de 1892. Non seulement elle est relevée de ses ruines, mais elle est encore en pleine prospérité. La salle du catéchisme, qui peut contenir trois cents personnes, est habituellement pleine.

Outre ces succès dans l'île Sésé proprement dite, les Missionnaires en comptent d'autres dans les îles voisines. Dans plusieurs de ces îles, il y a un noyau de catéchumènes, et le P. Roche cherche en ce moment à établir dans toutes des catéchistes, qui lui prépareront les voies. Ah ! si les ressources ne faisaient pas défaut !

Quoi qu'il en soit, les résultats obtenus sont bien consolants, pour moi surtout qui ai vu les Basésé plongés dans la plus grossière barbarie. Qu'il me suffise de rappeler ici un seul trait de leur ancienne manière de vivre : il est caractéristique.

Tous les missionnaires qui ont traversé le lac avec les Basésé ont remarqué leur grande avidité pour la viande ou ce qui y ressemble. Elle est telle qu'ils se disputent jusqu'aux restes des poissons pourris qu'ils voient souvent flotter sur les eaux du lac. Mais nous avons longtemps ignoré chez eux un goût bien plus abominable, tant ces insulaires prenaient soin de le cacher pour le satisfaire : je veux parler de l'habitude trop répandue dans l'île de manger les cadavres. Un homme vient-il d'expirer, on l'emporte dans la forêt voisine, et on le dépose sur une sorte d'échafaudage de branchages. Le soir, on vient l'enlever pour le rôtir et le manger. Souvent même, on n'emploie pas toutes ces cérémonies, surtout si le défunt appartient à une vraie famille de cannibales ; à peine a-t-il expiré qu'on le dépèce et qu'on le rôtit. Du temps de mon séjour ici avec le P. Achte, plusieurs hommes du chef Sékibo le vieux allèrent visiter un ami malade. Quand ils arrivèrent près de sa maison, une forte odeur de chair rôtie se fit sentir. Ils entrèrent; leur ami venait d'expirer et ils furent les témoins non épouvantés d'une scène d'anthropophagie. La femme du défunt, aidée de son propre fils, rôtissait des membres de son mari. On nous raconta cela froidement, simplement, comme une action ordinaire.

Quelque temps après, un individu mangea son père mort. Parmi nos premiers catéchumènes, nous découvrîmes avec stupéfaction que plusieurs étaient mangeurs de cadavres. Les deux grands chefs Sémuggala et Séwaïa, déjà instruits, avaient bien, il est vrai, ordonné d'enterrer les morts, mais cette loi était à peine observée dans leur capitale, encore fallait-il garder les tombes durant les deux premières nuits.

Ce goût pour la chair humaine en poussait même plusieurs à tuer leurs semblables pour les manger. Malheur à celui qui était rencontré seul dans une des nombreuses forêts de l'île ! Un jour Séwaïa avait envoyé trois jeunes gens d'environ vingt ans pour porter un ordre à un sous-chef. En passant par un endroit inhabité, l'un des trois, qui avait pris les devants, est soudain saisi par plusieurs individus et attaché à un arbre. Il était sur le point d'être immolé quand arrivent ses deux compagnons. A la vue de leurs fusils, les ignobles bouchers de déguerpir et de s'enfoncer dans la forêt.

Voici comment nous avons découvert cette habitude de cannibalisme chez les Basésé. Expliquant le catéchisme à un auditoire d'une centaine de personnes, le P. Achte était arrivé à cette demande : « Que devient l'homme quand il meurt ? » A la réponse : « Lorsqu'un homme meurt, son corps pourrit dans la terre, et son âme se présente à Dieu pour être jugée, » il remarqua sur toutes les figures un mouvement de surprise et entendit ses auditeurs chuchoter entre eux. Étonné lui-même, il les interroge. Les voyant hésiter, il insiste.... Enfin, l'un d'eux, plus franc que les autres, déclare que la réponse du catéchisme est inexacte, au moins pour leur île ; car, ajoute-t-il, « ici nous ne laissons pas pourrir les corps, nous les mangeons. »

Quelques mots maintenant sur l'île ou plutôt sur le groupe d'îles qui portent le nom de Sésé.

L'archipel Sésé se compose de deux grandes îles : Sésé et Bukaça, et d'une cinquantaine d'autres plus petites dont plusieurs ne sont que des îlots inhabités. La principale, qui a donné son nom à l'archipel, a une forme tout à fait irrégulière, presque celle d'une S. Le P. Brard, qui l'a parcourue dans tous les sens au mois d'août 1893, en a dressé la carte à l'aide de sa boussole. C'est, je crois, la première sérieusement faite qui ait paru jusqu'à ce jour.

Cette île, avant la guerre fratricide de l'Ouganda, comptait une vingtaine de milliers d'habitants. Elle n'en a plus aujourd'hui que quinze mille environ. Vers le milieu de l'île, la chaîne de collines qui la parcourt dans toute sa longueur s'abaisse jusqu'à n'avoir plus qu'un mètre ou deux au-dessus du niveau du lac. Les Basésé ont pratiqué à cet endroit un étroit sentier par lequel ils traînent quelquefois leurs barques pour passer d'une côte à l'autre et s'éviter ainsi un long détour vers l'ouest.

Je ne raconterai pas les promenades que j'ai faites dans l'île avec mes écoliers. Je veux pourtant dire un mot d'un projet qui me trotte par la tête depuis ce voyage. Dans une de nos promenades sur l'eau, j'ai essayé d'apprendre à gouverner notre barque avec les rames seulement, car les pirogues des Basésé n'ont pas de gouvernail : ma maladresse a bien amusé nos braves Basésé ; je les ai laissés rire de tout leur cœur et ai fini par trouver leur truc. Si maintenant la mission possédait une barque amarrée à un des ports les plus rapprochés de la capitale, quels services elle nous rendrait !

Nos vacances, comme toutes les vacances, s'écoulèrent très rapidement. Sans nous en douter, nous nous trouvâmes au dimanche de Quasimodo. Grâce à la présence de notre petit séminaire, les offices se firent avec une pompe dont l'île n'avait jamais été témoin, à la grande admiration de nos néophytes.

C'est encore le Ntamu-nyangu qui nous ramena, heureusement sans accident, à Notre-Dame de Rubaga. De retour dans notre humble chapelle, nous n'avons pas manqué de remercier Notre-Seigneur des vacances si agréables qu'il venait de nous procurer. Nos enfants se sont remis au travail avec une nouvelle ardeur. »

P. Jean MARCOU,
Supérieur du petit séminaire de Rubaga.

XVIII

Scènes pittoresques des courses apostoliques dans l'Afrique équatoriale.

Je viens de faire, durant quinze jours, écrit le P. Streicher (1), la visite de mon district, et j'ai pu ainsi en parcourir la moitié des kyalo (2). Les sentiers du Buganda sont étroits, sinueux, souvent boueux et bordés de hautes herbes et de roseaux dont les panaches chargés de rosée pendant les premières heures du jour vous gratifient d'une pluie qui vous mouille jusqu'aux os.

De temps en temps, la route est agrémentée de marais d'eau fangeuse qui arrive quelquefois jusqu'aux hanches et même jusqu'à la poitrine. Nous avons pataugé de longues heures dans ces plaines inondées. Chaque fois que je réussissais à franchir un passage difficile, mes jeunes gens de me féliciter en me criant : « Bravo, mon Père ! » Et moi, de leur répondre sur le même ton : « Merci, mes enfants ! » La traversée de ces plaines marécageuses a été la partie la plus pénible de ma promenade, plus pénible que les marches en plein midi, sous les feux du soleil.

Je me faisais précéder de quelques catéchistes qui couraient à droite et à gauche, dans les petits kyalo où je ne devais pas passer, indiquant à tous le lieu de l'étape, invitant surtout les mères à m'apporter leurs enfants et les malades à ne pas manquer au rendez-vous. La fatigue nous oblige-t-elle à nous reposer un peu en route, la première chose que font nos chrétiens, après avoir déposé leur

---

(1) Depuis, Mgr Streicher.
(2) Kyalo : centre habité, hameau.

charge, est de se jeter à genoux et de réciter un *Pater* et un *Ave*. Jamais non plus, vous ne verrez un catéchumène et encore moins un néophyte manger, ne fût-ce qu'un grain de café, ou boire une gorgée d'eau, sans faire auparavant le signe de la croix. C'est une pieuse habitude qui est passée dans les mœurs des Baganda et à laquelle ils ne manquent jamais.

En arrivant au kyalo indiqué, je me rends aussitôt avec mon monde à la chapelle pour y faire une courte prière. Je vais ensuite m'installer dans la pauvre case qui m'est offerte et vois bientôt des nègres chargés de petits présents. En effet, jamais un hôte, quel qu'il soit, n'arrive dans un kyalo qu'on ne lui offre le cadeau de bienvenue. C'est ainsi que je reçus pendant ces quinze jours quelques moutons et quelques chèvres, des poules, des œufs, du beurre, du lait, du sel, du vin de bananes, etc. Éloquent témoignage de l'hospitalité de nos chrétiens et de leur piété filiale !

A Bwéra, dans le kyalo situé à l'extrémité ouest du district, je reçus en cadeau une peau de lionne. Ce fauve avait été tué huit jours avant mon arrivée. Déjà il avait dévoré neuf hommes et la population était dans la consternation.

Une nuit, il pénètre dans une hutte, c'était chose facile, il n'avait qu'à faire un trou dans une cloison de paille. Un homme y était endormi avec sa femme et son enfant. La lionne déchire la mère et d'un coup de dents broie la tête de l'enfant. Au craquement des os, le père se réveille et se trouve face à face avec son terrible visiteur. En un clin d'œil, le nègre saisit sa hache et en assène deux grands coups sur la tête de l'animal. Mais le crâne du monstre était plus dur que le fer de la hache, et la lionne, poussant un rugissement terrible, bondit sur son adversaire. Le nègre, prompt comme l'éclair, s'arrache des griffes de l'animal, et furieux, lui aussi, frappe la lionne d'un troisième coup de hache qui lui casse la cuisse. Le fauve s'abat en rugissant et donne à l'intrépide nègre le temps de saisir sa lance et de l'en transpercer.

Je demandai à voir ce brave. C'était un jeune homme d'une vingtaine d'années, grand, bien bâti. Ses deux bras et sa poitrine avaient été profondément déchirés. « Vois, me dit-il, en me montrant ses plaies encore fraîches, c'est là que la lionne avait enfoncé ses griffes. » Il déploya fièrement à mes pieds la dépouille de l'animal, et, quand, la voyant à regret percée à vingt endroits, je lui demandai pourquoi il avait frappé de tant de coups un ennemi déjà mort, ses yeux s'illuminèrent comme deux charbons ardents et il me répondit avec feu : « N'avais-je pas à venger ma femme et mon enfant? »

La nuit, je n'eus pour m'abriter qu'une cabane en herbes, sans clôture, isolée à deux cents mètres de toute habitation. Ordinairement, personne ne couchait dans ma case, mais cette nuit-là, j'invitai deux de mes jeunes gens à partager mon logis, car je n'étais pas rassuré, surtout quand, la nuit, j'entendis le léopard rugir à quelques pas de ma hutte. Je dois avouer que je n'étais pas fier, en sentant qu'entre lui et moi il n'y avait que quelques poignées d'herbes sèches.

Je reviens à ma visite. Aussitôt arrivés au kyalo, et sans que je leur dise un seul mot, mes catéchistes se dispersent dans les bananeraies, s'informent des malades qu'on a pu transporter à la résidence du chef et, quand moi-même je parcours le village, je les trouve penchés sur ces malheureux, soignant leurs plaies dégoûtantes avec de l'eau phéniquée et de la poudre de charbon, les lavant, ou assis à leurs côtés, occupés à les instruire. Ils remplissent ce ministère gaiement, avec entrain, quelques-uns avec dextérité, ne se doutant pas qu'ils font l'admiration des païens et que leur charité et leur douceur les touchent et convertissent plus que tous mes sermons.

Pour moi, je suis reçu par nos chrétiens avec les démonstrations de la joie la plus vive et la plus sincère. Mais rien n'égale la jubilation des malades qui n'ont pu venir recevoir les secours de la religion à la mission : « Père, s'écriait un jour un pauvre poitrinaire, que je suis content de te voir ! Il y a vingt-deux dimanches que je ne me suis confessé. — Et moi, disait un autre, aux pieds rongés de plaies, il y a quarante dimanches. Mon cœur est bien lourd ! — Et moi, dit un troisième, il y a deux fois déjà qu'on a récolté le maïs, depuis que je me traîne sans espoir d'aller à Villa-Maria. » En effet, en regardant les plaies de ce pauvre jeune homme, je vis qu'il n'avait plus de doigts de pieds, ceux-ci étaient tombés en pourriture l'un après l'autre, rongés par le funza. Dans ma tournée, j'en ai trouvé plus de cinquante, ainsi mutilés. « Allons mes enfants, leur disais-je, aujourd'hui vos peines sont finies : je vous apporte le bon Dieu. Préparez-vous à vous confesser ; demain matin vous ferez la sainte communion. » Et ces pauvres nègres, jeunes et vieux, de tressaillir de joie. Dans la soirée ils viennent tous m'avouer leurs fautes avec une humilité qui me confond et me console profondément.

« Père, me dit l'un d'eux, j'ai oublié deux fois de réciter mon chapelet en me réveillant la nuit, je m'en suis souvenu, et je l'ai dit à genoux. — Père, j'ai menti une fois, et pour m'en punir, je me suis privé de sel pendant deux jours. — Père, je me suis enivré, et j'ai passé trois jours sans rien boire. — Père, après ma dernière confession, j'ai passé dix jours sans médire et puis, le diable me tentant, j'ai médit trois fois. » Et si je demande à ce pénitent : « As-tu eu de mauvaises pensées ? — En songe, oui, une fois, mais éveillé, oh! non, jamais, est-ce que je ne suis pas baptisé? — As-tu dit de mauvaises paroles? — J'en ai entendu deux fois : une fois, c'était un païen qui les proférait. Je me suis levé et je suis parti. Une autre fois le coupable était un catéchumène. Je l'ai fait taire, en lui disant : « Est-ce que tu » ne demandes pas à être chrétien, toi qui parles ainsi le » langage du diable? » — As-tu fait de mauvaises actions? — Père, autrefois, quand j'étais encore païen, oui, j'en ai fait beaucoup; mais depuis le baptême, oh! non, jamais! »

Mon ministère auprès des malades accompli, je vois en particulier les autres néophytes. Généralement, je les réunis dans la chapelle du kyalo, je les blâme ou les félicite sur la tenue de leur oratoire, m'informe s'ils savent lire ou non, ce qu'ils font pour l'instruction des païens, pour le soin des malades, pour le baptême des moribonds, etc. — Puis arrivent les catéchumènes. Je les interroge sur les prières et le catéchisme, distribuant aux plus avancés quelques médailles, images, etc., et, pour exciter leur ardeur à recevoir le baptême, je déroule sous leurs yeux une grande image représentant l'âme encore enchaînée dans les liens du péché et la leur explique. Satan, avec son affreuse figure de désespéré, fait toujours sur eux la plus vive impression.., Enfin vient le tour des païens. Je leur distribue quelques aiguilles, et leur montre une image de l'enfer. « Papa, entendis-je un jour un enfant de dix ans dire à son père païen, vois donc Lucifer! Vraiment, tu as un vilain maître! » Et le père de répondre : « C'est vrai, aussi tu m'enseigneras les prières dès aujourd'hui. »

Ordinairement, un certain nombre de païens ne répondent pas à l'appel de mes catéchistes. Je suis obligé d'aller les chercher moi-même. Je vais alors de bananeraie en bananeraie, de case en case, recevant souvent plus de dédains que de sourires de la part de ces pauvres gens. Parfois je les trouve fumant leur pipe, ou occupés à tresser leur natte; et ils ne daignent même pas m'honorer d'un regard; d'autres fois, le païen salue l'un après l'autre tous ceux qui m'accompagnent; mon salut seul reste sans réponse; les plus obstinés se postent sur le seuil de leur hutte et ainsi m'en ferment l'entrée. Un jour, je vois tous les habitants d'un village s'enfuir à mon approche et se cacher dans les broussailles, en attendant mon départ. Mes catéchistes me signalent une malade que le seul nom de Dieu met en fureur. Je me rends auprès d'elle. C'est une jeune fille d'une vingtaine d'années. Ses jambes sont rongées jusqu'aux os par une affreuse maladie. En me voyant, la malheureuse me dit avec insolence : « Tu m'apportes du remède, je n'en veux pas, le mien me suffit, remporte le tien. » Je n'insistai pas, lui offris du sel, et, voyant la mort imminente, j'abordai peu à peu la question religieuse. Elle m'arrête : « Ne me parle pas de prier, s'écrie-t-elle; ton Dieu, je ne l'aime pas. Mon maître, c'est le diable, et si, comme tu le dis, il veut me jeter en enfer, soit, c'est là que je veux aller. Si tu veux aller voir ton Dieu, vas-y; moi, je veux aller brûler en enfer (1). » Le lendemain matin, j'offris le Saint Sacrifice pour sa conversion. Rien ne put toucher le cœur de cette possédée qui mourut deux jours après. Être venu de si loin sauver des

---

(1) On est saisi d'horreur en entendant une malheureuse pécheresse se vouer elle-même au feu de l'enfer et demander à y aller brûler. C'est de la folie poussée jusqu'à la fureur. Mais au fond, la plupart de ceux qui sont en état de péché mortel ne tiennent-ils pas implicitement le même langage? Sont-ils moins insensés dès lors qu'ils ne veulent pas se convertir, puisqu'ils savent parfaitement qu'à moins d'un miracle sur lequel ils n'ont pas le droit de compter, ils iront rejoindre un jour ceux qui auront positivement voulu leur damnation éternelle? Hélas! que servira-t-il même à plusieurs d'avoir au contraire désiré le ciel, si par suite de leurs iniquités ils en sont exclus? Dès lors qu'on risque d'aboutir au même abîme, on participe à la même folie : tant pis pour ceux qui ne le comprennent pas!

âmes et en voir une se damner, là, sous ses yeux, que c'est pénible pour un missionnaire !

Pour me consoler, le Bon Dieu me fit rencontrer un peu plus loin un malheureux prêt à tomber, lui aussi, en enfer, et dont la grâce a pu cependant triompher. La nuit était déjà venue, quand mes catéchistes vinrent tout tristes me dire qu'un païen très malade, non seulement avait refusé de se laisser soigner, mais qu'il les avait chassés et insultés. J'engageai mes jeunes gens à dire le chapelet pour la conversion de ce malheureux et à s'imposer une petite mortification pour le salut de son âme. Que ne peut sur le cœur de Dieu la prière d'âmes simples et pleines de foi ! Le lendemain matin, à peine avais-je terminé la sainte Messe que les deux catéchistes de la veille viennent me dire : « Père, le malade dont nous t'avons parlé hier soir envoie un enfant pour nous chercher. Il désirerait te voir. » Je m'y rendis aussitôt. J'eus alors sous les yeux le plus horrible spectacle que j'aie jamais vu de ma vie : un corps vivant en pleine putréfaction. Il y avait dix-huit mois que ce malade était dans ce pitoyable état. Notre conversation fut longue, édifiante ; les douleurs du patient, sa docilité à m'écouter, la piété de ses réponses m'émurent profondément, et c'est avec la plus grande joie que je le baptisai. A mon salut d'adieu, il me répondit : « Père, adieu, je suis maintenant dans l'allégresse. » Et j'ajoutai tout bas au fond de mon cœur : « Puisse cette joie être le prélude du bonheur du ciel ! »

Dans cette tournée de quinze jours, j'eus la consolation de baptiser cent quatre-vingt-deux enfants. De plus, la Providence m'a fait trouver sur ma route neuf malades à l'extrémité, la plupart vieillards à qui j'ai ouvert les portes du ciel. Parmi ces vieux qui, comme le bon larron, ont ravi le Paradis au dernier moment, s'en trouve un dont la conversion intéressera peut-être le lecteur.

Il s'appelle Mbogo. Le 26 février, je trouvai ce vieillard

étendu dans une bananeraie. Il ressemblait à un squelette plutôt qu'à un homme. Des plaies qui rongeaient ses jambes lui faisaient souffrir d'atroces douleurs. A ma vue, le vieillard se soulève et jetant en l'air ses bras décharnés : « Mon Père, s'écrie-t-il, je t'attendais. » Je lui pris amicalement les mains et lui dis : « Me voici, pourquoi m'attendais-tu? » Le malade ne répond pas à ma question, mais saisissant une cruche d'eau qui était à son côté, et la serrant entre ses bras, il s'écrie : « Depuis trois jours, je pleurais pour avoir un peu d'eau ; personne n'avait pitié de moi. Ce jeune homme, (et il désignait le catéchiste qui l'avait découvert), a eu compassion de ma misère. Vous autres, vous êtes bons! » Le pauvre nègre pleurait de regret d'avoir tant tardé à connaître Dieu. Je lui fis faire un acte de foi sur les vérités fondamentales de la religion, réciter l'acte de contrition, et, quand j'en vins à l'acte de charité, je lui demandai : « Mon ami, aimes-tu Dieu? » Le vieillard de me répondre aussitôt : « Père, j'avais une femme, je l'aimais, elle est morte ; j'ai des enfants, et depuis trois ans que je me meurs, aucun n'est jamais venu me voir et me dire : « Père, voici du vin de bananes, bois; voici du sel, mets-en » dans ta nourriture. C'est ainsi que, dans ma détresse, j'ai » été abandonné de tout le monde. » Et il me montrait le misérable réduit où il s'éteignait. C'étaient quelques branches épineuses jetées sur quatre piquets. Le vieillard fit une pause, et fixant sur moi ses yeux mourants, il conclut son raisonnement en s'écriant avec ce qui lui restait de voix : « Père, si je n'aime pas Dieu, qui donc aimerai-je? » Qu'il est doux de faire couler l'eau sainte sur une âme si bien disposée !

J'étais arrivé à la limite ouest de mon district. Devant moi s'élèvent de hautes montagnes, derrière lesquelles s'étend un grand royaume, un peuple intelligent, à qui il ne manque que la foi. Ah! si j'avais eu des ailes ! Mais si mes pieds ne peuvent fouler cette terre promise, mon cœur du moins demande avec ferveur à notre divin Maître la conversion de ses habitants. Mon Dieu, ne permettez pas que périssent tant de milliers d'âmes faute de missionnaires !...

**

Avec le P. Lourdel, nous allons assister à des scènes non moins édifiantes : le décor seul est changé, si nous pouvons nous exprimer ainsi, et c'est ce qui donne un nouveau charme au tableau.

Le 13 mars 1884, ayant terminé l'emballage des objets que nous avions à emporter pour notre course apostolique, je partis, avec quelques hommes, pour Konongo, laissant trois de nos fidèles Waganda à la garde de notre maison.

On marcha depuis le matin jusqu'à la tombée de la nuit. Un jeune garçon, que nous avions racheté, avait voulu nous accompagner. Quoiqu'il fût habitué aux fortes marches dans les forêts, il se sentit fatigué vers la fin de la journée. Pour le délasser un peu, je le fis monter sur l'âne. Par malheur, l'âne, apercevant sur son passage le corps d'un chat-tigre qui venait d'être tué, fit un bond en arrière et lança au milieu des broussailles notre cavalier inexpérimenté ! Le pauvre enfant en fut quitte pour la peur.

Nous arrivâmes chez le chef Mb'ansi sans autre mésaventure. Afin de n'être point embarrassé et de mieux voyager à la légère, je n'avais pris ni lit, ni tente. Mb'ansi parut très honoré de donner l'hospitalité à un blanc, et nous reçut de façon très courtoise. Il mit à notre disposition une habitation fort convenable et nous fit cadeau d'une belle chèvre.

On nous apprit alors que nous ne pourrions suivre la route habituelle, à cause des inondations. Grossi par les pluies de la masika, le fleuve Igombé débordait de toutes parts, et le fameux pont de cent mètres avait été détruit par la violence des eaux.

Le lendemain 14, nous nous mîmes en route de bon matin, malgré la pluie incessante, et nous nous dirigeâmes vers l'ouest, pour aller passer l'Igombé à Kilira. A cette époque de l'année, les herbes ont atteint leur plus grande hauteur. Imbibées d'eau comme des éponges pleines, elles nous sont un véritable bain. Pour se défendre contre une pareille humidité, il faudrait avoir des guêtres jusqu'au-dessus du chapeau. Nous nagions à travers cette mer herbacée, trempés jusqu'aux os. A chaque instant nous étions arrêtés dans notre marche par cette végétation exubérante qui gênait nos mouvements et paralysait tous nos efforts. Tantôt, c'est une voûte épaisse et basse, d'où l'eau coule comme des gargouilles de nos vieilles églises gothiques; il faut se courber tant qu'on peut, et s'acheminer de son mieux, la tête le plus près possible des genoux. Tantôt, c'est une barrière à peu près infranchissable qui se met en travers du passage. Ce sont mille tiges flexibles qui viennent s'entrelacer, comme des serpents, entre les jambes du voyageur, le saisissant, le liant, le harcelant. On est pris là-dedans comme une mouche dans une toile d'araignée. Chaque pas que l'on fait vous y empêtre davantage. On dirait les tentacules gluants et tenaces d'une légion de pieuvres acharnées à votre poursuite. Tout cela vous enlace, se colle à tous les membres et vous couvre d'une multitude de petites pailles piquantes. On est alors comme dans une fourmilière, et il faut enlever une à une ces petites pailles si l'on ne veut pas subir un véritable martyr.

Bien plus, il arrive fréquemment que la fourmilière devient tout à fait réelle. Car, il n'est pas rare de rencontrer des essaims de fourmis en migration. Si le voyageur ne s'aperçoit pas de leur présence et ne se hâte de passer rapidement, il est en quelques instants assailli par les féroces petites bêtes. L'ennemi engage la lutte avec une ardeur qui défie toute résistance. Il se glisse partout, pénètre sous les habits, attaque de tous les côtés à la fois. Le malheureux voyageur prend la fuite, en poussant des cris aigus et agitant les mains et les pieds, sans savoir par où commencer pour se débarrasser des terribles insectes. Au reste, l'aventure n'a rien de dangereux ; elle est même fort comique pour ceux qui ont eu la chance de n'en être que simples spectateurs et qui ne peuvent s'empêcher de rire beaucoup des grimaces désespérées de la victime.

La direction que nous suivons nous conduit à plusieurs endroits autrefois habités et redevenus déserts par les incursions des Watuta. On n'aperçoit aucun village à l'horizon, aucun être vivant dans la plaine. C'est morne et triste, comme un pays de ruines. Nous arrivons à l'Igombé. Ce fleuve est très large. Nous le traversons sur de grands canots faits d'un seul tronc d'arbre ; et nous abordons à l'autre rive sans accident.

Il est trois heures. Nous sommes à Usonga, où nous nous reposons quelques moments. Le reste du chemin se fait rapidement. Nous passons le Boudjoma, et, vers cinq heures du soir, nous arrivons dans l'Uvambo, à Konongo. Tout le monde est harassé de fatigue.

Le lundi, 16, nous partons de grand matin. Bonne marche, toute la journée, malgré le sol détrempé et les mille obstacles de la route. Nous traversons la fameuse forêt de Kalimbiguru, toujours fort mal réputée. Qu'avons-nous à craindre? L'Ange du Seigneur est avec nous. Nous ne nous arrêtons point au tembé de Kalimbiguru ; et nous ne terminons notre étape qu'à Mlera. Là, nous passons la nuit dans un misérable tembé, qui nous abrite à peine. Des torrents de pluie menacent de tout renverser, et font si bien qu'avant le lever du jour le tembé s'éboule, et manque de nous écraser dans sa chute.

A la première heure, mardi, 17, je suis en route avec Gabriel. Les autres nous suivront. Pour moi, je tiens à arriver, ce soir, à Kipalapala. Le déluge de ces derniers jours a littéralement inondé l'Ounyanyembé. Nous cheminons sur un sol à demi liquéfié, qui semble fondre sous nos pieds, et dans lequel nous enfonçons à chaque pas. Pendant des heures entières, nous avançons péniblement dans une eau boueuse jusqu'à la ceinture, ayant peine à reconnaître la route, et glissant à tout instant dans ce marécage.

Vers trois heures, nous atteignons Tandula-Mahema. Le froid m'a gagné : je suis transi, glacé, et je commence à claquer des dents. Il est temps que je trouve un peu de repos et de chaleur. On allume un bon feu; et, à sa flamme bienfaisante, je me sens renaître. La vie revient dans mes membres engourdis. Une fois réchauffé, je fais loyalement honneur à un plat d'ugali, que les braves Wanyamuézi avaient préparé pour eux, et auquel ils me donnent large part. Cette halte et cette hospitalité m'ont rendu des forces. Il faut se lever maintenant, et partir : car le voyage n'est pas terminé, et le jour baisse.

En sortant de Tandula-Mahema, nous entrons dans un véritable lac. La nappe d'eau, sinistre et sale, s'étend à perte de vue ; et, d'un bout de l'horizon à l'autre, on n'aperçoit qu'elle. Il y a de longues années que l'on n'a pas subi une pareille masika. Nous voilà en plein dans l'eau, barbotant comme des canards, moitié nageant, moitié nous traînant dans une bourbe mouvante et gluante. Une semblable façon de voyager ne paraît pas être du goût de mon âne. Le métier qu'il fait depuis quelques jours lui semble trop dur, et il n'en peut mais. Il lui est impossible de deviner les trous cachés au fond de notre marais ; et, à tout moment, la malheureuse bête trébuche dans des profondeurs invisibles, et me fait faire avec elle les plongeons les plus désagréables.

Je me console, le mieux que je peux, par la pensée que nous n'avons plus que quatre ou cinq lieues à parcourir. Je tâche d'oublier nos misères actuelles, et je rêve d'un bon feu, à la flamme pétillante et à la douce chaleur, qui nous attend là-bas au milieu de nos chers confrères. Hélas! une nouvelle mésaventure me tire bientôt de mes songes charmants, pour me rappeler à la réalité moins gaie.

Gabriel, mon compagnon, m'avait assuré qu'il connaissait la route. Le brave garçon a été complètement désorienté par la transformation du pays en lac. Il ne reconnaît plus rien : nous voilà perdus. Un instant, nous sortons de l'eau, mais pour entrer dans un terrain visqueux et gluant, où il ne nous est possible ni de marcher ni de nous tenir debout. Le sol n'a aucune solidité. Il cède sous notre poids, et nous enfonçons. Mon pauvre âne est englouti jusqu'au-dessus de la queue ; il fait des efforts désespérés pour se dégager, et, à chaque mouvement, il s'embourbe davantage. Nous voulons le secourir, mais nous-mêmes nous sentons la vase mouvante qui s'ouvre sous nos pas. Nous sommes dans un de ces terribles endroits, si lugubrement célèbres dans les souvenirs des Wanyamuézi, où, au temps des grandes masikas, les hommes disparaissaient tout vivants comme dans un gouffre. Il n'y a pas une minute à perdre.

Gabriel et moi, nous réunissons toutes nos forces et nous saisissons l'âne qui avait à peu près disparu dans la boue. Par un suprême effort, nous le dégageons et parvenons à le tirer sur un coin de terrain un peu plus ferme. Grâce à Dieu, nous étions hors de danger.

Le soleil se couchait, quand nous aperçûmes la petite montagne de Kipalapala. Il faut se presser. Nous hâtons le pas, mais bientôt l'obscurité croissante vient augmenter la difficulté de notre marche.

Mon guide perd de nouveau la carte et ne sait plus où il va. Que le Seigneur nous vienne en aide ! Nous nous recommandons à notre Ange gardien, et allons droit devant nous à l'aventure.

Voici enfin un petit village. Peut-être pourrons-nous y trouver un guide ? Nous offrons un prix très raisonnable. Les gens du pays ont peur des panthères, et personne n'a le courage ou la bonne volonté de nous conduire. Il nous faut bien aller tout seuls. Nous continuons donc à cheminer à travers la montagne. La nuit est complète ; à peine distingue-t-on les objets à quelques pas. Trois ou quatre fois, nous perdons encore la route, ne sachant plus ni où nous sommes ni où nous allons. Mais le regard du Seigneur veille sur nous, et nous arrivons à Kouïkara, épuisés et affamés.

J'eus un moment la pensée d'attendre le jour en cet endroit, dans l'impossibilité où nous étions de trouver notre chemin. Un Mguana nous montra alors le sentier qui conduit à Kuikouvou, et nous nous remîmes résolument en marche.

Nous y fûmes bientôt rendus ; le sentier était facile à suivre, et nous étions sûrs de la direction. Vers dix heures, nous frappons enfin à la porte du nouveau tembé des Pères de Kipalapala. Je laisse à penser quelle cordiale réception nous fut faite, et comme nous oubliâmes vite nos peines et nos fatigues de la journée !

Que béni et glorifié soit le Seigneur qui nous a préservés de tout malheur pendant le voyage, et nous a conduits, malgré les obstacles, jusqu'à la maison de ses missionnaires !

XIX

La traversée du lac Nyanza pendant une tempête.

Partis de Marseille le 12 août, nous étions au sud du lac Nyanza vers le milieu de novembre. C'est cette dernière partie du voyage que je me propose de raconter.

La traversée s'est effectuée au moyen de vingt-deux barques indigènes qui sont venues de l'Ouganda sous la conduite du P. Bajard. Celle qui me fut assignée était la plus belle, et pour cette raison avait à son bord le chef de la flottille. Vingt vigoureux rameurs devaient la faire glisser rapidement sur les flots azurés du lac. Nous nous embarquâmes le 5 décembre.

Toute la journée, du lever du soleil jusqu'au soir, quelquefois jusqu'à une heure avancée de la nuit, je devais rester assis dans cette pirogue sur un petit pliant. Cette posture devenait fatigante, surtout quand le soleil du midi, d'aplomb sur nos têtes, nous gratifiait de ses rayons de feu. Je me délassais en récitant de temps en temps un chapelet pour mes parents, pour mes amis et pour l'Ouganda. Pour charmer mes loisirs, j'apprenais par cœur mes livres de kiganda et m'essayais à bégayer cette belle langue avec mes hommes; je ramais aussi quelquefois avec eux.... C'est ainsi que je passai durant trois longues semaines, tous les jours, dix à douze heures sur l'eau. Le soir, toutes nos pirogues abordaient au même endroit, soit dans une île, soit sur la côte. Là nous dressions les tentes et prenions ensemble notre dîner, ou pour mieux dire notre déjeuner, car d'ordinaire nous n'avions rien goûté depuis le café du matin, si ce n'est l'eau du lac.

Le temps fut beau et le lac calme durant les cinq premiers jours. Le sixième, après quelques heures de navigation, tandis que nous voguions au large et que les côtes avaient disparu à nos yeux, tout à coup, le vent se met à souffler avec violence; le lac s'agite comme une mer en furie; le tonnerre gronde avec un horrible fracas; d'énormes vagues secouent notre pauvre esquif, comme un jouet d'enfant, et menacent à chaque instant de l'engloutir dans l'abîme.

Deux hommes sont continuellement occupés à puiser l'eau que nous ne cessons d'embarquer. La pluie tombe si abondante qu'elle produit autour de nous l'effet d'un épais brouillard. Où sommes-nous? Où allons-nous? Personne ne le sait.... Cependant la tempête redouble de fureur : la barque se dresse, plonge, s'incline à droite, s'incline à gauche, et il faut toute l'énergie et toute l'expérience de nos rameurs pour la maintenir à flot. Tout à coup un craquement se fait entendre : une des pièces de bois qui, en consolidant la barque, servent en même temps de siège aux rameurs, se détache sous l'effort d'une lame et ouvre un large passage à l'eau qui s'y précipite à flots pressés : « Vierge Marie, s'écrie un vieux marin, nous sommes perdus! » Je crois ma dernière heure arrivée, et je recommande mon âme à Dieu.

Cependant mes vieux loups de mer ne perdent pas la tête. Alléger la barque et boucher les voies d'eau fut l'affaire d'un instant. Mais, hélas! ce moyen extrême me coûta cher : je vis disparaître dans les flots ma tente, mon lit de camp, mes couvertures, mes malles, une dizaine de caisses de ravitaillement, mon appareil photographique, mes instruments d'optique, etc., et toutes les provisions de bouche de l'équipage. Qu'y faire? il s'agissait de nos vies.... Heureusement pour ma caisse d'ornements, que j'étais assis dessus! Sans cela, le beau calice qui m'avait été donné en souvenir serait en ce moment au fond du Nyanza.

Il n'y avait qu'à faire de nécessité vertu.... J'offris donc à Dieu, et de bon cœur, le sacrifice de tout ce que je possédais, et j'éprouvai même une grande consolation en songeant à ce dépouillement complet auquel je me voyais réduit.

Cependant mes noirs infatigables luttaient avec un courage surhumain contre la fureur des flots. Ceux d'entre eux qui étaient chrétiens invoquaient Marie avec une ferveur qui me touchait. De mon côté, je récitais mon chapelet, demandant à notre bonne Mère de me conserver une vie que je désirais dépenser au salut de mes chers Baganda. Après plusieurs heures d'inquiétudes mortelles, les nuages se dissipent et le soleil reparaît. Mais la tempête continue encore. A sept heures du soir, nous abordons enfin à un îlot. Les rameurs sautent à l'eau et, en poussant des cris de joie, me hissent sur leurs épaules et me portent à terre en triomphe, en me répétant : *Kulika, Sevo ! Kulika !* « Nous vous félicitons, Père, nous vous félicitons. » La barque est ensuite tirée à terre.

Mon premier mouvement fut de tomber à genoux et de remercier le Seigneur de m'avoir sauvé d'un si grand péril, en récitant le *Te Deum*. Mais dans quel triste état je me trouvais ! J'étais trempé jusqu'aux os et je ressentais déjà les premières atteintes de la fièvre...; pas de linge pour changer, pas de tente pour m'abriter, rien pour me réconforter. En outre, je me demandais avec angoisse ce qu'étaient devenus mes confrères. Des vingt-deux pirogues de notre flottille, une seule se trouvait dans l'île où nous venions d'arriver, et aucun de ceux qui la montaient ne pouvait me donner des nouvelles des autres.

On comprend mon inquiétude. Arriverais-je donc dans l'Ouganda seul de toute cette caravane si nombreuse et si impatiemment attendue ? Cette pensée navrante m'accablait.

Cependant les Basesé ont allumé un grand feu auprès de moi pour sécher mes habits et me réchauffer. En moins d'une heure ils m'ont construit une case avec des branches, et, avec de l'herbe, m'ont préparé une couche. Il restait à trouver de quoi me mettre sous la dent. La Providence y avait pourvu : dans la pirogue que la tempête avait poussé du même côté que la nôtre se trouvait un petit paquet de haricots; j'en fis cuire une poignée, et ce repas, sans surcharger mon estomac, me réconforta. Le repas des nègres fut, pour le moins, aussi sommaire que le mien. Après avoir séché mes habits, je m'étendis sur ma couche d'herbes sèches. Il était dix heures du soir.

Je finis par m'endormir, mais mon sommeil fut loin d'être calme : des rêves, tantôt tristes, tantôt doux, me transportèrent tour à tour sur les flots courroucés et au foyer paternel. J'oubliais de dire que mes bons rameurs s'étaient dépouillés à l'envi de leurs étoffes d'écorce d'arbre pour me garantir contre la fraîcheur de la nuit. Une attention si délicate de la part de ces barbares m'attendrit jusqu'aux larmes, et c'est de tout cœur que je renouvelai la résolution de me dévouer tout entier et jusqu'à la mort à l'œuvre de leur salut.

Je me réveillai de bonne heure; tout était silencieux autour de moi, et je pouvais, à mon aise, considérer ma pauvreté et mon isolement. Pour faire diversion à la tristesse, je songeai à Notre-Seigneur qui n'avait pas où reposer sa tête et à saint François Xavier, mourant seul dans une misérable cabane, et je sentis alors une joie secrète inonder mon cœur. Je suis donc maintenant vraiment missionnaire! me dis-je, avec une ineffable consolation, et il me sembla que j'étais l'homme le plus heureux du monde. Notre-Seigneur n'était-il pas avec moi, et avec lui n'avais-je pas tout?

Nous fûmes de bonne heure sur pied. La mer était encore agitée, mais il nous fallait absolument partir pour atteindre la côte et nous procurer des vivres, car mes hommes n'avaient comme moi absolument rien à manger. Nous réparons donc, de notre mieux, la pirogue, et nous confiant en la divine Providence, nous partons.

Malgré les privations et les fatigues de la veille, mes marins rament avec un entrain admirable, dans l'espoir d'atteindre la terre avant la nuit; mais, hélas! quand le soleil disparaît à l'horizon, la côte est encore bien loin devant nous. La vue d'une barque du Kiziba, où se trouve notre station de Marienberg, ranime leur courage. Nous nous dirigeons vers la pirogue et demandons aux rameurs qui la montent s'ils n'ont pas rencontré d'autres barques. « Nous avons croisé, nous répondent-ils, une dizaine de pirogues de l'Ouganda. — Y avait-il des blancs? — Oui, cinq blancs, à longue barbe et à robe blanche. » Mes confrères étaient donc sauvés! Je remerciai le Bon Dieu et encourageai mes hommes épuisés à ramer de toutes leurs forces. Pour les égayer, je chantai tous les cantiques que je savais.

Vers neuf heures, ils aperçoivent un feu.... Cette vue les électrise et notre canot glisse avec la rapidité d'une flèche sur la surface de l'eau. Une heure après, nous distinguons, à la lumière des étoiles, les pirogues rangées sur le rivage. J'annonçai notre approche par quelques coups de fusil. Mes confrères accourus m'ont bien vite reconnu. Une centaine de noirs, de leur côté, sautent dans l'eau et, me saisissant par les mains, les pieds, les habits, me portent sur leurs épaules en poussant des cris de joie. Quelques instants après j'étais dans les bras de mes confrères qui me croyaient perdu. Ils s'empressent de me préparer un repas, mais la faim, dont j'avais tant souffert toute la journée, avait fait place à la fièvre et je ne pus accepter que les couvertures qu'ils me cédèrent et la place qu'ils m'offrirent sous leur tente. Le repos de la nuit me remit complètement.

Le lendemain nous arrivions à Marienberg, où j'eus la joie de retrouver le cher P. Van Thiel, mon compatriote et mon compagnon de noviciat et d'études théologiques à Carthage. Au récit de mes aventures : « Ce n'est rien, Joseph, me dit-il ; nous partagerons tout ce que j'ai, il ne vous manquera rien » ; et le voilà qui commence par me donner un bréviaire, puis la moitié de tout ce qu'il avait dans sa malle en fait de linge, d'habits, de chaussures, et tout cela avec une joie qui doublait le prix du cadeau. Aussi, ce ne fut pas sans une vive émotion que je le quittai pour continuer notre route vers l'Ouganda.

Le 24 décembre nous abordions à Sésé, où nous attendait Mgr Guillermain, notre vicaire apostolique. Il nous reçut comme un père, très heureux de voir ses enfants, et passa la journée de Noël à nous donner avec ses sages conseils notre destination respective. Je reçus ma feuille de route pour Sainte-Marie de Rubaga.

Je me rembarquai donc le 26, avec deux Pères, et j'arrivai le 30 à la capitale.

P. Joseph LAANE.

XX

Terrible collision entre protestants et catholiques dans le Buganda. — Les préludes; la mêlée; le dénouement.

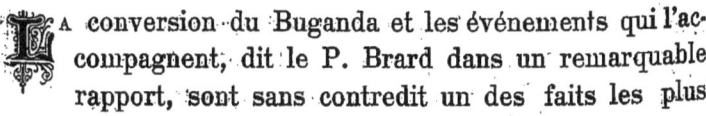

A conversion du Buganda et les événements qui l'accompagnent, dit le P. Brard dans un remarquable rapport, sont sans contredit un des faits les plus importants de l'histoire de l'Afrique au dix-neuvième siècle. Trois religions se disputent la place avec d'autant plus d'ardeur que les uns et les autres sont persuadés que la conversion de ce pays entraînera celle de toutes les peuplades qui habitent la vaste région du Nyanza. En 1888, les musulmans se crurent quelques instants vainqueurs, mais ils durent bientôt céder la place aux catholiques et aux protestants alliés pour la conquête de leur liberté.

Il ne restait donc plus en face que le catholicisme et le protestantisme. Auquel des deux serait la victoire ?

A la demande des protestants, bien inférieurs en nombre, les deux partis s'engagèrent mutuellement à laisser le libre exercice de chaque religion et à ne jamais chasser du Buganda l'un ou l'autre parti.

Nous étions en 1891 ; le Buganda venait d'entrer dans la sphère d'influence anglaise. Au mois de décembre de cette même année arrivait le capitaine Lugard avec une poignée de Wangwana pour prendre possession de cette contrée au nom de la *Company East-Africa*. Les protestants ne purent dissimuler leur joie ; les catholiques se soumirent, mais non sans appréhension. « Les Anglais, disions-nous alors aux agents de la Compagnie et au Révérend Gordon, seront tolérants et essaieront de rendre également la justice aux deux partis, mais vous ne serez jamais maîtres des noirs, qui n'ont aucune idée de tolérance et qui disent que leur pays doit être protestant, parce qu'il est anglais. — Nous les maintiendrons dans l'ordre, répondaient les agents, nous amènerons de nombreux soldats. » Les événements ont prouvé que notre inquiétude était fondée ; les blancs ont fait la volonté des noirs, et M. Ashe, ministre, nous disait il y a à peine un mois : « Nous ne pouvons être maîtres de nos noirs, ils n'écoutent personne. »

Les missionnaires catholiques cependant ont toujours parfaitement accepté l'occupation anglaise, et Mgr Hirth recommandait sans cesse aux catholiques d'être soumis en tout aux agents de la compagnie de Momtbas. Les catholiques l'ont écouté et le résident n'a jamais rien pu leur reprocher.

Le premier acte du capitaine Lugard fut de faire signer au roi un traité qui faisait reconnaître l'influence de l'Angleterre sur le Buganda ; les catholiques à eux seuls étaient deux fois plus nombreux que les protestants ; de plus, ils avaient pour eux le roi et par suite tous les infidèles. Ils n'avaient qu'un mot à dire et le traité était refusé ; ils n'en firent rien, le capitaine Lugard doit avouer aujourd'hui que les catholiques ne se sont pas montrés anti-anglais en cette circonstance et qu'il leur doit le succès de sa mission. Ils n'ont pas été plus anti-anglais dans la suite. Peut-être un peu moins assidus au fort que les protestants, ils n'en reconnaissaient pas moins l'autorité du résident, puisqu'ils lui portaient leurs différends à régler et se soumettaient à sa sentence. Comme les protestants, les catholiques ont souvent procuré nourriture et ouvriers aux agents de la compagnie, dans le seul but de montrer leur soumission.

Dix fois au moins, les deux partis ont été sur le point d'en venir aux mains : toujours le capitaine Lugard a vu les catholiques rangés autour de ses soldats et soumis à ses ordres, tandis que les protestants étaient massés sur les collines voisines. Les catholiques comme les protestants sont allés s'exposer, dans quatre campagnes, aux balles des musulmans ou des fumeurs de chanvre, et cela dans l'intérêt de l'Angleterre dont l'influence était reconnue sur le pays. Sans doute on se plaisait à appeler les catholiques « Bafrança ». Mais personne ne se trompait sur le but de cette appellation (1).... Quels intérêts avait en effet la France

(1) Elle était provoquée par ce fait que la plupart des missionnaires catholiques étaient français.

UN DOUAR ARABE (Page 384.)

à sauvegarder dans ces parages ? On les disait même partisans de l'Allemagne, bien que depuis longtemps cette puissance eût abandonné ses prétentions sur le Buganda.

Les catholiques acceptaient la domination anglaise et ne demandaient en retour que justice et liberté ; s'ils se sont montrés réservés, c'est que, mieux que personne, ils connaissaient les sentiments de leurs frères Buganda. On ne pourra donc jamais apporter pour cause de la journée du 24 janvier l'opposition des catholiques à l'influence britannique. Le seul crime des catholiques, si c'en est un, c'est d'avoir défendu leurs droits de citoyen et leur religion menacée par l'intolérance des noirs ; mais ils n'ont jamais été anti-anglais.

L'unique cause de cette journée et de tous les troubles qui ont agité le Buganda pendant deux ans est l'intolérance des protestants noirs. Il faut que le Buganda soit protestant puisqu'il est anglais ; tel fut leur mot d'ordre.

A l'arrivée du capitaine Lugard, ils furent fort surpris de voir la religion catholique tolérée. C'est alors qu'ils organisèrent cette tactique, qui ne pouvait manquer de leur réussir dans une cause aussi délicate. Ils unirent la cause politique et la cause religieuse : anglais et protestant était tout un ; ne vouloir pas embrasser le protestantisme était refuser de se soumettre à l'influence britannique ; refuser quelque chose aux protestants était le refuser à l'Angleterre. Les catholiques étaient dans l'alternative de passer pour anti-anglais ou d'abandonner la défense de leurs droits et de leur religion et même leur religion.

La guerre commença dans les kyalo : le chef de la province du Buddu, qui était protestant, chassa tous les catholiques qui occupaient ses bananeraies et inventa mille raisons, moins valables les unes que les autres, pour expulser nos chefs de leurs kyalo ; pendant près de deux ans, ce tigre terrorisa sa province et ne laissa aucun répit aux catholiques. Cette sorte de chasse s'étendit à tout le Buganda. Plusieurs fois, par amour de la paix, les catholiques abandonnèrent leurs droits, ce qui ne fit qu'exciter leurs adversaires, qui criaient toujours plus haut : « Les Bafrança veulent nous chasser tous du Buganda. » Poussés ainsi à bout, ils se défendirent avec courage, d'autant plus qu'abandonner un kyalo c'était abandonner des centaines d'âmes à l'hérésie. Les protestants crièrent plus haut encore : « Les Bafrança veulent nous chasser parce que nous sommes Anglais. » — Le résident, peu au courant des habitudes du pays, sans cesse harcelé par les rapports des protestants, ne sut débrouiller le vrai du faux, il ne put jamais mettre un terme à ces chicanes, qui allèrent toujours crescendo ; et les catholiques, s'ils ne passèrent pas pour anti-anglais, lui parurent au moins fort difficiles et intransigeants, ce qui redoubla l'audace de nos mortels ennemis : « Les Bafrança veulent nous tuer. » Tel fut leur second cri de guerre.

Chaque jour les protestants allaient se plaindre au capitaine que les catholiques complotaient dans l'ombre contre eux et l'Angleterre ; ils lui écrivaient : « Les catholiques veulent nous tuer, comme ils ont tué jadis les protestants en Europe ; qu'avons-nous fait ? » Et cependant ils pillaient les catholiques, leur enlevaient médailles, chapelets, livres de prières, croyaient les insulter en les appelant : « Papa ! Papa ! » frappaient les femmes et les enfants. Leur but était d'amener les catholiques à prendre les armes et de hâter le 24 janvier. N'y réussissant pas, ils allèrent plus loin ; à trois reprises différentes, trois chefs protestants massacrèrent plusieurs catholiques ! Les catholiques se résignèrent encore et se contentèrent de demander justice. Le roi condamna ces chefs, le capitaine aussi, mais ils ne furent pas punis : le pouvoir exécutif étant impuissant.

Plusieurs causes ont puissamment contribué à exciter cette intolérance jalouse des protestants et à hâter le dénouement de leur complot ; j'en citerai quelques-unes.

Il faut nommer en première ligne le prosélytisme des catholiques. Le nombre des catéchumènes augmentait chaque jour dans des proportions extraordinaires et les protestants eux-mêmes avouaient que c'en était fait d'eux si ce mouvement continuait encore deux ans.

Puis, le transfert de la station sur le sommet de la colline de Rubaga était, à leurs yeux, la prise de possession du Buganda par le catholicisme ; cette colline était devenue le centre de la vie du pays, et les flots de catéchumènes qui l'envahissaient chaque jour à la vue des protestants excitaient par trop leur jalousie.

Enfin, le zèle momentané du roi qui, depuis un mois, montait presque chaque matin sur la colline avec toute sa cour pour se faire instruire, — et surtout le nombre des missionnaires qui s'apprêtaient à parcourir le Buganda dans tous les sens.

A la vue de ce mouvement, de ce zèle, de ces progrès du catholicisme, les protestants disaient : « Hâtons-nous, ou c'en est fait du protestantisme. » Et les blancs partageaient leur avis.

Le capitaine Lugard me disait que l'évêque anglican Tucker, venu depuis un an dans le Buganda, avait mené une campagne contre lui en Angleterre, parce qu'il ne favorisait pas assez le protestantisme. C'était faire connaître quelle était l'impulsion donnée aux noirs par les prédicants. Un mois à peine avant le 24, l'un d'eux, M. Ashe, disait à un chef catholique converti du protestantisme : « Reviens à nous, tu auras une belle place.... Les catholiques sont perdus : nous avons des canons à la capitale. On tuera les grands chefs catholiques et on réduira facilement les autres. »

Il n'y avait donc plus à se faire illusion, les noirs avaient gagné leur cause ; leurs calomnies et leurs intrigues avaient réussi. La Compagnie anglaise, avec ses canons, allait faire triompher le protestantisme ; elle avait un prétexte : les catholiques étaient trop remuants, perturbateurs de l'ordre : leur procès était jugé.

Pendant longtemps le résident avait hésité. Quel parti prendre ? Il était tout trouvé. Le parti du roi était quinze fois plus nombreux que celui des protestants. En s'unissant à ce parti, la Compagnie anglaise affermissait à jamais sa domination sur le Buganda sans tirer un coup de fusil. Mais c'était le parti catholique et le terrain avait été préparé de longue main par les ministres de l'erreur qui, comme le disait le « *Times* », sont les agents du gouvernement britannique. Puis soutenir un empire catholique en formation n'est pas dans les mœurs anglaises, « la politique anglaise n'étant favorable aux catholiques que là seulement où ils sont en minorité. »

Le résident ne précipita rien. Il laissa les protestants calomnier, injurier, piller, tuer les catholiques. Le roi, voyant son autorité méprisée, peu attaché, du reste, à la religion, forma le parti des *infidèles* ou *fumeurs de chanvre*, qui avait pour but de débarrasser le pays des Européens et de ceux de ses sujets qui avaient embrassé le catholicisme, le protestantisme ou l'islamisme, pour ramener le Buganda au paganisme et reconquérir ainsi, avec la paix, son pouvoir absolu.

Pendant ce temps les caravanes arrivaient au fort (1) avec soldats, fusils et munitions ; le capitaine Lugard allait acheter fort cher les anciens soldats d'Emin-Pacha. L'heure ne devait donc pas tarder à sonner, où l'intolérance des noirs triompherait, et le protestantisme serait imposé aux Baganda. Les catholiques le savaient, mais comment écarter l'orage ? Ils avaient pensé à demandé la division du pays. Le capitaine ne pouvait l'accepter, elle aurait dû se faire à

(1) Propriété des Anglais.

parts égales. Les protestants n'en auraient pas voulu : il leur fallait tout le Buganda.

Sur ces entrefaites Mwanga conçut l'idée d'arborer dans sa capitale l'ancien drapeau du Buganda. Il voulait sans doute sonder les dispositions des catholiques. S'ils refusaient, ils passaient pour révoltés contre leur roi, s'aliénaient de plus en plus les infidèles (les quatre-cinquièmes de la population), tout dévoués à leur maître ; enfin ils se posaient comme formant un parti à part indépendant du roi. S'ils acceptaient, ils s'exposaient à passer pour révoltés contre l'Angleterre. Les catholiques crurent devoir se ranger du côté du roi et de la majorité : 200,000 Baganda contre 20,000 protestants voulaient donc le drapeau du Buganda.

Ce drapeau n'a rien de religieux : une pièce de cotonnade blanche sur laquelle est cousue un morceau d'étoffe rouge taillée en forme de bouclier surmonté de deux lances. N'importe ; pour les noirs protestants, c'était l'étendard du catholicisme qui venait d'être arboré à la capitale, et les catholiques étaient pris en flagrant délit de révolte. — Les troubles durèrent quinze jours ; le capitaine Williams, alors gouverneur du Fort, apaisa lui-même les protestants et laissa planter le drapeau : le roi avait triomphé.

Bientôt le capitaine Lugard arriva du Bunyoro avec sept cents soldats d'Emin. Jadis il nous avait dit qu'il ne voulait pas arborer le drapeau de la Compagnie dans le Buganda, et de fait ce drapeau n'avait jamais flotté sur le fort. Les protestants se remirent à crier à la révolte, à répéter leurs anciennes calomnies : « Les catholiques veulent nous chasser, nous tuer ; ils veulent chasser les Anglais ; ils ont arboré leur drapeau à la capitale. » Le capitaine, poussé à bout, décida qu'il fallait ramener ce drapeau pour mettre à la place celui de la Compagnie. Le roi refusa ; les catholiques firent observer à Lugard que le drapeau avait été arboré par le roi ; qu'il n'était pas celui du catholicisme, puisqu'il n'avait rien de religieux ; qu'ils n'étaient pas plus anti-anglais que par le passé. « Le drapeau de la Compagnie, disaient-ils, est regardé par nos adversaires comme leur étendard, nous croyons que ce n'est pas le moment de l'arborer ; car ce sont les protestants en tant que protestants qui veulent nous l'imposer comme signe de ralliement, ce n'est plus le drapeau de l'Angleterre mais celui du protestantisme, et vous, capitaine, en l'imposant vous imposez le protestantisme. Jusqu'ici vous n'avez pu nous protéger contre nos adversaires ; quelle sécurité aurons-nous lorsqu'ils vous verront obligé de soutenir leur drapeau ? »

Les protestants étaient au paroxysme de la colère ; la fusillade avait déjà éclaté sur plusieurs points de la capitale. Dans une de ces disputes, un catholique, dans le cas de légitime défense, tua un protestant ; le roi donna raison au catholique ; les protestants récusèrent le jugement du roi. Il ne fut plus question du drapeau à la grande joie du capitaine : il fallait venger le sang d'un protestant. Telle fut la cause *occasionnelle* de la journée du 24. Le R. Ashe écrivait du Buddu à ses adeptes, lui-même s'en est vanté : « On vous a tué un homme, battez-vous. » Le capitaine désirait voir les protestants triompher seuls sans qu'il se mît de la partie, au moins ouvertement. Aussi avait-il pris ses mesures pour éparpiller les catholiques.

Une expédition avait été envoyée sur le Nil contre les fumeurs de chanvre qui, la guerre éclatant à la capitale, n'auraient pas manqué de soutenir le roi et les catholiques. Le chef de cette expédition était un catholique. Il partit avec près de cinq cents fusils ; les protestants en envoyèrent à peine une centaine.

Tous les catholiques du Buddu étaient de même retenus dans leur province par les fumeurs de chanvre et le roitelet du Koki.

Pendant la nuit, sept cents fusils, cartouches, etc.,

avaient été distribués au fort. Tout était donc préparé pour que les protestants s'emparassent du Buganda sans l'intervention du capitaine.

*
* *

Donnons maintenant la parole à Mgr Hirth, qui va nous retracer, en termes saisissants, le tableau de la catastrophe.

« Le dimanche 24 janvier l'affaire éclata. Dans la matinée plusieurs coups de feu isolés retentirent. Vers deux heures du soir deux nouveaux coups donnèrent le signal. Les catholiques durent répondre; leur premier coup abattit Sembera-Makay, un des sept diacres protestants, au moment même où il couchait en joue un des nôtres. Ce fut tout à coup une mêlée épouvantable sur une surface de deux lieues carrées qu'occupe la capitale.

La lutte était par trop inégale : il n'y avait aucune proportion entre les armes des deux partis; les catholiques devaient être écrasés par les protestants (car il n'y a que les fusils qui combattent et non plus les lances) et ils avaient encore tout le fort anglais contre eux. Mais les catholiques combattaient pour leur foi et pour leur patrie; ils étaient forts de leurs droits. Les jours précédents tous s'étaient préparés à mourir. Ils se voyaient lâchement chassés de leur pays, ils ne voulaient pas partir sans tenter un suprême effort pour obtenir le triomphe de la justice.

Ce fut pendant une demi-heure une vraie lutte à mort : les nôtres se battaient avec l'énergie du désespoir. Leurs plus grands chefs tombèrent les premiers et durent être emportés; cela mit un peu de trouble dans le combat. Mais le Mjasi était là sur tous les points pour relever les courages et rétablir l'attaque. Cinq fois de suite, avec sa troupe, sautant avec la furie d'un léopard blessé, il accula les bandes des protestants jusque sous le fort anglais. Tous ses coups portaient ; rien ne pouvait tenir devant lui. La cinquième fois, il montait à l'assaut du fort, sous le feu même de deux mitrailleuses (*Maxim*) qui fauchaient les guerriers tout autour de lui ; mais il dut s'arrêter, les munitions lui manquaient ainsi qu'à ses hommes : il avait tiré soixante-huit cartouches.

Il se replia sur le palais du roi pour emmener celui-ci avec toute sa cour. Les catholiques étaient vaincus.

Le capitaine Williams sortit alors du fort avec un corps de Nubiens pour aller recueillir les dépouilles. Il monta droit à l'enceinte royale, qu'il trouva évacuée ; Mwanga l'avait quittée avec près de deux mille personnes ; nos troupes repliées le conduisirent en bon ordre au lac (à 10 kilomètres). Le capitaine Williams se contenta de faire arracher le drapeau du roi resté au grand mât, put encore empêcher l'incendie d'une partie des cases, puis songea un moment à poursuivre la personne même du roi, qu'il avait été surpris de ne plus trouver dans son palais. Il dut bientôt y renoncer et il songea alors à se replier sur Rubaga, notre résidence.

Qu'étions-nous devenus pendant ce temps, isolés sur notre colline ? Dieu avait fait une sorte de miracle en notre faveur.

Deux heures avant le combat, le capitaine Lugard nous avait offert de nous rendre chez lui, nous promettant d'envoyer ses soldats nous protéger en route sitôt que nous serions en vue du fort. Nous en étions à quarante-cinq minutes. La proposition n'était pas acceptable : nous nous exposions évidemment à être massacrés en route et nous laissions derrière nous la mission au pillage. Nous crûmes devoir demander quelques soldats pour nous garder à Rubaga : leur présence eût suffi ; on les eût respectés.

Dans des cas semblables deux fois déjà il nous avaient été accordés. Cette fois ils nous furent refusés.

Nous restâmes sous la garde de Dieu. Nos plus grands enfants seuls, avec les armes de la mission, prirent position sur le plateau pour éloigner surtout les incendiaires. Les missionnaires se retirèrent avec les femmes et les plus petits de nos orphelins dans une maison en terre qui nous servait de magasin ; c'était la seule achevée de nos constructions, à peine commencées ; le toit avait été recouvert de terre la veille. Tout autour s'étendaient nos autres cases, malheureusement encore recouvertes de paille ; à quelque distance s'élevait une immense église, elle aussi non encore achevée, ni entourée.

C'est à la foi des catholiques qu'en voulaient les protestants ; c'est par leur église et leur mission aussi qu'on commença. Nos enfants se défendirent bravement (ils étaient seuls, car tous les catholiques se trouvaient attaqués sur d'autres points), mais ils durent bientôt reculer devant la masse : François Gogé, notre médecin, reçut une balle au cœur : il tomba raide ; un autre, Cyprien, ancien serviteur, eut la cuisse fracassée ; les autres furent dispersés. En un moment tout Rubaga était en flammes, ce qui ne contribua pas peu à jeter l'épouvante dans le cœur de nos chrétiens : ils crurent leurs Pères morts, car ils savaient la haine des protestants contre nous.

De fait, nous fûmes bombardés à deux reprises dans notre pauvre maison en terre, le feu était tout autour de nous, et nous avons failli être grillés vifs. Avec quelles larmes, prêtres, femmes et enfants nous récitions le chapelet ! Quels vœux ne fîmes-nous pas au Seigneur !

Quelques catéchumènes étaient là qui n'avaient pas encore été régénérés : c'étaient de jeunes enfants qui, après avoir vu tomber leur maître à côté d'eux, avaient pu, à travers le feu et la flamme, arriver jusqu'à notre maison ;

ils furent tous lavés dans l'eau sainte, je donnai une dernière absolution à tous les chrétiens et aux missionnaires, et la reçus moi-même du Père supérieur : il ne nous restait plus qu'à mourir.

Les agresseurs cependant, ignorant peut-être notre retraite au milieu des flammes, s'éloignèrent pour poursuivre nos chrétiens. La fusillade cessa même complètement. Qu'allions-nous devenir alors dans notre prison? Les premiers pillards, immense bande de vautours qui s'abat sur tous les champs de bataille en Uganda, approchaient. Nous fûmes découverts, mais notre nombre les effraya, ils s'éloignèrent pour chercher sans doute du renfort. A travers la noire fumée qui couvrait toute la capitale en cendres, deux de nos enfants se dévouèrent pour porter au fort un billet dans lequel je faisais un dernier appel aux sentiments d'humanité du capitaine Lugard. Ils voulurent déposer leurs armes et ne partirent que revêtus de la croix. Au premier appel ils avaient hésité ; je leur demandai le sacrifice de leur vie pour sauver celle de neuf missionnaires : ils s'élancèrent. Leur bon ange les fit arriver. Une heure après, le capitaine voulait bien arriver lui-même avec une forte troupe. Nos vies étaient sauves. Nous avions passé deux mortelles heures entourés des flammes (1).

En sortant, nous trouvâmes tout consumé autour de nous. Nous enterrâmes notre pauvre François à moitié brûlé et Luékula, un autre chef catholique, pendant que les soldats

---

(1) Combien de tels faits manifestent clairement, à tout observateur attentif, où est la vraie religion et où est la fausse! L'arbre se connaît à ses fruits. En quoi donc les nègres protestants sont-ils meilleurs que les nègres infidèles? Et que paraît-il en eux du christianisme? Est-ce dans la Bible qu'ils ont lu qu'on devait piller son prochain et brûler ses maisons? Les catholiques eussent-ils cent fois tort, cette même Bible ne commandait-elle pas aux protestants de pardonner, de rendre le bien pour le mal? Le fondement du christianisme, c'est la charité, et on ne voit en eux que méchanceté, jalousie, perfidie, cupidité, atroces injustices. Quelle différence entre la conduite de ces hommes et celle des

se régalaient des chairs grillées de nos troupeaux brûlés dans les écuries. Le capitaine laissa une garde pour veiller sur nos quelques effets sauvés au magasin; les missionnaires prirent tristement à sa suite le chemin du fort anglais, au milieu des insultes et des huées des protestants restés maîtres du champ de bataille.

Au fort, nous fûmes bien traités durant les deux jours que nous y passâmes. Pendant ce temps le capitaine parlementa avec le roi, réfugié au fameux îlot de Bulingugwé. On voulait le ramener sur son trône, à condition qu'il acceptât le drapeau de la compagnie, devenu le drapeau des protestants, et cédât à ces derniers les principales charges des catholiques.

Le 26, les missionnaires reçurent eux-mêmes permission de quitter le fort pour aller presser le roi de revenir. Une escorte nous accompagna jusqu'à Munyunyu; nous trouvâmes le pays absolument désert. Quelle ovation, quand nos chers fidèles nous virent sauvés du feu et des balles !

Le roi pourtant ne pouvait songer à rentrer à Mengo, il eût été l'esclave des protestants. Pour les catholiques, il n'y avait plus qu'à choisir entre l'apostasie, la mort ou l'exil.

Pendant qu'on parlementait, le roi groupait son monde, qui affluait de tous les coins du pays, et réunissait les barques qui devaient le transporter au Buddu. Hélas! l'opération n'avançait pas assez vite. Le 30, pourtant, quelques barques de Sésé apparurent. Les missionnaires les

---

catholiques, leurs infortunées victimes! Quelle différence surtout entre les ministres de la religion protestante, tels que nous les voyons ici et les prêtres catholiques! Encore un coup, tout homme de bonne foi doit se dire : « Je n'ai pas besoin d'approfondir les doctrines : le spectacle des œuvres m'en dit assez. Ceux qui font le bien et qui souffrent pour la justice, voilà ceux qui sont dans la vérité. Les vindicatifs, les assassins, les fourbes, les parjures, qu'ils se nomment protestants, païens, ou tout ce qu'ils voudront, ce sont des suppôts du diable! »

premiers devaient en profiter. Déjà, la veille, les PP. Bréas et Toulze avaient pu être embarqués, chacun dans une pirogue.

Nous étions tous sur les bords du lac, sauvant avec nous nos effets les plus précieux ou les plus indispensables. Je me rendis encore une fois chez le roi, à cinq minutes, pour lui faire mes adieux. Il était deux heures du soir. En chemin, je vis une quinzaine de barques se précipiter à toutes rames sur l'île. A peine arrivé chez le roi, les balles se mirent à pleuvoir sur la hutte royale, dru comme grêle, avec un fracas épouvantable dans le taillis qui nous entourait. C'était la mitrailleuse Maxim qui combinait son feu avec celui des barques, bondées de soldats.

Le roi me saisit par la main et m'entraîne ; si nous n'avons pas été criblés, c'est bien encore le bouclier du Seigneur qui nous recouvrait ; avec nous fuyait une foule de femmes et d'enfants. Combien tombèrent !... Nous eûmes bientôt gagné l'autre bord de l'île ; les balles ne pouvaient plus nous atteindre. Mais là quel spectacle ! Quelques rares pirogues seulement, et une foule de trois à quatre mille personnes se jetant à l'eau pour s'y accrocher ; c'était navrant ! Quels cris ! Quelle fusillade ! Quelle noyade !...

Le roi fut poussé dans une barque ; je dus le suivre sans pouvoir songer même aux six confrères que je laissais derrière moi. Nous fûmes bientôt au large. Du haut lac, nous vîmes la flamme trahir la présence de l'ennemi dans l'île. Elle leur fut disputée pied à pied ; il y avait là le Mjasi avec le reste de nos plus braves, et tous les pages du roi. Ils se massèrent sur la crête boisée de l'île ; les coups de feu les poursuivirent jusqu'à la nuit.

Et les Pères ? Dès les premiers coups de feu, ils se précipitèrent aussi vers les barques ; il n'en restait qu'une. Ils se jetèrent dedans, et il y monta des chrétiens, tant et tant, que la barque se brisa sur le bord. Ils durent se résigner encore une fois à tous les périls ; ils allèrent alors eux-mêmes au-devant des agresseurs, évitant de se mêler aux combattants. Ils purent se livrer aux Bagandas avant d'être frappés, et furent conduits au fort, où on les constitua prisonniers. A la faveur de la nuit, tout ce qui n'avait pas été tué dans l'île fut délivré par les barques du continent.

Pour moi, je voguais triste, bien triste, sur le lac, m'éloignant lentement, car notre barque trop chargée menaçait à tout instant de chavirer, engloutissant le dernier espoir de l'Ouganda : son roi et son évêque. Nous sortions péniblement de la crique, laissant autour de nous tout l'Ouganda en feu, et vingt jours durant, la flamme s'est promenée dans tout le pays sans se lasser ! Quelle expiation vous demandez, Seigneur, pour obtenir la conversion de ce cher peuple !...

Après une nuit et un jour entiers sur l'eau, sans repos, sans nourriture, nous abordons à Sésé. Je dus laisser le roi continuer seul sa course vers le sud du Buddu, pour songer de mon côté à sauver les derniers confrères qui me restaient, soit dans Sésé même, soit dans le Buddu. Tous ensemble nous prîmes lentement le chemin de la Kagera et de la frontière allemande ; ce n'était pas l'exil, mais plutôt une nouvelle patrie pour nous, car une immense émigration, commençant des frontières de l'Unyoro et des bords du Nil, nous suivait depuis plusieurs jours.

Un autre missionnaire, le R. P. Achte, va nous raconter la suite de cet épouvantable drame.

« Où étais-je au moment du désastre?... Admirez la Providence divine : ce dimanche-là même, j'aurais dû faire un sermon à la capitale, mais une circonstance, insignifiante en apparence, m'avait retenu trois jours en plus dans ma chère île Sésé. Ce ne fut que le 25 janvier que j'abordai au Buganda, à une journée de la capitale. Quels douloureux incidents suivirent cette funeste journée !

On m'avait annoncé que Mgr Hirth et tous les Pères avaient été brûlés, et que le roi et les catholiques étaient dans une île du lac. Je retournai aussitôt à Sésé chercher le dépôt du roi que j'y gardais et prendre ce qui était indispensable à l'administration des sacrements.

Trois jours après, j'étais de nouveau à une journée de la capitale, dans une petite île, tout près de la côte. Mon Dieu ! quel spectacle ! Dès que je descends de la barque, des centaines de femmes catholiques accourent vers moi, se jettent à mes pieds, pleurent, rient, etc., en disant : « Dieu est bon ! Dieu nous a rendu au moins un de nos Pères ! Mon Père, Monseigneur est brûlé, et les Pères aussi, et nous nous sommes sauvées ici ! » D'autres criaient : « Mon Dieu, un tel, son enfant a été tué ! Une telle, si fervente chrétienne, a été faite esclave, etc., etc. » Et toutes criaient, pleuraient, remerciaient Dieu : c'était à fendre le cœur.

Deux fois, j'essayai de leur parler; deux fois, mes larmes m'en empêchèrent. Enfin je me sauvai dans une hutte pour pleurer à mon aise. Après, je pus consoler ces chères âmes. Oh ! que c'est terrible ! oui, des centaines de femmes et de jeunes filles baptisées ont été vendues au loin, comme un vil bétail ! A présent, elles pleurent et appellent le missionnaire, et personne ne peut répondre à leurs cris de détresse et de suprême angoisse. Des centaines de jeunes enfants catholiques ont été aussi vendus au loin, car les protestants noirs ont été ardents au butin qui se compose ici de femmes et d'enfants.

Ce ne fut que lors de mon arrivée auprès du roi que j'appris que Monseigneur et les Pères étaient vivants. Avec quelle émotion je me jetai aux pieds de Sa Grandeur pour recevoir sa bénédiction.

La Sainte Vierge m'inspira bien. Je me dis : « Puisque Monseigneur et les Pères sont ici, ma présence est inutile ; je m'en retourne à Sésé. » Et le lendemain, me voilà de nouveau à voguer sur le lac.

J'étais à peine parti, emmenant un Père fatigué, que le capitaine Williams et les protestants noirs étaient devant l'île pour la bombarder. Monseigneur et le roi se sauvèrent à l'instant. Oh ! qui dira les scènes d'horreur qui eurent lieu dans cette petite île en cette journée du samedi 30 janvier ? Il y avait là cinq à six cents femmes et trois à quatre cents enfants qui cherchaient avec désespoir à se sauver sur quelques barques. Le misérable capitaine braquait son canon sur ces groupes de femmes et d'enfants, ou cherchait à couler les barques trop pleines de monde. Que de pauvres femmes baptisées se noyèrent dans le lac en voulant fuir les protestants ! Heureusement que Gabriel (chef de l'armée catholique) était là. Il empêcha longtemps les barques protestantes d'approcher de l'île, et permit ainsi à nombre de barques de gagner le large.

Toutes les femmes, tous les enfants qui n'avaient pas pu s'enfuir sur les barques furent faits esclaves, à l'exception de quelques femmes de chefs catholiques. Tous les Pères étaient encore dans l'île. Impossible de décrire les vilenies qu'ils eurent à subir de la part des nègres. On leur mettait le canon du fusil sur le front, sous le menton, sur la poitrine. On les tirait par la barbe ; on voulait les dépouiller de leurs habits. Mais, devant ce dernier outrage, ils protestèrent avec force en demandant la mort. Si les protestants avaient eu alors sous la main Mgr Hirth, ils l'auraient massacré infailliblement. C'était à lui qu'ils en voulaient surtout. Enfin, le capitaine intervint, mais ce fut pour déclarer les Pères... prisonniers.

J'étais à Sésé depuis dix heures à peine quand j'appris ce nouveau désastre. Monseigneur m'envoya alors au Buddu, province où nos catholiques se réunissaient. Monseigneur et nos confrères de Sésé partirent pour le Kiziba, auprès des Allemands ; car, comme les protestants avaient juré la mort de tous les missionnaires catholiques, nous ne pouvions plus demeurer dans le Buganda pendant la guerre.

Seul, je pus rester avec nos chrétiens. Quelles douleurs, mais aussi quelles consolations le Bon Dieu me ménagea au milieu de nos admirables néophytes qui souffraient la persécution, la perte de leurs biens, la fuite, la mort même avec un courage digne des premiers âges de l'Église ! Il est vrai que Dieu est toujours le même et que sa grâce n'est pas moins puissante. Que d'histoires émouvantes de pauvres femmes baptisées j'aurais à raconter ! L'une se cache avec son enfant dans les broussailles, ne sortant que la nuit pour chercher sa nourriture. L'autre, prise par les protestants, est mise à la chaîne, frappée rudement, mais reste catholique. Une autre encore, dans sa douleur, invoque à chaque instant la Vierge Immaculée qui la délivre comme par miracle.

Mais voici un fait plus émouvant encore : c'était vers le soir, j'étais assis à la porte de ma hutte, au Buddu, méditant sur le triste état de notre chrétienté. Soudain, un enfant paraît, une femme le suit de près. Mais quelle femme ! Son vêtement est tout en lambeaux et dégoûtant ; elle marche courbée sur un bâton ; son visage est abattu et consterné ; ses pieds sont ensanglantés. Arrivée auprès de moi, elle se jette à mes pieds et pleure de joie en disant : « Mon Père, mon Père, Dieu m'a sauvée, la Sainte Vierge m'a aidée. J'ai couru beaucoup. Les protestants n'ont pas pu me prendre ; mais Donatilla, mais Joséphine, mes deux pauvres filles sont prises ! Moi, je me suis sauvée. » C'est alors que je reconnus Marie, la femme de Stanislas Kimbugwé, le grand chef des catholiques. Le lendemain, j'eus le bonheur de la conduire moi-même à son noble époux, digne d'elle par sa foi.

Comme un groupe important de catholiques était sans cesse auprès du roi Mwanga, je restai avec eux plus d'un mois. Stanislas Kimbugwé et Cyprien Kauta, les deux plus grands chefs du parti catholique, guérirent heureusement de leurs blessures, que je pansai durant quelques semaines.

Revenons à Sésé, car les habitants de cette île (les Basésé) sont mes enfants! Je les ai fait naître à la foi; aussi je les aime! Hélas! là encore le démon a détruit toute l'œuvre de Dieu. Le 20 février, le capitaine Williams, ce civilisateur d'un nouveau genre, s'en fut à Sésé avec son canon et des centaines de noirs Baganda. Pourquoi? Les Basésé sont de pauvres insulaires. Ils n'ont pas refusé le drapeau anglais : on ne le leur a même pas offert; mais ils sont catholiques, pour la plupart. Le capitaine Williams et ses protestants noirs y allaient donc uniquement pour combattre le catholicisme. « Je vais faire une saignée aux catholiques, » dit le capitaine avant son départ.

Nos pauvres Basésé avaient à peine quelques fusils vieux système; comment résister au canon d'un Européen et à des centaines de fusils perfectionnés?

Mais nos amis aimèrent mieux tout perdre que de perdre leur foi, et sept chefs de l'île quittèrent leur pays, leur pouvoir, leurs richesses, tout enfin, plutôt que de se faire protestants. Ma maison de Notre-Dame de Bon Secours fut brûlée, et tout ce que la mission y avait fut pillé : *Fiat!* Oui, que la volonté de Dieu soit faite! mais ce *fiat* a coûté à mon pauvre cœur!... (1).

(1) Le gouvernement anglais, depuis lors, a reconnu les torts de ses agents et tâché de les réparer, d'une manière telle quelle, par une indemnité, qu'il a payée aux missionnaires catholiques.

※
※ ※

Quelques détails encore, dus au P. Lévesque. « Au moment où les soldats du fort pénétrèrent dans l'île de Boulinguywé, nous fûmes témoins de scènes d'horreur impossibles à décrire. Les balles pleuvaient de tous côtés. Je donnai une dernière absolution générale à tous les fidèles qui se pressaient autour de nous, et en les excitant à la contrition, je me préparai à mourir. Je renouvelai en même temps la promesse déjà faite au milieu des flammes, à Sainte-Marie de Rubaga, de dire cent messes d'actions de grâces en l'honneur du Sacré-Cœur, de Notre-Dame d'Afrique, de saint Joseph et des âmes du Purgatoire, si je sortais sain et sauf, avec tous mes confrères, de ce péril extrême. Tout à coup, je vois deux ou trois personnes tomber à mes pieds, blessées à mort, et six wangwanas braquer sur nous le canon de leurs fusils : « Arrêtez ! leur criai-je, vous ne devez pas tuer les blancs, en indiquant mes confrères; ceux-ci non plus, ajoutai-je en montrant tous nos chrétiens qui se pressaient autour de nous, car ils sont mes enfants. » O miracle ! ces tigres s'arrêtent et baissent leur arme homicide.

Mais comme s'ils avaient eu honte de leur faiblesse, ils se précipitent immédiatement sur nous et nos chrétiens et nous arrachent tout ce qui excite leur convoitise. On m'enlève mon chapeau ainsi qu'au P. Moullec, auquel on arrache jusqu'aux poches de sa soutane. Pendant ce temps, nos pauvres enfants qui, fous de terreur, tâchaient de se cramponner à mes bras et à mon cou, se voient également dépouillés. On jette à mes pieds l'un d'entre eux, le jeune Petro, et sans que j'aie le temps de détourner le coup, on lui tire, à bout portant, en pleine poitrine un coup de fusil qui l'étend raide, baigné dans son sang. Combien d'autres faits je pourrais raconter! Mais ma plume se refuse à retracer tant d'horreurs.

Petit à petit, embarrassé que j'étais dans ma marche par la troupe de femmes et d'enfants qui m'entourent, j'arrive au rivage que je trouve tout couvert de chapelets et de médailles arrachés à nos catholiques par les musulmans et les protestants. Je ramasse tout ce que je puis saisir et les baise avec d'autant plus de respect que nos bourreaux les couvraient de plus d'insultes et de blasphèmes. Oh! puissé-je produire envers Marie des actes d'amour aussi nombreux que le sont les outrages dont elle est l'objet! Du port de Munyunyu nous sommes conduits sur la rive où nous attend Williams qui nous déclare prisonniers, et de là au fort.

On aurait pu croire qu'une aussi terrible épreuve serait trop forte pour cette chrétienté encore jeune dans la foi.... Il n'en est rien, grâce à Dieu; les généreux néophytes n'ont pas bronché; on les a terrassés, mais ils se sont relevés aussi fermes dans leurs sentiments religieux que par le passé.

« Notre nouvelle résidence, dit le P. Moullec, située à deux jours de la Kagéra, est bâtie sur une colline élevée : à nos pieds s'étendent des bananeraies verdoyantes; au loin, les plaines ondulées du Kiziba. Quelle mission que celle-ci! Chez les catéchumènes, quelle soif de s'instruire! et chez les néophytes, quel enthousiasme dans la foi! Ces derniers font plusieurs lieues de chemin pour entendre la messe du dimanche. Ils arrivent dès le samedi soir; plus de trois cents se confessent, puis vont loger dans des huttes qu'ils ont construites sur les flancs de la montagne. Le lendemain, au point du jour, tous sont dans l'église, entendant une messe de communion et une messe d'actions de grâces. Celle-ci terminée, ils vont déjeuner pour revenir de nouveau chanter à la grand'messe, sinon avec art, du moins avec cet entrain qu'inspire une foi vive, les prières si belles de la liturgie catholique.

Quant aux catéchumènes qui se préparent au baptême, ils viennent se fixer autour de la Mission. En dehors du temps consacré à l'instruction religieuse, les femmes défrichent et cultivent un coin de terre autour de leur case ; les hommes font des nattes, ou bien, retirés dans nos maisons en roseaux, apprennent à lire et à écrire avec la ténacité qui leur est propre. Les enfants égayent le paysage en cabriolant dans les alentours, jouant de la flûte ou fredonnant un cantique. Si nous avons quelques années de paix, Dieu sera, ici, bientôt connu et aimé de tous.

Dans notre station, nous baptisons chaque mois de cent cinquante à deux cents adultes qui ont fini rigoureusement leurs quatre années d'épreuve. Nous ne pouvons plus compter les catéchumènes. Le dimanche, pendant que le P. Achte fait l'instruction aux baptisés, dans la chapelle, je développe en plein air une vérité du catéchisme. L'auditoire est toujours nombreux.

Dès qu'un groupe a reçu l'eau sainte, un autre est admis à se préparer. Ces jours-ci, j'examine les catéchumènes qui recevront le baptême à la Toussaint. Ils sont deux cent cinquante-cinq. Hier, je faisais semblant de renvoyer à un mois une dizaine de femmes qui n'avaient pas bien expliqué un point assez secondaire de leur catéchisme. Il faudrait voir leurs larmes, entendre leurs supplications ! « Quoi ! tu n'as donc pas compassion de nous, puisque tu veux toujours nous laisser les esclaves du démon ! »

Leur plainte m'a ému.... Elles recevront le baptême.

Comme notre divin Maître, nos chrétiens ont trouvé dans la persécution et la mort une vie nouvelle : « Nous ressemblons, me disait un petit chef dans une causerie, aux hautes herbes de nos plaines; plus on nous brûle, plus nous croissons ! »

En vérité, l'Esprit de Dieu a passé sur ce peuple…. Aussi, combien douloureuse est pour nous la pensée que les autres provinces d'un pays si mûr pour la foi sont livrées à l'hérésie !

Nos progrès causent tant de dépit aux protestants qu'ils ne cessent de pousser à l'extermination des catholiques : « Hâtons-nous, disent-ils, car bientôt il ne sera plus temps (1) !... »

XXI

Une installation de Sœurs dans l'Aurès; déjeuner et dîner à l'arabe.

Nous sommes heureusement arrivées à Arris le 12 juin (1895) vers quatre heures du soir. Le trajet en chemin de fer d'Hussein-Dey à El-Guerrah, de sept heures du matin à onze heures du soir, ne nous a pas paru long, tant le pays que nous traversions était intéressant et pittoresque : tantôt nous longions de hautes montagnes, des rochers sauvages, de profondes vallées, tantôt notre train filait à travers d'immenses plaines où paissaient de nombreux troupeaux de chameaux ; leurs pasteurs au costume antique nous rappelaient les scènes bibliques.

(1) Depuis lors, cette malheureuse chrétienté a été de nouveau bien éprouvée. En 1897, Mwanga a fait une irruption dans le pays, brûlé la résidence des missionnaires et saccagé le territoire; les habitants ont dû une seconde fois prendre la fuite.

Le lendemain, le train ne partant qu'à midi, nous profitâmes de l'arrêt forcé pour visiter les tentes arabes. En ce pays, les habitants sont des tribus nomades qui ne construisent pas de gourbis ; on ne retrouve pas chez elles les douars de la patrie d'Abd-el-Kader ; mais elles vivent perpétuellement sous les tentes qu'elles déplacent à volonté. Encore un souvenir de l'Ancien Testament.

A trois heures nous étions à Batna, où nous prîmes immédiatement la voiture qui nous conduisit à Lambèze. Par les soins de M. l'Administrateur, nous étions attendus chez les Sœurs de la Doctrine chrétienne qui nous firent le plus fraternel et cordial accueil. M. l'Administrateur fut aux petits soins pour nous ; il voulait nous faire reposer le lendemain à Lambèze, mais nous avions hâte de gagner notre mission. Le Général, informé de notre arrivée, avait proposé de nous envoyer une escorte, mais l'Administrateur eut la bonne pensée que cela nous gênerait peut-être, et accepta seulement des cacolets pour nous éviter les fatigues de la course à mulet ; encore voulut-il nous accompagner jusqu'à Aïn-tin, dernier village où l'on puisse parvenir en voiture.

A quatre heures du matin nous entendons la sainte Messe, puis, après le déjeuner chez les Sœurs, nous partons en voiture. La contrée est très sauvage ; ici de grands rochers dénudés, plus loin quelques collines boisées, de temps en temps on rencontre des ruines romaines. Vers dix heures, nous venions de gravir une montagne, quand nous voyons apparaître des cavaliers aux burnous éclatants, les uns rouges, les autres bleus : ils se rangent des deux côtés du chemin pour nous laisser passer, puis ils nous escortent jusqu'au plateau où l'on avait dressé des tentes. C'étaient les principaux d'Arris, ayant leur cheik à leur tête ; en descendant de cheval ils vinrent nous serrer la main, nous disant en français : « Bonjour, Mademoiselle ! » le cheick

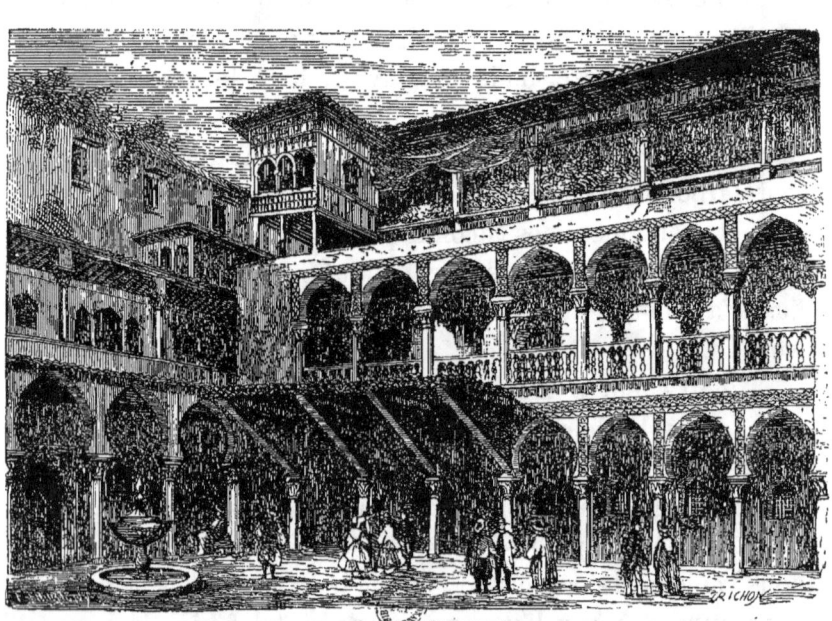

avait amené sa petite fille, Bahia, âgée de quatorze ans environ; elle était revêtue d'une robe bleue brochée d'or, fichu de soie orange, manteau bleu, voile blanc, bracelets, colliers, elle était vraiment magnifique dans son costume arabe. Bahia nous témoigne sa joie de nous voir arriver : « Maintenant, dit-elle, je serai la fille des Sœurs, vous m'apprendrez le français et je vous apprendrai le *mchaouïa* (langue des Chaouïas, habitants de l'Aurès). »

On avait dressé pour nous une grande tente, et le sol était recouvert de tapis et de coussins. Une nappe fut étendue sur les tapis et l'on servit un déjeuner en règle. M. l'Administrateur se retira sous une autre tente avec les chefs, nous laissant avec Bahia, qui faisait les honneurs avec une grâce tout orientale, et un Arabe pour le service. Au dessert, on apporta le fameux *mchoui* traditionnel (agneau rôti entier sans en excepter la tête); comme nous en faisions compliment à l'Arabe, la petite Bahia nous dit : « Nous y avons mis beaucoup de beurre parce que nous avons dit : les Sœurs ne le trouveront pas bon. »

Après le déjeuner, nous montons dans les cacolets. Des Arabes étaient accourus de tous côtés pour nous voir ; spectateurs, escorte, montures étaient si nombreux qu'on eût pu se demander quelle fête ou quel marché avait attiré tant de monde sur le plateau d'Aïn-tin, et vraiment nous étions confuses, nous, pauvres religieuses missionnaires, d'être l'objet d'un tel concours et de causer tant d'embarras. Le cheick prit les devants pour aller annoncer notre arrivée aux missionnaires, un chef se mit en tête de la caravane pour la guider, chaque mulet était aussi précédé et escorté par deux Arabes. Notre guide était plein d'attentions : à chaque grosse pierre, à chaque bourbier, il se retournait pour dire aux conducteurs : prends garde à cette pierre, à ce bourbier, marche doucement.

Enfin, à quatre heures du soir, après avoir cheminé par

monts et par vaux, nous arrivâmes à notre destination, à l'hôpital, situé dans une petite plaine entourée de montagnes ; le village d'Arris s'élève sur une des crêtes.

Les Pères nous reçurent dans la cour de l'hôpital ; après les avoir salués, nous nous rendîmes à la chapelle où l'Hôte divin daignait déjà nous attendre. Le soir, nous eûmes la bénédiction du Très Saint-Sacrement. Émile, le nègre des Pères, nous apporta notre souper, en sorte que pour le premier jour nous n'eûmes qu'à nous reposer. Le lendemain nous commençâmes le nettoyage et l'aménagement. La femme du cheick vint nous visiter, elle était vêtue d'une robe rouge brochée d'or, Bahia l'accompagnait. En entrant, elle nous fit le salut militaire, mais sa petite fille se pencha à son oreille pour lui dire que les femmes ne saluent pas ainsi. Elle nous fit mille protestations d'amitié et nous envoya en cadeau du couscous, de la viande et du beurre.

Les malades ne tardèrent pas à se présenter. La première fut une pauvre femme, couverte de plaies des pieds à la tête, qui eut bien voulu être reçue de suite à l'hôpital ; mais nous ne pouvons que soigner au dispensaire, rien n'étant encore préparé ; nous n'avons pas de paillasses, et après le passage des maçons les salles ont besoin d'être nettoyées. Les malades nous apportent des fruits : abricots, dattes, en reconnaissance. Les femmes viennent en foule pour nous voir ; elles ne sont nullement sauvages, elles portent des robes de toutes couleurs, mais semblent préférer le rose et le bleu. Nous allons rendre quelques-unes de ces visites ; nous commençons par le cheick ; il est absent ; mais sa femme nous reçoit gracieusement et nous présente du café, des noix, des dattes.

Ici les femmes ne sont pas employées aux gros travaux comme ailleurs ; leur principale industrie est de broder en laine des tapis et des coussins ; elles nuancent leurs couleurs avec beaucoup de goût.

Le dimanche suivant, la femme d'un chef vint nous chercher « pour voir sa maison. » Elle nous introduisit dans une grande chambre tendue d'étoffes de toutes couleurs, de grands morceaux bleus, rouges, verts, jaunes fermaient la pièce comme un rideau de théâtre ; le sol était recouvert de tapis et de coussins ; elle nous fit asseoir et des serviteurs apportèrent une petite table recouverte d'étoffe en guise de nappe et on nous servit du café qui n'était que le prélude d'un grand dîner. Nous étions assez surprises, mais il n'était plus possible de refuser, sous peine de blesser profondément ; il fallut même envoyer chercher les Sœurs qui étaient restées à la maison. Quand nous fûmes toutes réunies, le dîner commença par le dessert : ce furent d'abord des noix trempées dans du miel. Fathma, notre hôtesse, les préparait elle-même ; elle prenait la noix dans une petite cuiller, la roulait dans le miel et nous la présentait ; mais elle n'avait que trois cuillers, et arrivée à la quatrième Sœur, elle demeura embarrassée, n'osant lui présenter le mets dans une cuiller qui avait déjà servi. Après les noix ce fut du sorgho avec du miel, puis des dattes ; ensuite vint la soupe. Nouvel embarras de la maîtresse de maison : elle n'avait point d'assiette pour nous servir ; nous la mîmes à l'aise en lui disant que nous mangerions très bien toutes au même plat, et chacune de plonger, à tour de rôle, sa cuiller de bois dans le vase ; ce qui nous amusa bien quelque peu ; ensuite vint l'inévitable couscous garni de mouton et, pour finale, un poulet rôti. Cette fois, Fathma ne fit plus tant de cérémonie ; elle commença à déchiqueter la volaille avec ses doigts ; une de nos Sœurs lui présenta un couteau, mais elle ne savait comment s'en servir et elle nous passa simplement les morceaux arrachés avec ses doigts ruisselants de graisse, en nous priant de l'excuser si elle manquait à quelque égard envers nous, parce qu'elle ne connaissait pas les usages français. Nous la rassurâmes en lui disant qu'elle s'acquittait très bien de ses devoirs de maîtresse de maison ; puis nous prîmes congé d'elle en la remerciant beaucoup et en souhaitant intérieurement de n'avoir pas à recommencer.

Un Arabe est encore venu se présenter pour entrer à l'hôpital ; il arrive de Biskra ; désolé de n'être reçu qu'au dispensaire, il demande si on ne lui permettrait pas de rester devant la porte de la maison jusqu'à l'ouverture de l'hôpital.

Nos visiteuses sollicitent souvent la faveur de voir la chapelle. Elles n'y entrent qu'avec le plus profond respect, souvent en ôtant leurs chaussures ; elles imitent nos gestes, comme nous prennent de l'eau bénite et comme nous font la génuflexion. L'autre jour, l'une d'elles entendit chanter le salut : « Oh ! comme ta prière est belle, nous dit-elle ensuite, je t'ai entendue prier avec le sidi-marabout. » Pauvre peuple ! descendant des anciens chrétiens, car les Chaouïas sont aussi des Berbères. Dieu veuille rallumer la foi de leurs ancêtres dans ces cœurs simples et bons et qu'il soit mille fois béni de nous avoir choisies, nous, humbles religieuses, pour aller les premières aider les ministres de l'Évangile à faire briller le flambeau de la religion chrétienne au milieu de ces ténèbres de l'Islam !

Sr MARIE-ADRIENNE.

XXII

Le fléau des sauterelles.

Je suis monté dimanche dernier (mai 1891), écrit un témoin, dans le train qui traverse la Mitidja, et, dès la banlieue d'Alger, j'ai commencé à voir le ciel traversé d'une infinité de petites ailes transparentes et vibrantes. Il en tombait une pluie sur les jardins d'Hussein-Dey, où des hommes agitaient de longs drapeaux faits de toutes sortes d'étoffes. Des enfants frappaient des bidons et des casseroles avec des bâtons. A gauche de la voie, sur les terrains arides d'un champ d'exercices traversé par des soldats, des tourbillons gris s'élevaient et s'étalaient en nappes, des milliers de petits points glissaient vers Alger. La machine s'avançait comme dans une trombe de grêle; des bêtes toutes jaunes et bleuâtres passaient comme des flèches le long des wagons; quelques-unes y entraient et s'abattaient sur les coussins. Elles se laissaient prendre, évidemment ahuries et lasses, remuant doucements leurs pattes et leurs énormes mandibules.

Après Maison-Carrée, je m'arrêtai à Rouiba et m'engageai sur la route d'Aïn-Taya. Tout à coup les bêtes jaunes et bleuâtres, qui avaient un instant disparu, reparurent à nouveau. Ce ne fut rien d'abord qu'un passage transversal de quelques centaines; elles papillonnaient sur ma tête. D'autres se levaient de la route ou des fossés, semblables, de loin, à de petits rouleaux d'écorce; elles étendaient leurs ailes mouchetées, montaient et redescendaient en l'air; mais, plus j'avançais, plus elles devenaient nombreuses, et, comme elles allaient toutes dans le même sens, j'eus la sensation d'un homme qui va traverser un fleuve. J'en abattis quelques-unes avec ma canne, j'en écrasai dans les herbes, puis je me lassai, et j'eus bien assez de promener mes yeux sur le spectacle de plus en plus surprenant et formidable qu'elles me donnaient. Elles arrivaient par milliers et par millions, toujours plus denses, le corps tendu, battant l'air à petits coups, infatigables, allant contre le vent, poussées par un instinct ou une volonté inflexible, marée vivante, épaisse de dix mètres, large de quatre mille, longue de dix mille peut-être, armée innombrable, cuirassée, casquée, horde infinie, dont chaque femelle portait en germe quatre-vingts petits. De loin, on eût dit une tempête de neige; de près, une pluie de balles. Il en tombait sans cesse dans les champs d'orge, sur les chemins, dans les sillons des vignes : elles y faisaient, sur la terre brune, luisant au soleil, des plaques de bronze et d'or. D'où venaient-elles ? D'un des cols de l'Atlas, sans doute; mais ce n'était là que leur dernière étape. Où étaient-elles, il y a trois semaines ? A Laghouat, peut-être. Il y a deux mois ? Dans le désert. D'où sont-elles parties enfin, quand elles n'avaient pas encore leurs robes jaunes ? Du Soudan et même du lac Tchad. Alors elles étaient donc toutes roses. Quelle force incroyable! Elles volaient donc depuis cent cinquante ou deux cents jours, toujours droit devant elles, vers la Méditerranée, mais il semblait qu'en l'apercevant elles en eussent peur ; car maintenant elles rasaient la côte.

Je marchai ainsi pendant plus d'une heure tout au travers, et elles tourbillonnaient encore sur ma tête, quand j'arrivai au village d'Aïn-Taya. J'allai immédiatement au bord de la mer qui baigne à cet endroit une crique absolument déserte. Puis je montai sur une butte, et revis en sens inverse le pays que je venais de parcourir. La nappe translucide des sauterelles continuait de glisser au-dessus sans bruit ni trêve.

Un homme vint près de moi, et s'assit. Il contempla comme moi tant de travail, tant de soins, tant de richesses, sur lesquelles passait la mort dans le silence et l'immobilité du plein midi ; puis, comme s'il avait suivi ma pensée : « Voilà, me dit-il, le cinquième jour qu'il en arrive ; nous avons travaillé les trois premiers jours ; mais à quoi bon maintenant ? Il y en a trop ».

Voici qu'il en neige maintenant devant nos fenêtres, à Alger même, des milliers de ces bêtes jaunes. Elles montent et descendent comme les éphémères des soirées d'été, dansant sur les squares et sur les terrasses, translucides sur le fond bleu de la mer. Elles tiennent une moitié de l'horizon. Elles se partagent en colonnes, enfilent les grandes voies par escadrons, se choquent contre les murailles, et tombent, affolées, au hasard, sur les balcons et sur les trottoirs. C'est la joie des enfants qui les torturent. Les hommes les écrasent avec colère. Elles remontent en l'air et papillonnent sans trêve. Le siroco soulève en même temps des tourbillons de poussière ; le ciel est vaporeux, terni, très lourd ; le soleil est de plomb.

Quand on pense qu'il en est à peu près de même, au gré des jours et des heures, sur toute la surface de l'Algérie, et que ce nuage vivant s'étend depuis le sud du Maroc jusqu'à l'Égypte, on est vraiment stupéfait de l'énergie productrice de la nature. Les Arabes disent qu'elles ont des rois : il est au moins certain que leurs armées obéissent à des instincts précis et comme à des ordres. Rien ne faisait dévier la horde que je voyais passer, la semaine dernière, sur les champs d'Aïn-Taya ; il en tombait des individus comme tombent les grosses gouttes de pluie d'un orage ; mais la masse allait toujours droit contre le vent, s'élevait au-dessus de la fumée, se séparait devant les obstacles pour se reformer ensuite, avec une entente surprenante et une hâte inexplicable d'atteindre un but invisible.

En ce moment, la multitude de ces petites bêtes qui tournent au-dessus d'Alger est évidemment déconcertée par l'aspect de ce pays de pierre, tout blanc, déchiré en longues crevasses rectilignes, et creusé en précipices aux parois lisses dans le fond desquels des hommes agitent des bâtons et poussent des cris de mort. Elles ne s'y laissent tomber, les femelles surtout, que quand leurs ailes de gaze refusent de les soutenir. Elles voient de haut, avec leurs yeux fixes, minuscules et ronds comme des têtes d'épingle noires, les cascades de plâtre de la Kasbah, les immenses faubourgs qui des deux côtés de la ville la prolongent autour du golfe en pointes de croissant de lune, les villas innombrables qui, plus loin encore, hérissent de leurs blancheurs la sombre verdure des jardins; elles mesurent l'étendue livide et traîtresse de la mer. Tout à coup une avant-garde se forme et retourne résolument vers les campagnes du sud. En un clin d'œil le reste aussi fait volte-face, et toutes leurs colonnes, par rangs pressés, à tire-d'aile, au galop, comme des tribus de nomades qui auraient manqué leur coup, repassent devant nous sans s'inquiéter des traînards qui tombent en battant l'air. C'est au tour de nos voisins de Mustapha de se défendre : ils les attendent d'ailleurs avec des bidons et des casseroles sur lesquels ils frappent par avance à tour de bras.

Nous ne perdons pas cependant tout espoir. Sans doute nous ne pouvons rien contre elles quand elles volent. A quoi bon, je vous le demande, agiter un bâton dans un fleuve pour en troubler le cours, ou donner des coups de balai dans une marée de l'Océan? Depuis huit heures jusqu'à cinq, il n'y a qu'à laisser faire; mais il n'en est plus ainsi le matin ou le soir. La Providence nous permet à ces moments-là de nous défendre. Elle les promène sur nos têtes comme un épouvantail pendant neuf heures. Ensuite elle nous les livre inertes, pour que nous les tuions à plaisir.

Elles ne peuvent s'envoler que sous l'ardeur du soleil. Il faut que la lumière et la chaleur aient pénétré pendant plus d'une heure leurs dures carapaces pour qu'elles soient capables de s'élever en l'air, et encore elles titubent d'abord comme de petits oiseaux ivres. Leur armée ne se met en route que quand le soleil déjà haut l'aspire. En plein midi, elles se ruent droit devant elles avec une ardeur violente et une sorte de joie; leurs ailes s'agitent alors sans relâche, foisonnent et étincellent; mais elles ralentissent à mesure que les ombres s'allongent, et, avant même que le soleil les abandonne, elles s'abattent pêle-mêle sur le terrain qu'elles ont choisi, s'accrochent à des feuilles, et les ombres du crépuscule n'ont pas encore envahi le ciel qu'un sommeil invincible, puis un engourdissement absolu s'empare de toute cette formidable colonie. Il semble que la nuit qui raidit leurs membres leur reprenne toute la vie que leur a donnée le jour.

Le froid les jette ainsi devant nous, après qu'elles ont papillonné dans l'azur, comme des choses viles et répugnantes qui ressemblent à peine à des bêtes. J'en ai vu ce matin, à l'aurore, un vignoble de cinq cents hectares tout rempli, et c'était là un tableau fait pour surprendre. La terre était toute jaune, absolument jaune; tous les plants de vignes étaient chargés de gousses jaunes et grisâtres : on eût dit un grand champ de haricots mûrs; et pas un mouvement d'un bout à l'autre. J'y suis entré, puis j'ai reculé de dégoût. Mes pieds s'enfonçaient dans la boue des corps écrasés de leurs camarades. On en ramasse depuis huit jours, on en jette dans des sacs, on en tue le plus possible, on en détruira des milliards. Seulement, quoi qu'on fasse, il en restera bien encore, toutes les femelles survivantes pondront, la moitié de celles qui périssent ont pondu, et des multitudes innombrables de criquets vont sortir de la terre. Ceux-là encore, on les écrasera, on les brûlera, on les inondera d'acides. Soit; mais sommes-nous sûrs de vaincre ? Franchement, non !

Voici les détails d'un autre observateur, qui font comprendre la grandeur de la lutte et l'étendue du fléau.

« Il y a aujourd'hui trois semaines, regardant le soleil pour indiquer à mes ouvriers arabes la position qu'il devrait occuper dans le ciel au moment où ils quitteraient l'ouvrage, car je ne pouvais rester avec eux jusqu'à onze heures, je vis briller entre l'astre et moi de petits points d'une blancheur éclatante ; je les fis remarquer à mes Arabes, et tous de s'écrier : « Djeraate ! Djeraate ! » (les sauterelles ! les sauterelles !) En prévision de leur arrivée, nous avions fait d'énormes amas de broussailles, prêts à y mettre le feu à l'approche des insectes.

Ce jour-là, le vol passa depuis dix heures du matin jusqu'à quatre heures, mais il se maintint très haut. Le lendemain, il recommença de nouveau, à dix heures, jusqu'à quatre heures. Elles venaient toutes de l'est. Le vol étant près du sol, nous allumâmes les feux. Hélas ! en quatre ou cinq heures, toute notre réserve de bois fut brûlée. Que faire ? Les sauterelles s'abattaient en nombre dans nos vignes et commençaient à les ravager ! Alors, hommes, femmes, enfants, tous nous nous armâmes de tous les objets imaginables : vieux clairons, chaudrons, trompettes, tambours, etc., et on se mit à faire un charivari infernal, tout en marchant dans les vignes. Grâce à cette mesure, que nous ne cessâmes pas pendant quinze jours, nous pûmes empêcher les sauterelles de descendre dans nos vignes et de les brouter, mais cela n'était que la première partie de l'ouvrage. Les sauterelles, éloignées des villes, descendaient dans les terrains vagues et y pondaient leurs œufs. Il fallait aviser. Le quatrième jour du passage, nous décidâmes de réquisitionner les hommes pour ramasser les œufs et les sauterelles, laissant le soin de défendre les vignes, par le charivari, aux femmes et aux enfants. Les sauterelles posées sont inabordables dans la chaleur; il faut les surprendre le matin : aussi, à trois heures, le tambour bat, à trois heures et demie a lieu le rassemblement des hommes valides, et on commence à ramasser des monceaux de sauterelles engourdies, et cela jusqu'à sept heures, les sauterelles en ce moment étant insaisissables.

Nous nous organisons alors en une longue file et nous parcourons tout le territoire pour faire lever les sauterelles, et ce métier dure jusqu'à onze heures. A une heure, chacun part alors avec une petite pioche à la recherche des œufs jusqu'à six heures. Voilà la vie que nous avons menée pendant quinze jours, car les sauterelles ne cessaient d'arriver, et en nombre incalculable. La seule idée qu'on en puisse avoir sans les avoir vues, c'est de se figurer l'atmosphère saturée de gros flocons de neige marchant pressés par le vent à raison d'une dizaine de kilomètres à l'heure.

Le vol a duré pendant douze jours consécutifs, venant de l'est, et cela, depuis dix heures du matin jusqu'à quatre heures du soir, et à la vitesse de dix-huit kilomètres à l'heure ; sa longueur devait être d'environ sept cent vingt kilomètres.

A partir de ce jour, il s'éleva un vent d'ouest qui souffla en ouragan, et les sauterelles revinrent sur leurs pas, une quantité considérable fut jetée à la mer. Elles s'élevèrent alors à des hauteurs prodigieuses et formèrent de magnifiques nuages jaune d'or, qu'on ne peut mieux comparer qu'aux nébuleuses de la voie lactée pour la forme.

Aujourd'hui, nous sommes un peu tranquilles, les sauterelles nous ont quittés; seulement les pontes nous entourent et les criquets vont naître. Nouvelle lutte. Notre village présente l'effet d'une ville assiégée. Nous avons trente tirailleurs, soixante détenus militaires, pour nous aider à soutenir le siège. Nous entourons notre village d'un mur de broussailles ; de distance en distance, on dépose des vases pleins d'huile lourde. Devant ce mur de broussailles, on place les appareils cypriotes dont nous apprenons la manœuvre. Si les criquets parviennent à passer au-dessus des appareils, on asperge d'huile lourde le mur de broussailles et on y met le feu ; pendant le temps d'arrêt dû à la combustion du mur de broussailles, on rétablit les appareils cypriotes derrière lui. Puis on refait un nouveau mur de broussailles. Voilà comment nous luttons, et cela sans grand espoir de la victoire, tant l'ennemi est nombreux. Un chiffre en donnera une idée. Le maire de Cherchell, à lui seul, a acheté les sauterelles à deux francs les cent kilos. On lui en a apporté cent mille kilos. Or trois cents sauterelles pondant quarante œufs en moyenne font un kilo ; donc cela représente la destruction, par ce seul moyen, de douze milliards de criquets. Dire que dans toutes les communes on en a fait autant, et qu'on ne voit pas la place !

Pendant le temps que nous faisons ces travaux défensifs contre l'ennemi du dehors, il faut purger la place des ennemis du dedans. Aussi nous faisons repiocher nos vignes ; cette opération met les œufs de sauterelles au jour, et en quelques heures de soleil ils sont secs. Mais quelle dépense !... »

Il faut donc bien appeler fléau l'invasion des sauterelles. Et en présence de pareilles calamités, l'homme est obligé de reconnaître son impuissance et d'avouer qu'il n'y a que Dieu seul pour lui venir efficacement en aide et le préserver de la ruine.

TABLE DES MATIÈRES

Préface. v

I. — Du château au gourbi. — Premières impressions d'une jeune postulante en pays kabyle 7

II. — Cœurs vaillants 36

III. — Échange de lettres entre séminaristes. — Joyeuses et originales confidences 48

IV. — Émotions et surprises que réservent au voyageur les excursions au Sahara 71

V. — Prêtre et médecin 82

VI. — Les horreurs de l'esclavage. — Scènes douloureuses et lugubres. — Pauvres mères, pauvres enfants !... . . 93

VII. — Les deux villages créés par Mgr Lavigerie : St-Cyprien et Ste-Monique 132

VIII. — Les péripéties d'une caravane. — Dangers, souffrances et privations ; la torture de la soif. 139

IX. — L'aurore d'une Mission. — Premiers commencements du poste de l'Immaculée Conception. — Les merveilles de la grâce. 185

X. — Les périls de la vie de missionnaire 200

XI. — En visite chez les grands personnages des régions équatoriales. — Curieux incidents des réceptions . . . 206

XII. — Le catéchisme en pays de mission. — Scènes originales et piquantes anecdotes ; — Un roi au catéchisme ; — Modèles proposés aux catéchistes volontaires . . . 237

TABLE DES MATIÈRES

XIII. — Beaux exemples offerts à la jeunesse chrétienne. — Le salut avant tout. — Scènes de la vie intime dans un orphelinat 250

XIV. — La meilleure des mères. — Comment les pauvres nègres du Buddu savent l'aimer 282

XV. — Odyssée de quatre petits nègres. — A travers les monts et les mers 293

XVI. — Sur la cime du Ruwenzori. 299

XVII. — Un petit séminaire au pays des nègres. — Classes et vacances 309

XVIII. — Scènes pittoresques des courses apostoliques dans l'Afrique équatoriale 339

XIX. — La traversée du lac Nyanza pendant une tempête. . 353

XX. — Terrible collision entre protestants et catholiques dans le Buganda. — Les préludes; la mêlée; le dénouement . 358

XXI. — Une installation de Sœurs dans l'Aurès; déjeuner et dîner à l'arabe 383

XXII. — Le fléau des sauterelles 391

— Lille. Typ. A. Taffin-Lefort. 1898. —

www.ingramcontent.com/pod-product-compliance
Lightning Source LLC
Chambersburg PA
CBHW071910230426
43671CB00010B/1554